▲ 沙盘模拟系列教材 ▲

ERP 沙盘模拟实训教程

（第二版）

主　编　蒋定福
副主编　刘　蕾　张细香

首都经济贸易大学出版社
Capital University of Economics and Business Press
·北 京·

图书在版编目(CIP)数据

ERP沙盘模拟实训教程/蒋定福主编.—2版.—北京:首都经济贸易大学出版社,2017.9

ISBN 978-7-5638-2669-8

Ⅰ.①E… Ⅱ.①蒋… Ⅲ.①企业管理—计算机管理系统—教材 Ⅳ.①F270.7

中国版本图书馆CIP数据核字(2017)第166375号

ERP沙盘模拟实训教程(第二版)

主　编　蒋定福

副主编　刘　蕾　张细香

责任编辑　文　则

封面设计　风得信·阿东 FondesyDesign

出版发行　首都经济贸易大学出版社

地　　址　北京市朝阳区红庙(邮编100026)

电　　话　(010)65976483　65065761　65071505(传真)

网　　址　http://www.sjmcb.com

E-mail　publish@cueb.edu.cn

经　　销　全国新华书店

照　　排　北京砚祥志远激光照排技术有限公司

印　　刷　人民日报印刷厂

开　　本　710毫米×1000毫米　1/16

字　　数　261千字

印　　张　15.25

版　　次　2013年9月第1版　**2017年9月第2版**

　　　　　2017年9月总第6次印刷

书　　号　ISBN 978-7-5638-2669-8/F·1489

定　　价　38.00元

丛书序言

改革开放以来,高等教育得到了快速发展,高校工作进一步得到重视,内容不断丰富,形式不断拓展,取得了很大成绩,积累了宝贵经验,但是实践育人特别是实践教学依然是高校人才培养中的薄弱环节,与培养拔尖创新人才的要求还有差距。《国家中长期教育改革与发展规划纲要(2010—2020 年)》、教育部等部门《关于进一步加强高校实践育人工作的若干意见》强调,要创新人才培养模式,强化实践教学环节,深化实践教学方法改革,力求实践教学工作取得新突破。为此,各高校积极探索各种实践教学的方式、方法,其中,沙盘模拟是近年来经管类实践教学非常流行的方式之一。为此,本系列教材组织了长期工作在高校实践教学第一线,对实践教学特别是经管类的实践教学做出大量探索及创新的专家、学者组成了编写组。

沙盘模拟实训作为一种教学方法,是指在教师指导下,学生模拟扮演企业中的某一角色,结合岗位对员工的技能要求进行有针对性的训练,可在很大程度上弥补课堂教学客观条件的不足,为学生提供近似真实的训练环境,从而有效地进行技能训练和调动学生学习的积极性,使学生主动地参与教学过程,有利于加强师生之间、学生之间的相互合作与交流。

沙盘模拟实训的意义在于创建一种和谐的、身临其境的教学环境,拓宽教学渠道,增强教学的互动性,构筑起理论与实际相结合的桥梁。一般院校由于设备、场地和资金等条件的限制,学生很少能到实际工作岗位上实习,从而削弱了学生技能训练这一重要的教学环节。沙盘模拟实训改变了各专业实训方式,也更符合高校各专业实训教学的实际。本系列丛书包括《ERP 沙盘模拟实训教程》、《市场营销运营沙盘模拟实训教程》、《人力资源管理沙盘模拟实训教程》、《国际经济与贸易沙盘模拟实训教程》、《客户关系管理沙盘模拟实训教程》、《企业管理决策沙盘模拟实训教程》及《物流管理沙盘模拟实训教程》。

本系列丛书具有以下四个特点:

1. 知识性

本系列丛书仿真模拟各个专业的专业知识，如 ERP 沙盘模拟实训教程就涉及整体战略、产品研发、设备投资改造、生产能力规划与排程、物料需求计划、资金需求规划、市场与销售、财务经济指标分析、团队沟通与建设等多个方面。它还融合了角色扮演、案例分析和专家诊断于一体，让学生在分析市场、制定战略、组织生产、整体营销和财务结算等一系列活动中体会企业经营运作的全过程，认识到企业资源的有限性，从而深刻理解 ERP 的管理思想及专业知识，领悟科学的管理规律，提升管理能力。

2. 直观性

本系列丛书是基于仿真模拟的理念，大都具有相关实物教具，通过实物教具揭开经营理念的复杂外表，直探经营本质。如 ERP 沙盘模拟将企业结构和管理的操作全部展示在模拟沙盘上，将复杂、抽象的 ERP 管理理论以最直观的方式让学生体验、学习。完整生动的视觉感受将有效地激发学生的学习兴趣，增强学生的学习动力。

3. 趣味性

沙盘模拟就是通过各组相互竞争的理念设计，让参与者在各个环节都力求获得竞争优势并最终获得成功，增强了学习的趣味性。而且沙盘模拟课程采用各种仿真教具让参与者游戏般体验专业课程的学习，学习过程可以激发参与者的竞争热情，增强参与者的娱乐体验，使枯燥无味的课程变得生动有趣。

4. 仿真性

本系列丛书均采取分组模拟对抗的方式，即把参加学习的学生分成若干组，即若干个相互竞争的模拟企业，每组 5～8 人，每组代表一个虚拟企业。在整个学习过程中，每个小组的成员将分别扮演企业中的重要职位，例如 CEO（执行总经理）、CFO（首席财务官）、市场总监和生产总监等。每组在统一的市场模拟环境中经营一家企业，连续从事 6～8 个会计年度的经营活动，在激烈的竞争环境中，选择不同的产品策略、市场策略和价格策略等一系列策略，保持企业不断发展并获得经营成功。

总之，本系列丛书是对高等院校实践教学，特别是经济管理类实验实训教学的一种探索，同时也是对高等院校经管类实践教学的一种创新；本系列丛书凝聚了众多长期在经管类实践教学一线工作的教师的经验和智慧。在此，特别感谢嘉兴学院国家级经管实验示范中心、浙江精创教育科技有限公司（www.jcjyet.com）等为此系列教材出版所做的贡献。

编写组

2017 年 5 月

前言

ERP沙盘模拟通过构建企业经营的环境,让学生直接参与企业运作,这种方式深受各大院校师生喜爱。ERP沙盘模拟课程模拟真实企业的生产经营活动,把企业运营的关键环节——战略规划、资金筹集、市场营销、产品研发、生产组织、物资采购、设备投资与改造、会计核算与财务管理等作为该实训课程的主体内容,把企业运营所处的内外部环境抽象为一系列的规则,由学生组成若干个相互竞争的管理团队,扮演不同的角色,共同面对变化的市场竞争环境,参与企业模拟运营的全过程。ERP沙盘模拟实训教学独树一帜,逼真、全面地展现企业经营流程和管理理念,真正具备高度的趣味性和竞争性,极大地激发了学生的学习兴趣。课程既能让学生全面学习并且掌握经济管理知识,还可以充分调动学生学习的主动性;同时,让学生身临其境,真正感受一个企业经营者直面市场竞争的精彩与残酷,并由此综合地提高学生经营管理素质与实践操作能力。

《ERP沙盘模拟实训教程》第二版在第一版的基础上,融入近年来企业经营沙盘模拟的新发展、新应用及作者多年的教学经验,并介绍了浙江省首届大学生企业经营沙盘模拟竞赛的系统及竞赛相关内容。全书分为10章,第1章对ERP的概念、发展历程进行概述;第2章到第6章介绍ERP沙盘模拟的模拟企业概况、运营规则、模拟软件及模拟运营;第7章为模拟企业经营成果的分析;第8章总结模拟对抗前准备、对抗中决策的各种技巧及各种对抗战略;第9章分析浙江省首届大学生企业经营沙盘模拟竞赛C区比赛的案例;第10章介绍浙江省大学生企业经营沙盘模拟竞赛章程、方案及竞赛规则等相关内容。

本书可用作高校ERP沙盘实训教材,也可以用作相关培训人员及参赛选手的参考书。如果在使用此书过程中发现问题，或者对企业经营沙盘模拟系统有任何意见，可联系 31703369@ qq. com。

本教材的撰写得到了嘉兴学院国家经济管理实验示范中心及浙江精创教育科技有限公司的很多内部资料，非常感谢张云、袁顺波、张继兰、童声、夏江华、岳焱、佘京梅等本教材第一版作者的大力支持，特别感谢戴家健、陈杰栋、潘钺杭、沈梦梦等同志提供的无私帮助和支持，在此致以诚挚的谢意！

由于时间仓促，加之编者水平有限，书中不足之处在所难免，敬请各位专家、读者批评指正。

编者

2017 年 5 月

目录

1 EPR 概述

1.1 ERP 简介

1.1.1 ERP 概念

ERP——Enterprise Resources Planning，企业资源计划系统，是指建立在信息技术基础上，以系统化的管理思想，为企业决策层及员工提供决策运行手段的管理平台。ERP 系统集信息技术与先进管理思想于一体，成为现代企业的运行模式，也是企业在信息时代生存、发展的基石。

关于 ERP 的定义，可以从管理思想、管理系统、管理软件三个层次给出它的定义，如图 1－1 所示。

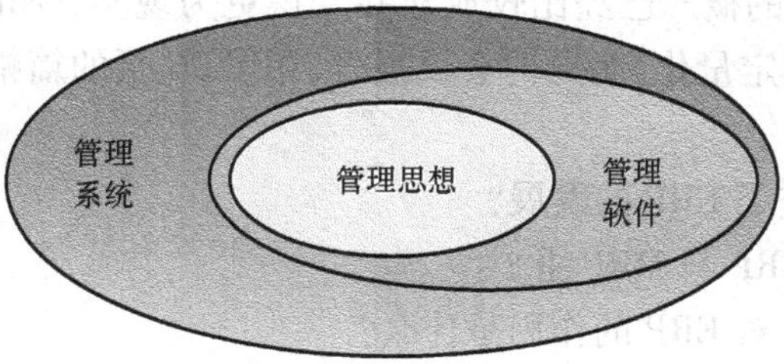

图 1－1 ERP 的定义

从管理思想的角度看，ERP 是由美国著名的计算机技术咨询和评估集团 Gartner Group Inc. 提出的一整套企业管理系统体系标准，其实质是在“制造资源计划”（Manufacturing Resources Planning，MRP Ⅱ）基础上进一步发展而成的面向供应链（Supply Chain）的管理思想。

从管理系统的角度看，ERP 是整合了企业管理理念、业务流程、基础数据、人力物力、计算机硬件和软件于一体的企业资源管理系统。

从管理软件的角度看，ERP 是综合应用了客户机/服务器体系、关系数据库结构、面向对象技术、图形用户界面、第四代语言（4GL）、网络通信等信息产业成果,以 ERP 管理思想为灵魂的软件产品。

1.1.2 ERP 的产生

ERP 是由美国 Gartner Group 公司在 20 世纪 90 年代初提出来的。1990 年 4 月 12 日,Gartner Group 公司发表了以《ERP:下一代 MRPⅡ的远景设想》为题,由 L. Kylie 署名的研究报告。这是第一次提出 ERP 的概念。这份研究报告虽然只有两页纸,但却是一份非常具有前瞻性的精辟设想。

Gartner 在这份报告中提到了两个集成,既是 ERP 的核心,也是实现“管理整个供需链”的必要条件:这就是内部集成和外部集成。

内部集成(internal integration)——实现产品研发、核心业务和数据采集三方面的集成。

外部集成(external integration)——实现企业与供需链上所有合作伙伴的集成。

之后,Gartner 公司又陆续发表了一系列的分析和研究报告,例如,J. Borelli署名的《ERP 的功能性》、E. Keller 署名的《实现 MRPⅡ到 ERP 的跨越》以及多次对各软件商 ERP 产品的技术与功能的分析评价报告等。值得注意的是,所有这些研究报告都是归于“CIM”(Computer Integrated Manufacturing,计算机集成制造)类别中,说明 ERP 本来是一种用于制造业的信息化管理系统。

1993 年,ERP 的概念已经比较成熟并变得更为现实,Gartner Group 公司以《ERP:远景设想的定量化》为题的会议报告,用了 26 页的篇幅论述了五个重点题目,即:

- 是什么促进了 ERP 的发展?
- 如何区别 ERP 与 MRP Ⅱ?
- 计算机技术对 ERP 的作用是什么?
- ERP 具有哪些功能?
- 用户应如何采用 ERP?

报告详尽地阐述了 ERP 的理念,深刻阐明了 ERP 的实质和定义。

综合以上一些早期文献的精神,Gartner 最初对 ERP 的定义可以简明表达为:ERP 是 MRPⅡ(Manufacturing Resources Planning,制造资源计划)的下一代,它的内涵主要是“打破企业的四壁,把信息集成的范围扩大到企业的上下游,管理整个供需链,实现供需链制造”。换句话说:ERP 是一种企业内部所有业务部门之间,以及企业同外部合作伙伴之间交换和分享信息的系统;是集成供需链管理的工具、技术和应用系统,是管理决策和供需链流程优化不可缺少的手段,是实现竞争优势的同义语。

1.1.3　ERP 的深远影响

在 1990 年 Gartner 的研究报告中，列出了“技术环境核对表”和“功能核对表”，前者所列的技术如图形用户界面（GUI）、关系数据库、第四代语言（4GL）、客户机/服务器（C/S）等，早已不新奇，但功能核对表的内容至今仍有其重要意义。当前名目繁多的信息化系统可以说都是为了实现两个核对表中功能的要求陆续开发出来的。

功能核对表的第一条要求是，ERP 系统要适应离散、流程和分销配送不同的类型，也就是说囊括了各种类型的制造业。随后提出第二条要求是，ERP 系统要采用图解方法处理和分析各种经营生产问题。就是说，ERP 不再是简单的事务处理系统，而是要突出整体决策分析的功能。在这个设想指导下，陆续出现了数据仓库（Data Karehouse，DK）、数据挖掘技术（Data Mining，DM）、在线分析处理（On – Line Analytical Processing，OLAP）以及业务智能（Business Intelligence BI）等应用系统。

内部集成提到三个方面：产品研发的集成、核心业务的信息集成和数据采集的集成。当时外部集成的内容仅仅提到 EDI（电子数据交换）。

在产品研发集成方面，在成组技术（Group Technology，GT）、计算机辅助设计（Computer Added Design，CAD）和计算机辅助工艺设计（Computer Added Process Planning，CAPP）的基础上，陆续出现了产品数据管理（Product Data Management，PDM）、产品生命周期管理（Product Lifecycle Management，PLM）以及电子商务支持下的协同产品商务（Collaborative Product Commerce，CPC）。

在核心业务信息集成方面，在 MRP Ⅱ 的基础上发展了制造执行系统（Manufacturing Execution System，MES）、人力资源管理（Human Resource，HR）、企业资产管理（Enterprise Asset Management，EAM）以及办公自动化（Office Automation，OA）等。

在数据采集集成方面，除了质量管理的统计过程控制（Statistical Process Control，SPC）和结合流程控制的分布控制系统（Distributed Control System，DCS）等外，在条形码基础上发展了射频识别技术（Radio Frequency Identification，RFID）。

在外部集成方面开发了客户关系管理（Customer Relationship Management，CRM）、供应链管理（Supply Chain Management，SCM）、供应商管理（Supplier Relationship Management，SRM）、供应链例外事件管理（Supply Chain Event Management，SCEM）以及仓库管理系统（Warehouse Management System，WMS）等。

Gartner 对 ERP 的远景设想带有相当大的前瞻性。20 世纪 90 年代初，互联网还处在萌芽期,直到 1993 年还称为“信息高速公路”。限于当时的技术条件和软件供应商的开发实力,没有哪一家软件公司能够单独完成 Gartner 公司最初提出的全部宏伟远景设想。新开发的系统都是由不同的厂商分别完成的。不同厂商的产品要集成,又出现了企业应用系统集成(Enterprise Application Integration,EAl)和中间件(Middle - Ware)技术。

这些后来分别开发的应用系统都没有跳出 Gartner 最初定义的设想,说明 ERP 的原始定义的内涵是十分广泛的,有着深远的意义。

20 世纪 90 年代,一些 MRPⅡ软件供应商在增加了 Gartner 最初提出的一些外扩功能,采纳了 Gartner 公司最初对 ERP 提出的技术要求等,解决了跨世纪的千年虫(Y2K)问题之后,为了适应时代潮流和商业目的需要,就把已有的 MRPⅡ产品易名为 ERP。这种易名实质上没有也不可能实现 Gartner 对 ERP 系统的基本定义和设想——“管理整个供需链”;软件的基本内容还是停留在原有 MRPⅡ的水平上。然而,这个“易名潮”却模糊了 MRPⅡ同 ERP 的界限,使得一些从来没有接触过成熟 MRPⅡ产品的人,自然而然地把从 MRPⅡ易名而来的 ERP 看成是“面向企业内部管理”的系统。现在,“ERP 是面向企业内部的管理系统”这样的认识,在国内外都似乎已经成为一种“定论”,于是,到了 2000 年,只好再提出来一个 ERPⅡ来解释最初定义的、但又一直未能立即实现的 ERP。

美国 AMR Research 公司在其 Extended ERP—Wiring the Supply Chain 课程里,把这种适量扩展了功能并易名 ERP 的 MRPⅡ系统,作为“ERP 的一个良好的起点(a good start)”看待,一方面说明它毕竟还不是 Gartner 最初定义的 ERP 的全部内容,同时也说明制造业企业信息化管理最好是从 MRPⅡ起步,也就是从内部集成起步。

1.2 ERP 的发展历程

MRP Ⅱ/ERP 的发展经历了五个阶段:20 世纪 40 年代的库存控制订货点法、20 世纪 60 年代的时段式 MRP、20 世纪 70 年代的闭环 MRP、20 世纪 80 年代发展起来的 MRP Ⅱ、20 世纪 90 年代出现的 ERP。

1.2.1 20 世纪 40 年代的订货点法

在计算机出现之前,发出订单和进行催货是一个库存管理系统在当时所能做的一切。库存管理系统发出生产订单和采购订单,但是,确定对物料的真实需求却是靠缺料表,这种表上所列的是马上要用,但却发现没有库存的物料。

然后，派人根据缺料表进行催货。

订货点法是在当时的条件下，为改变这种被动的状况而提出的一种按过去的经验预测未来的物料需求的方法。这种方法有各种不同的形式，但其实质都是着眼于“库存补充”的原则。“补充”的意思是把库存填满到某个原来的状态。库存补充的原则是保证在任何时候仓库里都有一定数量的存货，以便需要时随时取用。当时人们希望用这种做法来弥补由于不能确定近期内准确的必要库存储备数量和需求时间所造成的缺陷。订货点法依据对库存补充周期内的需求量预测，并保留一定的安全库存储备来确定订货点。安全库存的设置是为了应对需求的波动。一旦库存储备低于预先规定的数量，即订货点，则立即进行订货，以补充库存。

订货点的基本公式是：

订货点 = 单位时区的需求量 × 订货提前期 + 安全库存量

如果某项物料的需求量为每周100件，提前期为6周，并保持2周的安全库存量，那么，该项物料的订货点可计算如下：

$$100 \times 6 + 200 = 800$$

当某项物料的现有库存和已发出的订货之和低于订货点时，则必须进行新的订货，以保持足够的库存来支持新的需求。订货点法的处理逻辑如图 1－2 所示。

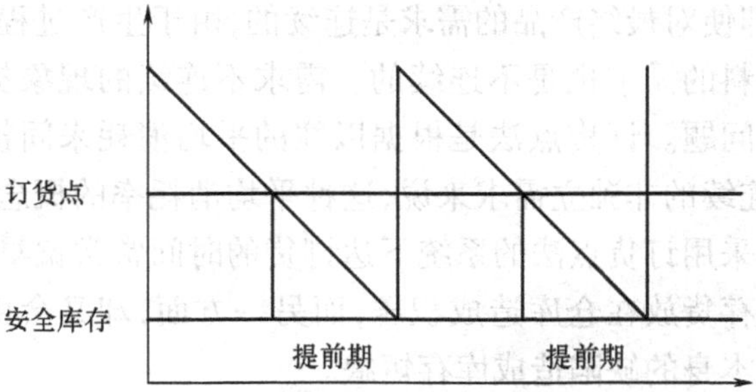

图 1－2　订货点法

订货点法曾引起人们的广泛关注，对它进行论述的文献也很多，按这种方法建立的库存模型曾被称为“科学的库存模型”。然而，在实际应用中却是不尽人意，其原因在于订货点法是在某些假设之下追求数学模型的完美。这些假设主要包括以下四个方面：

第一，对各种物料的需求是相互独立的。订货点法不考虑物料项目之间的关系，每项物料的订货点分别独立地做出确定。因此，订货点法是面向零件的，而不是面向产品的。但是，在制造业中有一个很重要的要求，那就是各项物料的数量必须配套，以便能装配成产品。由于对各项物料分别独立地进行预测和订货,就会在装配时发生各项物料数量不匹配的情况。这样,虽然单项物料的供货率提高了,但总的供货率却降低了。因为不可能对每项物料的预测都很准确,所以积累起来的误差反映在总供货率上将是相当大的。

例如,用10个零件装配成一件产品,每个零件的供货率都是90%,而联合供货率却降到34.8%。一件产品由20个、30个甚至更多零件组成的情况是常有的,如果这些零件的库存量是根据订货点法分别确定的,那么,要想在总装配时不发生零件短缺,则只能是碰巧的事。

应当注意,上述这种零件短缺并非由于预测精度不高而引起,而是由于这种库存管理模型本身的缺陷造成的。

第二,物料需求是连续发生的。按照这种假定,必须认为需求相对均匀,库存消耗率稳定。而在制造业中,对产品零部件的需求恰恰是不均匀、不稳定的,库存消耗是间断的。这往往是由于下道工序的批量需求引起的。

比如,假定最终产品是活动扳手,零件是扳手柄,原材料是扳手毛坯。活动扳手不是单件生产的,当工厂接到一批订货时就在仓库中取出一批相应数量的扳手柄投入批量生产。这样一来,扳手柄的库存量就要突然减少,有时会降到订货点以下。这时就要立即下达扳手柄的生产指令,于是又会引起扳手柄毛坯的库存大幅度下降。如果因此引起原材料库存也低于订货点,则对扳手毛坯也要进行采购订货。

由此可见,即使对最终产品的需求是连续的,由于生产过程中的批量需求,对零部件和原材料的需求也是不连续的。需求不连续的现象提出了一个如何确定需求时间的问题。订货点法是根据以往的平均消耗来间接地指出需要时间,但是对于不连续的非独立需求来说,这种平均消耗率的概念是毫无意义的。事实上,一方面,采用订货点法的系统下达订货的时间常常偏早,在实际需求发生之前就有大批存货放在仓库造成积压,而另一方面,却又会由于需求不均衡和库存管理模型本身的缺陷造成库存短缺。

第三,库存消耗之后,应被重新填满。按照这种假定,当物料库存量低于订货点时必须发出订货,以重新填满库存。但如果需求是间断的,那么这样做不但没有必要,而且也不合理。因为很可能因此而造成库存积压。例如,某种产品一年中可以得到客户的两次订货,那么,制造此种产品所需的材料则不必因库存量低于订货点而立即填满。

第四,"何时订货"是一个大问题。"何时订货"被认为是库存管理的一个大问题。这并不奇怪,因为库存管理正是订货并催货这一过程的自然产物。然而真正重要的问题却是"何时需要物料",当这个问题解决以后,"何时订货"的问题也就迎刃而解了。订货点法通过触发订货点来确定订货时间,再通过提前期来确定需求日期,其实是本末倒置的。

从以上论述可以看出，订货点库存控制模型是围绕一些不成立的假设建立起来的。今天看来，订货点法作为一个库存控制模型是那个时代的理论错误，不再具有实用的价值，但它提出了许多在新的条件下应当解决的问题，从而引发了 MRP 的出现。

1.2.2 20 世纪 60 年代的时段式 MRP

时段式 MRP 是在解决订货点法缺陷的基础上发展起来的，亦称为基本 MRP，或简称 MRP。

MRP 与订货点法的区别有三点：一是通过产品结构将所有物料的需求联系起来；二是将物料需求区分为独立需求和非独立需求并分别加以处理；三是对物料的库存状态数据引入了时间分段的概念。

如前所述，传统的库存管理方法，如订货点法，是彼此孤立地推测每项物料的需求量，而不考虑它们之间的联系，从而造成库存积压和物料短缺同时出现的不良局面。MRP 则通过产品结构把所有物料的需求联系起来，考虑不同物料的需求之间的相互匹配关系，从而使各种物料的库存在数量和时间上均趋于合理。

另外，MRP 还把所有物料按需求性质区分为独立需求项和非独立需求项，并分别加以处理。如果某项物料的需求量不依赖于企业内其他物料的需求量而独立存在，则称为独立需求项目；如果某项物料的需求量可由企业内其他物料的需求量来确定，则称为非独立需求项目或相关需求项目。如原材料、零件、组件等都是非独立需求项目，而最终产品则是独立需求项目，独立需求项目有时也包括维修件、可选件和工厂自用件。独立需求项目的需求量和需求时间通常由预测和客户订单、厂际订单等外在因素决定，而非独立需求项目的需求量和时间则由 MRP 系统决定。

所谓时间分段，就是给物料的库存状态数据加上时间坐标，亦即按具体的日期或计划时区记录和存储库存状态数据。

在传统的库存管理中，库存状态的记录是没有时间坐标的，记录的内容通常只包含库存量和已订货量。当这两个量之和由于库存消耗而小于最低库存点的数值时，便是重新组织进货的时间。因此，在这种记录中，时间的概念是以间接的方式表达的。直到 1950 年前后，这种落后的方法才有了一些改进，在库存状态记录中增加了两个数据项：需求量和可供货量。其中，需求量是指当前已知的需求量，而可供货量是指可满足未来需求的量。这样，物料的库存状态记录由 4 个数据组成，它们之间的关系可用下式表达：

$$库存量 + 已订货量 - 需求量 = 可供货量$$

例如，某项物料的库存状态数据如表 1 - 1 所示。

表 1－1　物料库存状态数据

库存状态	库存量	已订货量	需求量	可供货量
数量	30	25	65	－10

其中,需求量可能来自客户订单,也可能来自市场预测,还可能是作为非独立需求推算出来的。当可供货量是负数时,就意味着库存储备不足,需要再组织订货。这样一个经过改进的库存控制系统可以更好地回答“订什么货”和“订多少货”的问题,但却不能回答“何时订货”的问题。表面上看,当可供货量是负值时即是订货时间,似乎已经回答了这个问题;其实不然,已发出的订货何时到货? 是一次到达,还是分批到达? 什么时候才是对这批订货的需求实际发生的时间? 该需求是一次满足还是分期满足? 什么时候库存会用完? 什么时候应完成库存补充订货? 什么时候应该发出订货? 对于这一系列问题,传统的库存控制系统是回答不出来的。当时,库存计划员只能凭经验做出决定。

时间分段法使所有的库存状态数据都与具体的时间联系起来,于是上述关键问题可以迎刃而解。下面通过例子来说明时间分段的概念。

若把前例中的库存状态数据以周为单位给出时间坐标,则如表 1－2 所示。

表 1－2　库存状态数据

项目＼周数	1	2	3	4	5	6	7	8	9	10
库存量	30	30	10	10	－25	0	0	0	0	0
已订货量	0	0	0	0	25	0	0	0	0	10
需求量	0	20	0	35	0	0	0	0	0	10
可供货量	30	10	10	－25	0	0	0	0	0	－10

现在,便可以回答前面所提出的各个与时间有关的问题了。从记录中看到,这里有一批已发出的订货,总计 25 件,将在第 5 周到货;在第 2 周、第 4 周和第 10 周分别出现三次需求,其数量分别为 20、35 和 10,总数为 65。另外可以看出,库存总储备,即库存量和已订货量之和,在前 9 周是足够用的,但供应与需求在时间上不合拍,第 4 周可供货量出现负值,而已发出订货在第 5 周才到达。如已发出的订货能够提前 1 周到达,则可避免第 4 周的库存短缺。关于这一点,库存计划员可以提前 4 周从库存状态数据得知并采取相应的措施。第 10 周的库存短缺应通过新的库存补充订货来解决,其需求日期为第 10 周。下达日期即可由此根据提前期推算出来。

维护、更新按时间分段的库存状态记录所要进行的数据处理工作量是相当大的。这一方面是由于这类库存状态记录的数据项多;另一方面是由于既要处理数量关系,又要处理时间关系。在给出时间坐标之前只用了 4 个数据项,而在给出时间坐标之后,则用了 40 个数据项。此时,虽然数量关系不变,时间关系却要重新处理。在一个典型的企业中,如果对 25 000 项物料按周划分时间段,在计划期为一年的情况下,就要处理多达 500 万个基本数据,这样大量的信息处理只有计算机才能胜任。

目前,人们建立和使用的 MRP 系统已经成为一种标准的形式。这种标准形式包含着系统运行所依据的某些前提条件和基本假设。

MRP 系统的第一个前提是要求赋予每项物料一个独立的物料代码,这些物料包括原材料、零部件和最终产品。这些物料代码不能有二义性,即两种不同的物料不得有相同的代码,并且文中涉及的主生产计划、物料清单和库存记录都要通过物料代码来描述。

MRP 系统的第二个前提是要有一个主生产计划。也就是说,要有一个关于生产什么产品和什么时候产出的权威性计划。该计划只考虑最终项目,这些项目可能是产品,也可能是处于产品结构中最高层次的装配件,这些装配件可根据总装配计划装配成不同的产品。主生产计划考虑的时间范围,即计划展望期,取决于产品的累计提前期,即产品所有零部件的生产提前期和采购提前累计之和。计划展望期的长度应当等于或超过产品的累计提前期,通常为 3 ~ 18 个月。主生产计划的形式通常是一个按时区列出的各最终项目产出数量的矩阵。

MRP 系统的第三个前提是在计划编制期间必须有一个通过物料代码表示的物料清单(Bill of Material,BOM)。BOM 是产品结构文件,它不仅罗列出某一产品的所有构成项目,同时也指出这些项目之间的结构关系,即从原材料到零件、组件,直到最终产品的层次隶属关系。

MRP 系统的第四个前提是要有完整的库存记录。也就是说,所有在 MRP 系统控制下的物料都要有相应的库存记录。

除了以上四个前提条件外,实施 MRP 系统还要满足以下五个隐含的假设条件:

第一,要想使系统能够有效地工作,就必须保证 BOM 和库存记录文件的数据完整性。确切地说,这个要求不是针对系统运行而言的。因为即使输入数据不正确,系统也能输出技术上“正确”的报告。然而,正如计算机人员常讲的那样,“进去的是垃圾,出来的也是垃圾”。这样的垃圾数据当然不能实现有效的管理。因此,保证文件的数据完整性是针对管理效果而提出的要求。

第二,MRP 系统还要求所有物料的订货提前期是已知的,至少是可以估算的。一般情况下,在编制计划时,每项物料的提前期都应该是一个固定的值。虽然提前期的值可以更改,但不允许一项物料的提前期同时具有两个或两个以上的数值。MRP 系统无法处理订货提前期未定的物料。

第三,MRP 系统要求所有受其控制的物料都要经过库存登记,从而有一个入库状态(即使是短暂的),然后才可以为满足某项订货而发放出去。这样,生产过程的每个阶段实质上是通过库存信息来监控的。

第四,MRP 系统在计算物料需求时间时,假定用于构成某个父项的所有子项都必须在下达父项的订货时到齐。因此,子项的需求均在父项的订货下达时发生。

第五,MRP 系统还假定每项物料的消耗都是间断的。例如,某父项物料由 50 个子项构成,那么,MRP 在进行计算时就恰好分配出 50 个,并假定它们被一次性地消耗掉。

MRP 系统的目标是确定每项物料在每个时区内的需求量,以便能为正确地进行生产和库存管理提供必要的信息。虽然这并非 MRP 的唯一目标(例如,MRP 还为能力需求计划提供输入等),但这却是最主要的目标。从人们的主观愿望来说,这个目标同其他非 MRP 库存控制系统的目标并没有什么差别。MRP 系统与其他库存控制系统的差别仅仅反映在如何实现这种愿望的能力上。例如,用订货点法很难做到在恰当的时间对一项物料按恰当的数量订货,而要确定正确的到货期则更成问题。对于已发出的订货作业进行修改,用订货点法则基本上办不到。

MRP 系统从主生产计划、独立需求预测以及厂外零部件订货的输入可以确定"我们将要生产什么",通过 BOM 可以回答"用什么来生产",把主生产计划等反映的需求沿各产品的 BOM 进行分解,从而得知"为了生产所需的产品,我们需要用些什么",然后和库存记录进行比较,从而确定物料需求,即回答"我们还需要再得到什么"。通过这样的处理过程,使得在 MRP 系统控制下的每项物料的库存记录都总能正确地反映真实的物料需求。这一过程如图 1-3 所示。

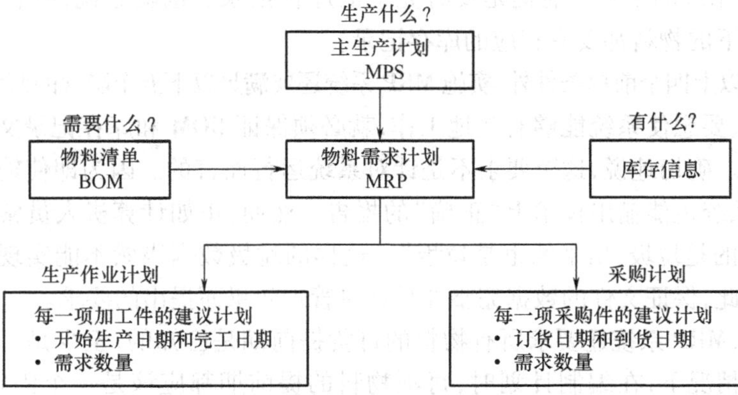

图 1-3　基本 MRP 工作过程

MRP 系统之所以能成为生产库存管理的得力工具,主要由于五个原因:①可使库存投资减少到最小限度;②可对生产中的变化做出灵敏的反应;③可以对每项物料提供未来的库存状态信息;④库存控制是面向生产作业的,而不是面向台账登记的;⑤强调需求、库存储备和订货作业的时间性。

上述五个原因相辅相成,使得 MRP 系统的输出信息能够成为其他生产管理子系统的有效输入信息。这些子系统包括能力需求计划、车间作业管理、采购作业管理等。

1.2.3 20 世纪 70 年代的闭环 MRP

20 世纪 60 年代时段式 MRP 能够根据有关数据计算出相关物料需求的准确时间与数量,但它还不够完善,其主要缺陷是没有考虑到生产企业现有的生产能力和采购的有关条件的约束。因此,计算出来的物料需求的日期有可能因设备和工时的不足而没有能力生产,或者因原料的不足而无法生产。同时,它也缺乏根据计划实施情况的反馈信息对计划进行调整的功能。

正是为了解决以上问题,MRP 系统在 20 世纪 70 年代发展为闭环 MRP 系统。闭环 MRP 系统除了物料需求计划外,还将生产能力需求计划、车间作业计划和采购作业计划也全部纳入 MRP,形成一个封闭的系统。

1.2.3.1 闭环 MRP 的原理与结构

MRP 系统的正常运行,需要有一个现实可行的主生产计划。它除了要反映市场需求和合同订单以外,还必须满足企业的生产能力约束条件。因此,除了要编制资源需求计划外,还要制定能力需求计划(CRP),同各个工作中心的能力进行平衡。只有在采取了措施做到能力与资源均满足负荷需求时,才能开始执行计划。

要保证实现计划就要控制计划,执行 MRP 时要用派工单来控制加工的优先级,用采购单来控制采购的优先级。这样,基本 MRP 系统进一步发展,把能力需求计划和执行及控制计划的功能也包括进来,形成一个环形回路,称为闭环 MRP,如图 1-4 所示。因此,闭环 MRP 成为一个完整的生产计划与控制系统。

1.2.3.2 能力需求计划(Capacity Requirement Planning,CRP)

(1)资源需求计划与能力需求计划

在闭环 MRP 系统中,把关键工作中心的负荷平衡称为资源需求计划,或称为粗能力计划,它的计划对象为独立需求件,主要面向的是主生产计划;把全部工作中心的负荷平衡称为能力需求计划,或称为详细能力计划,而它的计划对象为相关需求件,主要面向的是车间。由于 MRP 和 MPS(主生产计划)之间存在内在的联系,所以资源需求计划与能力需求计划之间也是一脉相承的,而后者正是在前者的基础上进行计算的。

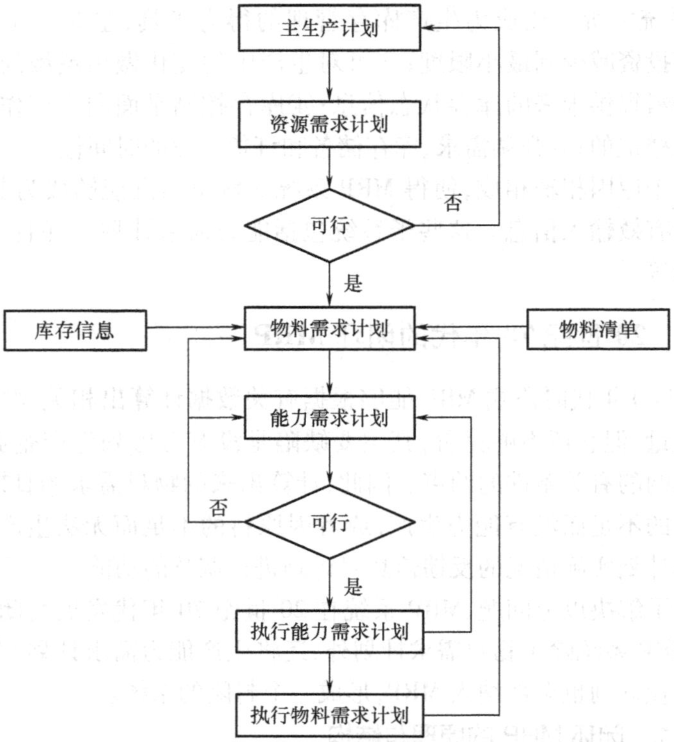

图 1-4　闭环 MRP 逻辑流程图

(2)能力需求计划的依据

- 工作中心:是各种生产或加工能力单元和成本计算单元的统称。对工作中心都统一用工时来量化其能力的大小。
- 工作日历:是用于编制计划的特殊形式的日历,它是由普通日历除去每周双休日、假日、停工和其他不生产的日子,并将日期表示为顺序形式而形成的。
- 工艺路线:是一种反映制造某项"物料"加工方法及加工次序的文件。它说明加工和装配的工序顺序,每道工序使用的工作中心,各项时间定额,外协工序的时间和费用等。
- 由 MRP 输出的零部件作业计划。

(3)能力需求计划的计算逻辑

闭环 MRP 的基本目标是满足客户和市场的需求,因此在编制计划时,总是先不考虑能力约束而优先保证计划需求,然后再进行能力计划。经过多次反复运算,调整核实,才转入下一个阶段。能力需求计划的运算过程就是把物料需求计划订单换算成能力需求数量,生成能力需求报表。这个过程可用图 1-5 来表示。

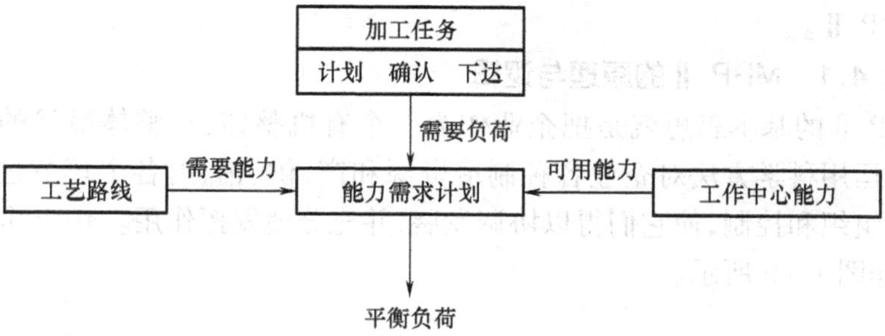

图1-5 能力需求报表生成过程

当然,在计划时段中也有可能出现能力需求超负荷或低负荷的情况。闭环MRP能力计划通常是通过报表的形式(直方图是常用工具)向计划人员报告,但是并不进行能力负荷的自动平衡,这个工作由计划人员人工完成。

1.2.3.3 现场作业控制

各工作中心能力与负荷需求基本平衡后,接下来的一步就要集中解决如何具体地组织生产活动,使各种资源既能合理利用又能按期完成各项订单任务,并将客观生产活动进行的状况及时反馈到系统中,以便根据实际情况进行调整与控制,这就是现场作业控制。它的工作内容一般包括以下四个方面:

车间订单下达:订单下达是核实MRP生成的计划订单,并转换为下达订单。

作业排序:是指从工作中心的角度控制加工工件的作业顺序或作业优先级。

投入产出控制:是一种监控作业流(正在作业的车间订单)通过工作中心的技术方法。利用投入/产出报告,可以分析生产中存在的问题,采取相应的措施。

作业信息反馈:主要是跟踪作业订单在制造过程中的运动,收集各种资源消耗的实际数据,更新库存余额并完成MRP的闭环。

1.2.4 20世纪80年代的MRP Ⅱ

闭环MRP系统的出现,使生产活动方面的各种子系统得到了统一。但这还不够,因为在企业的管理中,生产管理只是一个方面,它所涉及的仅仅是物流,而与物流密切相关的还有资金流。这在许多企业中是由财务人员另行管理的,这就造成了数据的重复录入与存储,甚至造成数据的不一致性。

于是,在20世纪80年代,人们把生产、财务、销售、工程技术和采购等各个子系统集成为一个一体化的系统,并称为制造资源计划(Manufacturing Resource Planning)系统,英文缩写还是MRP,为了区别物流需求计划(亦缩写为MRP)而记为 MRP Ⅱ。

1.2.4.1 MRP Ⅱ的原理与逻辑

MRP Ⅱ的基本思想就是把企业作为一个有机整体，从整体最优的角度出发，通过运用科学方法对企业各种制造资源和产、供、销、财各个环节进行有效的计划、组织和控制，使它们得以协调发展，并充分地发挥作用。MRP Ⅱ的逻辑流程图如图 1－6 所示。

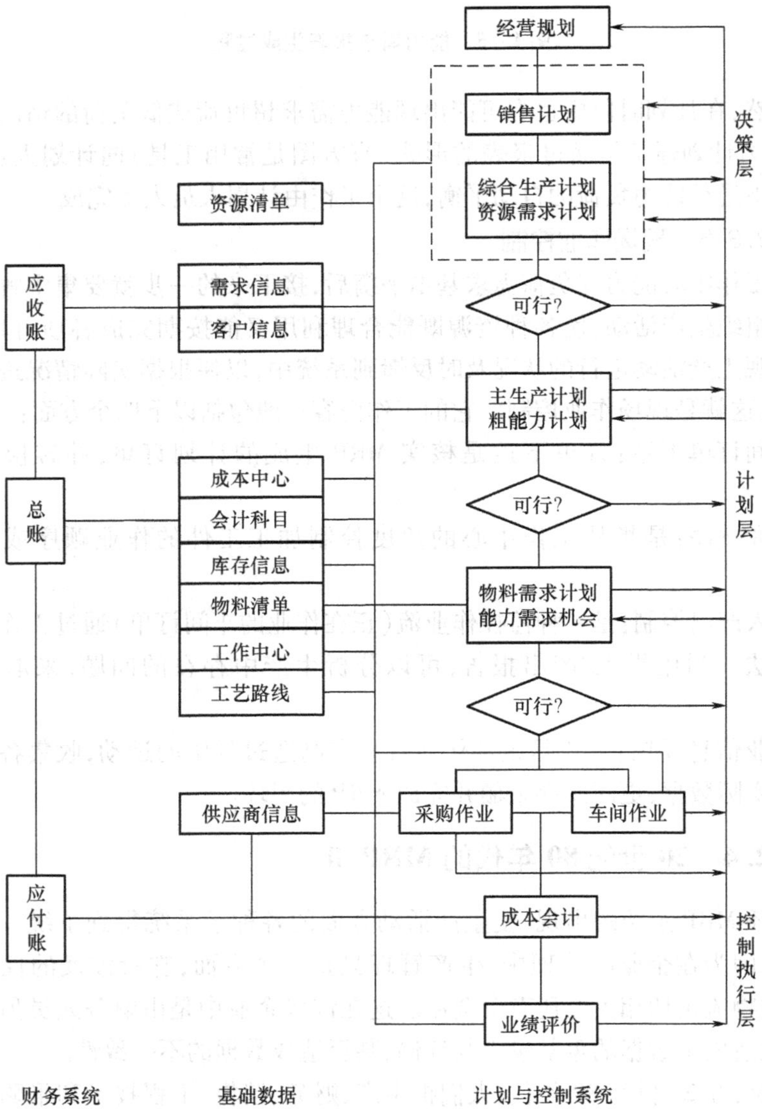

图 1－6　MRP Ⅱ逻辑流程图

在流程图的右侧是计划与控制的流程，它包括了决策层、计划层和控制执行层，可以理解为经营计划管理的流程。中间是基础数据，要储存在计算机系统的数据库中，并且反复调用。这些数据信息的集成，把企业各个部门的业务沟通起来，可以理解为计算机数据库系统。左侧是主要的财务系统，这里只列出应收账、总账和应付账系统。各条连线表明信息的流向及相互之间的集成关系。

1.2.4.2 MRP Ⅱ管理模式的特点

MRP Ⅱ管理模式的特点可以从以下几个方面来说明，每一项特点都含有管理模式的变革和人员素质或行为变革两方面，这些特点是相辅相成的。

(1)计划的一贯性与可行性

MRP Ⅱ是一种计划主导型管理模式，计划层次从宏观到微观、从战略到技术、由粗到细逐层优化，但始终保证与企业经营战略目标一致。它把通常的三级计划管理统一起来，计划编制工作集中在厂级职能部门，车间班组只执行计划、调度和反馈信息。计划下达前反复验证和平衡生产能力，并根据反馈信息及时调整，处理好供需矛盾，保证计划的一贯性、有效性和可执行性。

(2)管理系统性

MRP Ⅱ是一项系统工程，它把企业所有与生产经营直接相关部门的工作联结成一个整体，各部门都从系统整体出发做好本职工作，每个员工都知道自己的工作质量同其他职能的关系。只有在“一个计划”下这些工作才能成为系统，条块分割、各行其是的局面应被团队精神所取代。

(3)数据共享性

MRP Ⅱ是一种制造企业管理信息系统，企业各部门都依据同一数据信息进行管理，任何一种数据变动都能及时地反映给所有部门，做到数据共享。在统一的数据库支持下，按照规范化的处理程序进行管理和决策，改变了过去那种信息不通、情况不明、盲目决策和相互矛盾的现象。

(4)动态应变性

MRP Ⅱ是一个闭环系统，它要求跟踪、控制和反馈瞬息万变的实际情况，管理人员可随时根据企业内外环境条件的变化迅速做出响应，及时决策调整，保证生产正常进行。它可以及时掌握各种动态信息，保持较短的生产周期，因而有较强的应变能力。

(5)模拟预见性

MRP Ⅱ具有模拟功能。它可以解决“如果怎样……将会怎样”的问题，可以预见在相当长的计划期内可能发生的问题，事先采取措施消除隐患，而不是等问题已经发生了再花数倍的精力去处理。这将使管理人员从繁杂的事务堆里解脱出来，致力于实质性的分析研究，提供多个可行方案供领导层决策。

(6)物流、资金流的统一

MRP Ⅱ包含了成本会计和财务功能，可以由生产活动直接产生财务数据，把实物形态的物料流动直接转换为价值形态的资金流动，保证生产和财务数据一致。财务部门及时得到资金信息用于控制成本，通过资金流动状况反映物料和经营情况，随时分析企业的经济效益，参与决策，指导及控制经营和生产活动。

以上六个方面的特点表明，MRP Ⅱ是一个比较完整的生产经营管理计划体系，是实现制造业企业整体效益的有效管理模式。

1.2.5 20 世纪 90 年代的 ERP

进入 20 世纪 90 年代，随着市场竞争的进一步加剧，企业竞争空间与范围的进一步扩大，80 年代 MRP Ⅱ主要面向企业内部资源全面计划管理的思想逐步发展为 90 年代怎样有效利用和管理整体资源的管理思想，ERP（Enterprise Resource Planning）——企业资源计划也就随之产生。ERP 是在 MRP Ⅱ的基础上扩展了管理范围，给出了新的结构。

1.2.5.1 ERP 同 MRP Ⅱ的主要区别

(1)在资源管理范围方面的区别

MRP Ⅱ主要侧重对企业内部人、财、物等资源的管理，ERP 系统在 MRP Ⅱ的基础上扩展了管理范围，它把客户需求和企业内部的制造活动，以及供应商的制造资源整合在一起，形成企业一个完整的供应链并对供应链上所有环节如订单、采购、库存、计划、生产制造、质量控制、运输、分销、服务与维护、财务管理、人事管理、实验室管理、项目管理和配方管理等进行有效管理。

(2)在生产方式管理方面的区别

MRP Ⅱ系统把企业归类为几种典型的生产方式进行管理，如重复制造、批量生产、按订单生产、按订单装配和按库存生产等，对每一种类型都有一套管理标准。而在 20 世纪 80 年代末、90 年代初期，为了紧跟市场的变化，多品种、小批量生产以及看板式生产等是企业主要采用的生产方式，由单一的生产方式向混合型生产发展，ERP 能很好地支持和管理混合型制造环境，满足了企业的这种多角化经营需求。

(3)在管理功能方面的区别

ERP 除了 MRP Ⅱ系统的制造、分销、财务管理功能外，还增加了支持整个供应链上物料流通体系中供、产、需各个环节之间的运输管理和仓库管理；支持生产保障体系的质量管理、实验室管理、设备维修和备品备件管理；支持对工作流（业务处理流程）的管理。

(4)在事务处理控制方面的区别

MRP Ⅱ通过计划的及时滚动来控制整个生产过程，它的实时性较差，一般只能实现事中控制。而 ERP 系统支持在线分析处理 OLAP(Online Analytical Processing)、售后服务即质量反馈，强调企业的事前控制能力，它可以将设计、制造、销售、运输等通过集成，并行地进行各种相关的作业，为企业提供了对质量、适应变化、客户满意和绩效等关键问题的实时分析能力。

此外，在 MRP Ⅱ中，财务系统只是一个信息的归结者，它的功能是将供、产、销中的数量信息转变为价值信息，是物流的价值反映。而 ERP 系统则将财务计划和价值控制功能集成到整个供应链上。

(5)在跨国(或地区)经营事务处理方面的区别

当前，企业的发展使得企业内部各个组织单元之间、企业与外部的业务单元之间的协调变得越来越多和越来越重要，ERP 系统应用完整的组织架构，从而可以支持跨国经营的多国家地区、多工厂、多语种、多币制应用需求。

(6)在计算机信息处理技术方面的区别

随着 IT 技术的飞速发展和网络通信技术的应用，ERP 系统得以实现对整个供应链信息进行集成管理。ERP 系统采用客户机/服务器(C/S)体系结构和分布式数据处理技术，支持 Internet/Intranet/Extranet、电子商务(E - business、E - commerce)、电子数据交换(EDI)。此外还能实现在不同平台上的互操作。

1.2.5.2 ERP 系统的管理思想

ERP 的核心管理思想就是实现对整个供应链的有效管理，主要体现在以下三个方面：

(1)体现对整个供应链资源进行管理的思想

现代企业的竞争已经不是单一企业与单一企业间的竞争，而是一个企业供应链与另一个企业供应链之间的竞争，即企业不但要依靠自己的资源，还必须把经营过程中的有关各方，如供应商、制造工厂、分销网络和客户等纳入一个紧密的供应链中，才能在市场上获得竞争优势。ERP 系统正是适应了这一市场竞争的需要，实现了对整个企业供应链的管理。

(2)体现精益生产、同步工程和敏捷制造的思想

ERP 系统支持混合型生产方式的管理，其管理思想表现在两方面：其一是“精益生产(Lean Production)”的思想，即企业把客户、销售代理商、供应商、协作单位纳入生产体系，同他们建立起利益共享的合作伙伴关系，进而组成一个企业的供应链；其二是“敏捷制造(Agile Manufacturing)”的思想。当市场上出现新的机会，而企业的基本合作伙伴不能满足新产品开发生产的要求时，企业组织一个由特定的供应商和销售渠道组成的短期或一次性供应链，形成“虚拟工厂”，把供应和协作单位看成是企业的一个组成部分，运用“同步工程(SE)”组织生产,用最短的时间将新产品打入市场,时刻保持产品的高质量、多样化和灵活性,这即是"敏捷制造"的核心思想。

(3)体现事前计划与事中控制的思想

ERP 系统中的计划体系主要包括主生产计划、物流需求计划、能力计划、采购计划、销售执行计划、利润计划、财务预算和人力资源计划等。一方面,这些计划功能与价值控制功能已完全集成到整个供应链系统中;另一方面,ERP 系统通过定义事务处理(Transaction)相关的会计核算科目与核算方式,在事务处理发生的同时自动生成会计核算分录,保证了资金流与物流的同步记录和数据的一致性,从而实现了根据财务资金现状,可以追溯资金的来龙去脉,并进一步追溯所发生的相关业务活动,便于实现事中控制和实时做出决策。

最后,作为一个总结,可以通过图 1-7 来对 ERP 发展的几个主要阶段进行一个简要的回顾:

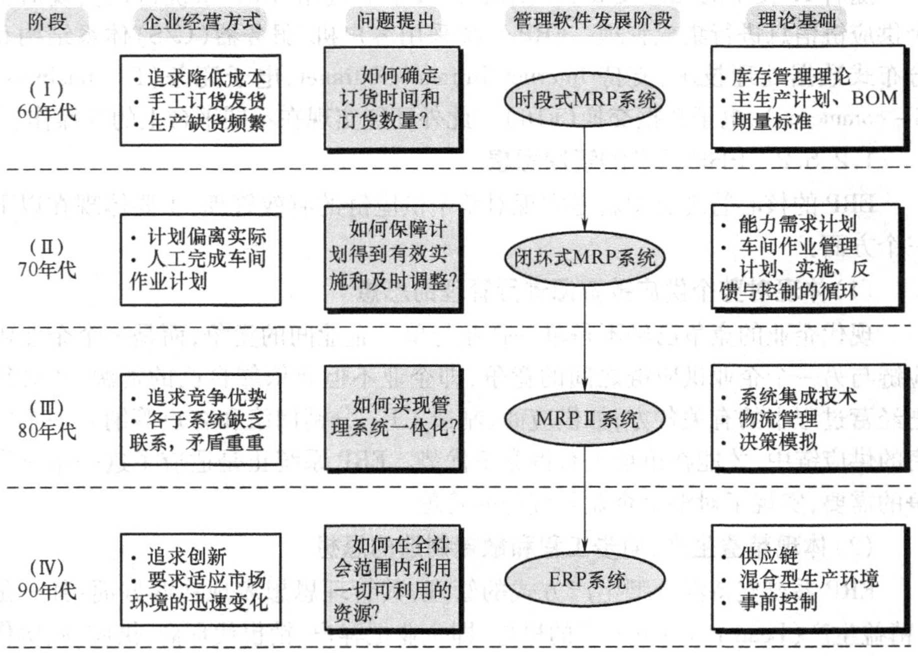

图 1-7　ERP 发展阶段

1.3 ERP 的发展前景

经过多年发展,ERP 作为最重要的管理软件被国内外各类型企业所普遍接受,在我国 ERP 行业也已经进入成熟期。随着云计算、物联网等技术的推进,国内外竞争态势日益加剧,“后 ERP 时代”在以下三个方面表现出发展趋势:

1.3.1 商业智能化建设加强

经过多年运用,ERP 系统中积累了大量行业数据,这些数据对于企业的经营决策和预测而言意义重大,促使 ERP 软件开始涵盖商业智能系统(Business Intelligence,BI)的功能。BI 通过对 ERP 中留存的数据进行抽取、挖掘、管理和分析,将数据转化成为对决策过程有重大意义的信息,帮助企业实现从数据到信息、从信息到知识、从知识到利润的转化。

1.3.2 云计算不仅带来技术上的革新,也带来企业商业模式上的革新

2011 年,云计算无疑成为最受瞩目的话题,云计算的发展使得从硬件到软件都在向云计算靠拢。云计算可以轻松实现不同设备间的数据与应用共享,为用户提供可靠、安全的数据存储中心,客户端仅通过终端就可以在云计算平台上定制各种所需的服务,省去了数据保管和病毒入侵等问题,最大限度地方便用户,为人们使用网络提供了无限可能,它将真正改变人们的生活。面对这样的新兴技术,ERP 也不能例外,在 Oracle 和 Google 这样的大公司陆续推出软件即服务(SaaS)、平台即服务(PaaS)和基础设施即服务(IaaS)等模式的产品与服务,进而向云计算发展的时候,此前一直致力于 ERP 推广的公司也将云计算应用于在线 ERP 平台的建设,借云计算来实现盈利。

云计算模式成为软件行业新的增长点,软件厂商、应用企业等均将云计算作为新的突破口和动力引擎。以大型生产企业为例,其首要关注点是如何巩固和维系在同行业中的优势竞争地位。在上下游企业间建立“私有云”,既能利用云计算的技术先进性,又能加强其对上下游企业的掌控,巩固其在产业链上的核心地位。“私有云”模式必然成为各大生产企业的首选。

1.3.3 物联网的兴起,促进了互联互通的需求

首先,物联网对 ERP 的信息同步化要求提升,必须保证快速的信息传输速

度、较高的信息质量。其次,网络无缝化要求 ERP 软件在供应链管理上更加精进,进一步缩短企业备货时间、提高生产效率。再次,物联网下供应链信息含量提升,如何加速价值信息的共享和利用成为 ERP 行业新的发展机遇。

为应对以上发展趋势,ERP 厂商需做以下策略调整的思考:

第一,加强云计算技术的运用推进和 BI 系统的研发,提升 ERP 软件的商业决策分析价值。

第二,改变传统的软件许可 License 销售模式。采取 SaaS 模式是云计算的关键因素之一,有利于企业形成长期稳定的收入。

第三,提升对兼并收购、国际化等企业发展趋势的理解。ERP 的核心在于管理与技术的融合,随着外部环境建设的推进,企业面临转型需求,ERP 厂商只有跟上企业转型的步伐才能保证产品价值的实现。

2 ERP 沙盘模拟简介

2.1 ERP 沙盘模拟课程简介

2.1.1 课程相关基本概念

2.1.1.1 沙盘

沙盘一词，起源于军事模拟推演，主要采用各种模型来模拟战场的地形及武器装备的部署情况，通过模拟推演敌我双方在战略与战术上的对抗与较量，从而制定有效的作战方案。沙盘在日常生活中也有所应用，如房地产公司制作楼盘规划布局沙盘，就是利用沙盘清晰地模拟了真实的地形、地貌或格局，不必让其所服务的对象亲临现场，也能对所关注的位置了然于胸。不仅如此，沙盘更可以帮助人们从宏观角度全面地审视所处的环境，从而运筹帷幄，制定决策。

企业运营沙盘仿真实验是瑞典皇家工学院的科拉斯·梅兰(Klas Mellan)于1978年开发的课程，其特点是采用体验式培训方式，遵循"体验－分享－提升－应用"的过程达到学习的目的。最初该课程主要是从非财务人员的财务管理角度进行设计的，通过实物模型直观地了解企业经营的过程，利用企业运营的实物模型，增强培训人员对全局的把握。之后沙盘模拟被不断改进与完善，针对CEO、CFO等职位的沙盘演练课程相继被开发出来。"沙盘演练"的课程逐渐被世界500强企业作为中高层管理者的必修培训课程之一，也被欧美的商学院作为EMBA的培训课程。目前，沙盘推演已经得到普遍推广，ERP沙盘模拟就是其中之一。

2.1.1.2 ERP

ERP(Enterprise Resource Planning)是企业资源计划的简称。企业资源包括厂房、设备、物料、资金、人员，甚至还包括企业上、下游的供应商和客户等。企业资源计划的实质就是在资源有限的情况下，如何合理组织生产经营活动，降低经营成本，提高经营效率，提升竞争能力，力求做到利润最大化。可以说，企业的生产经营过程也是对企业资源的管理过程。

2.1.1.3 模拟

模拟表明了所面对的是一个虚拟的仿真环境，而不是一个真实的企业。这一虚拟仿真环境具备一般真实企业所拥有的主要特性。

2.1.2 ERP 沙盘模拟实训课程

ERP 沙盘模拟实训课程，就是模拟一个真实的企业，课程的主要内容包括企业运营的所有关键环节——战略规划、资金筹集、市场营销、产品研发、生产组织、物资采购、设备投资与改造、会计核算与财务管理等内容，并把企业运营所处的内外部环境抽象为一系列的规则。

最初这一实训课程只是一种计算机辅助教学的方式，Motorola、IBM 等跨国公司经常采用这种新颖的培训方式上课。首先由专家讲授相关理论，涉及企业管理中如市场营销、财务管理、信息技术、人力资源管理、战略管理的主要内容；然后把培训人员分成若干组，利用计算机进行企业竞争模拟。这种培训方式引起了培训人员的极大兴趣。20 世纪 80 年代初期，ERP 沙盘模拟实训课程开始在我国管理教学中采用，最初主要在高校的 MBA 教学中使用，另外一些培训公司也进行类似的沙盘培训。

2003 年，软件公司率先引入沙盘版权课程应用于 ERP 实验教学中，同时在高等院校的本科教学中推广，并将其命名为 ERP 沙盘仿真对抗实验。由此，ERP 沙盘仿真对抗实验被正式引入高校实训教学体系中。与一般的计算机辅助教学不同，ERP 沙盘模拟实训课程主要是构建仿真企业环境，模拟真实企业的生产经营活动，并将实物沙盘和 ERP 管理软件的全面运用相结合。在实训过程中，让学生直接利用 ERP 管理软件对模拟企业的全部经营活动进行全面管理和控制。整个实训涉及企业整体运营过程，让学生全面了解企业生产经营的各个环节，有助于学生感受企业运营规律，感悟经营管理真谛，塑造复合型的管理人才。

课程的基础背景设定为某一离散型产品生产行业，同时存在若干个基础状况完全相同的竞争企业。此课程将参加模拟实训的学生分成若干组，每组3～5人，每组各代表不同的一个模拟公司（每个公司互为同行业中的竞争对手），每个小组的成员将分别担任公司中的重要职位（CEO、CFO、市场总监、生产总监等）。他们获得一定的投资（股东资本），在面对来自其他模拟公司（即其他实训学生小组）的激烈竞争中，协力创建并发展壮大公司。在模拟经营中必须做出多项决策，如新产品的开发、生产设施的改造、新市场中销售潜能的开发等。每项独立的决策似乎容易做出，然而当它们综合在一起时，许多不同的选择方案将自然产生。

模拟公司将存续若干年，在此过程中各个公司将在客户、市场、资源及利润等方面进行一番真正的较量。这种竞争的模拟行为有助于学生形成宏观规划、战略布局的思维模式。随着模拟经营的步步深入,学生会逐渐面临多方面的激烈挑战,如充满风险的市场或者产品定位选择、生产时序优先安排的决策、市场信息的综合分析决策、参与市场竞标的策略选择、资源配置与规模发展的平衡、适应变化的财务方案等。模拟实训让学生体验在公司运营过程中,各职能机构掌握怎样的信息与工具,如何通过团队合作获得成功。通过这一平台,小组成员对公司业务达成一致的理性及感性认识,形成共通的思维模式,以及促进沟通的共同语言。

每一经营年度结束后,各小组成员都会对公司当年业绩进行综述与分析,发现公司决策、战略的成功与失败,在下一年度中进行调整与改进,在不断的练习中,提高自身的综合管理能力。同时,在这一过程中将应用到各种分析工具,主要包括损益平衡表、收入报表、现金流量预测、预算及差异校准、生产计划与物料需求计划、竞争对手分析、市场分析、盈亏分析,比率分析等,内容涉及整体战略、产品研发、生产排程、市场与销售、财务、团队沟通与建设等多个方面。所有的工具都对竞争的结果有直接的影响,与真实商战并无差异。这样的模拟实训具有令人兴奋的驱动力,又真实地反映了"决策是如何影响结果的"。

2.1.3 ERP 沙盘模拟的重要性分析

ERP 沙盘模拟课程弥补了传统教学模式中理论与实践相脱节的缺憾,作为一种实践体验式的教学方式,增强了学生对企业实践的认识和感悟。借助 ERP 沙盘模拟实训,可以强化学生对课堂所讲授的管理知识、训练管理技能的真正理解和吸收,从而全面提高学员的综合素质。ERP 沙盘模拟教学融理论与实践于一体、集角色扮演与职位体验于一身,可以使学生通过角色扮演和体验,在相互配合和共同努力下,完成知识从理性到感性,再从感性到理性的循环转化。

2.1.3.1 应用综合性的知识体系

ERP 沙盘模拟课程通过检验学生综合运用各学科知识的能力,提高学生解决实际问题的水平,在参与和体验中使学生在以下各方面获益:

(1)战略管理

成功的企业一定有着明确的企业战略,包括战略的管理过程、战略分析、企业综合能力管理和核心竞争力分析。从最初的战略制订到最后的战略目标达成,学生经过不断的模拟,将学会用战略的眼光看待企业的业务和经营,保证业务与战略的一致,在未来的工作中更多地获取战略性成功。

(2)营销管理

营销管理主要包括市场分析与决策、产品组合与市场定位、竞标和投标策略制定、营销策略等。市场营销就是为了实现企业目标,建立和保持与市场之间的互利的交换关系。营销管理的实质就是要管理企业的所有行为、所有资源,无非就是满足客户的需求。在 ERP 沙盘模拟过程中,学生将学会如何分析市场、关注竞争对手、把握消费者需求、制定营销战略、定位目标市场,制订并有效实施销售计划,最终实现企业战略目标。

(3)生产管理

生产管理即生产控制,是对企业生产系统的设置和执行的各项管理工作的总称。在 ERP 沙盘模拟中,学生需要对企业开展生产计划、生产组织和生产控制的管理工作,把企业的采购管理、生产管理、质量管理统一纳入生产管理领域,最终达到投入少、产出多的管理目标,有效地管理生产过程,从而提高企业的整体竞争力。

(4)财务管理

在 ERP 沙盘模拟过程中,学生将掌握经营、筹资、投资的管理;在一定的整体目标下,关于资产的购置(投资)、资本的融通(筹资)和经营中现金流量(营运资金)以及利润分配的管理;制订财务制度与风险管理,进行财务分析与协助决策,从而把握企业经营的全局。

(5)信息管理

在 ERP 沙盘模拟中,学生要对信息资源和信息活动进行管理。信息管理是指在整个管理过程中,收集、加工和输入、输出的信息的总称。信息管理的过程包括信息收集、信息传输、信息加工和信息储存。学生通过使用企业信息系统,能够时刻跟踪企业运行状况,对企业业务运行过程进行控制和监督,及时为企业管理者提供丰富的可用信息。通过沙盘信息化体验,可以感受到企业信息化的实施过程及关键点,从而合理规划企业信息管理系统,为企业信息化做好观念和能力上的铺垫。

2.1.3.2 全面提高学生综合素质

ERP 沙盘模拟作为企业经营管理模拟仿真教学系统还可以用于综合素质训练,使学生在以下方面获益:

(1)树立共赢理念

市场竞争是激烈的,也是不可避免的,但竞争并不意味着你死我活。寻求与合作伙伴之间的双赢、共赢才是企业发展的长久之道。这就要求企业知彼知己,在市场分析、竞争对手分析上做足文章,在竞争中寻求合作,企业才会有无限的发展机遇。

(2)全局观念与团队合作

企业经营要求每个角色都要以企业总体最优为目标,各司其职,相互协作。通过 ERP 沙盘模拟课程的学习,学生可以在繁杂的经营过程中深刻体会团队协作精神的重要性。在企业运营中,没有良好的协作分工,很难做出周全的决策。企业中每一个角色间的有效沟通,均要以企业总体利益最优为出发点,这样才能赢得竞争，实现目标。

(3)保持诚信

诚信是一个企业立足之本、发展之根。诚信原则在 ERP 沙盘模拟课程中体现为对“游戏规则”的遵守，如市场竞争规则、产能计算规则、生产设备购置以及转产等具体业务的处理规则。保持诚信是学生立足社会、发展自我的基本素质。

(4)个性与职业定位

个体因为拥有不同的个性而存在于社会之中，这种个性在 ERP 沙盘模拟对抗中会显露无遗。在分组对抗中，有的小组轰轰烈烈，有的小组稳扎稳打，还有的小组则不知所措。虽然，个性特点与胜任角色有一定的关联度，但在现实生活中，很多人并不是因为“爱一行”才“干一行”的，更多的情况是需要大家“干一行”就“爱一行”的。

(5)感悟人生

经营自己的人生与经营企业是相通的。市场的残酷与企业的经营风险，不仅是虚拟企业面临的问题，也是人生抉择中要面对的问题。由此可以培养学生对于挫败的承受能力，对于收获成功背后原因的深刻思考。

2.1.3.3 实现从感性到理性的飞跃

在 ERP 沙盘模拟中，学生将经历一个从理论到实践再到理论的上升过程，把自己亲身经历的宝贵实践经验转化为全面的理论模型。学生借助 ERP 沙盘模拟推演自己的企业经营管理思路，每一次基于现场的案例分析及基于数据分析的企业诊断，都会使学生受益匪浅，达到磨炼商业决策敏感度、提升决策能力及长期规划能力的目的。

2.2 ERP 沙盘模拟设计

2.2.1 整体设计

ERP 沙盘模拟是针对先进的现代企业经营与管理技术——ERP(企业资源计划系统)设计的角色体验的实验平台。沙盘模拟按照生产型企业的职能部门划分职能中心，包括营销与规划中心、生产中心、物流中心和财务中心。各职能中心涵盖企业运营的所有关键环节：战略规划、资金筹集、市场营销、产品研发、生产组织、物资采购、设备投资与改造及财务核算与管理，并且以这些环节为设计主线，同时配备总经理(CEO)、运营总监和市场营销总监三个职位角色。

把企业运营所处的内外环境抽象为一系列的规则，由受训者组成多个相互竞争的模拟企业，模拟企业 5 ~ 6 年的经营，通过学生参与、模拟经营、对抗演练、教师评析、学生感悟等一系列的实验环节，以及融和理论与实践于一体、集角色扮演与岗位体验于一身的设计思想，使受训者在分析市场、制定战略、营销策划、组织生产和财务管理等一系列活动中，参悟科学的管理规律，培养团队精神，全面提升管理能力，同时也对企业经营的管理过程有一个真实的体验。

2.2.2 职能中心设计

2.2.2.1 营销与规划中心

营销与规划中心主要完成战略规划、市场营销和产品开发运作过程模拟。模拟公司有五种产品（P1、P2、P3、P4、P5）都需要投入资金和时间进行研究开发，在本地、区域、国内、亚洲和国际五个市场进行销售。产品首先开发完成，然后取得该产品的生产资格，最后进行生产。开发每个产品的时间和资金投入都是不一样的。

(1) 产品研发规划

产品研发规划需确定模拟公司需要研发哪些产品，待产品研发完成后，才可以投产该产品。模拟公司所处行业生产 P 产品，有 P1、P2、P3、P4、P5 五种型号的产品需要研发。

(2) ISO 认证规划

ISO 认证规划需要确定模拟公司需要的资格认证，即通过 ISO 认证，用以表现企业在质量管理和环境保护方面的水平，认证完成后才可以取得产品的生产资格。ISO 认证分为 ISO9000 质量认证和 ISO14000 环境认证两种资格，分别代表企业在质量和环保方面的能力。为获得这两项认证，模拟公司需要花费时间和费用，以表示公司在这方面的努力和投入。

(3) 市场开拓规划

市场开拓规划确定模拟公司已完成认证的产品需要开发哪些市场，市场划分为本地、区域、国内、亚洲和国际五个，各市场对不同型号的 P 产品有着不同的需求。产品在某一市场销售以前，都需要进行市场开发和推广，需要投入资金和时间，市场开发以后也需要持续的维护。

2.2.2.2 生产中心

生产中心主要完成生产组织运作过程模拟，主要组织包括厂房、生产线和在制品三方面的管理。

(1) 厂房

厂房是制造企业的主要建设物，用来放置购入的生产线，是设置生产设备的场所，也是产品制造场所。模拟公司最多可以拥有 4 个厂房，厂房类型有大厂房、中厂房及小厂房，其可以分别容纳 4 条、3 条及 2 条生产线。厂房可以在运行过程中购买或者租赁。

(2)生产线

生产线是生产 P 产品的生产设备，沙盘模拟考虑到不同的生产设备投资、生产能力，以及规模经济和生产线转产时间的不同，设计了四种类型的生产线：手工生产线、半自动生产线、全自动生产线、柔性生产线。

所有生产线都能生产所有产品，但各种生产线的投资大小、建造时间、生产时间、产能、转产时间以及维护费用、折旧、净值都是不同的。生产线的建造需要在生产厂房的容量内，也就是厂房有空位置建造生产线。

(3)在制品

在制品表示正在生产的产品。产品由不同的原材料生产而成，由于产品的结构复杂性不同，加工产品的人工费用不同，产品的功能和售价也不同。P 产品五个型号的产品 P1、P2、P3、P4、P5，其产品所需要的原材料分别为 P1 = R1 + R3、P2 = R2 + R4、P3 = R1 + R3 + R4、P4 = P1 + R2 + R3、P5 = P2 + R1 + R4。

2.2.2.3 物流中心

物流中心主要完成物资采购与储存的运作过程模拟。ERP 沙盘设计的物流中心，包括产品 P1、P2、P3、P4、P5 的原材料订单、在途物料、原材料仓库、产成品仓库。①产品原材料需要预先订购，并且可能存在运输时间，形成在途物料。②采购提前期，表示采购原材料时需要提前下订单的时间周期。③原材料库存和订单，表示原材料的库存价值及订单数量。④产品库存，表示已完成生产但尚未销售的产成品价值。

2.2.2.4 财务中心

财务中心模拟公司会计核算与财务管理的运行过程，包括资金筹措、资金运用和资金核算，涉及现金、应收账款、应付账款、短期贷款、长期贷款及综合费用。

2.2.3 职位设置

2.2.3.1 总经理(CEO)

总经理的主要职责是负责制定和实施公司总体发展战略与年度经营计划；进行竞争格局分析；主持公司的日常经营管理工作(包括确定经营指标、制定业务策略、进行全面预算管理、协同管理团队、分析企业绩效、管理业绩考核、管理人员授权与聘任等)，实现公司经营管理目标和发展目标。现代企业的治理结构分为“两权三层”的模式，即所有权与经营权两权，股东会、董事会和经理层三个层次。

在模拟公司的经营中，省略了股东会和董事会，将公司所有的重要决策交由总经理带领团队成员共同协商，最终决策都由总经理做出。与此同时，总经理在模拟中还要特别关注每个人是否能胜任其岗位。

2.2.3.2 运营总监(COO)

运营总监在模拟公司中负责组织协调企业的日常运营活动，主要职责包括：产品研发管理、管理体系认证、固定资产投资、编制生产计划、平衡生产能力、生产车间管理、产品质量保证、成品库存管理、产品外协管理。运营总监除日常运营活动外，还需要承担日常现金管理及财务管理工作，包括日常财务记账和登账，定期核查企业的经营状况，核算企业的经营成果，制定预算及对成本数据的分类和分析，向税务部门报税，提供财务报表；企业融资策略制定，成本费用控制，资金调度与风险管理，财务制度与风险管理，财务分析与协助决策。在模拟实训参与学生人数较多时，可以增设财务总监分担财务管理职能。

2.2.3.3 市场营销总监(CMO)

市场营销总监所担负的主要职责包括：市场调查分析、市场进入策略、品种发展策略、广告宣传策略、制订销售计划、争取订单与谈判、签订合同与过程控制、按时发货及应收款管理和销售绩效分析。市场营销总监应结合市场预测及客户需求制订销售计划，有选择地进行广告投放，取得与企业生产能力相匹配的客户订单，与生产部门做好沟通，保证按时交货，监督货款的回收，进行客户关系管理。市场营销总监还需要兼任商业间谍的角色和任务，监控竞争对手的情况，比如，对手正在开拓哪些市场，未涉足哪些市场，他们在销售上取得了多大的成功，他们拥有哪类生产线，生产能力如何等。充分了解市场，明确竞争对手的动向将有利于之后的竞争与合作。

市场营销总监除上述职责外，还包括采购管理职责，主要内容包括各种原材料的及时采购和安全管理，编制采购计划；分析各种物资供应渠道及市场供求变化情况，与供应商谈判；签订采购合同；监控采购过程；到货验收；仓储管理；采购支付抉择；与财务部协调；与生产部协同。采购总监需要确保在合适的时间点，采购合适的品种及数量的物资，最终确保企业生产的正常进行。在模拟实训参与学生人数较多时，可以增设采购总监分担采购管理职能。

2.3 企业经营沙盘模拟系统

企业经营沙盘模拟系统是嘉兴学院自主研发的最新企业经营模拟软件，首创基于流程的互动经营模式。系统与实物沙盘完美结合，继承了 ERP 实物沙盘形象直观的特点，同时实现了选单、经营过程、报表生成、赛后分析的全自动，将教师彻底从选单、报表录入、监控等具体操作中解脱出来,而将教学研究的重点放在对企业经营的本质分析上。

企业经营沙盘模拟系统全真模拟企业市场竞争及经营过程,受训者可身临其境,真实感受市场氛围。既帮助受训者全面掌握经管知识,又可树立团队精神、责任意识,对传统课堂教学及案例教学既是有益补充,又是创新革命。该系统有以下一些特点:

①采用 B/S 架构,基于 Web 的操作平台,安装简洁,可实现本地或异地的训练;②可以对企业经营运作过程的主要环节进行控制,学生不能擅自改变操作顺序,也不能随意反悔操作,避免作弊;③自动核对现金流,并依据现金流对企业运行进行控制,避免了随意挪用现金的操作,从而真实反映现金对企业运行的关键作用;④实现交易活动(包括银行贷款、销售订货、原材料采购、交货、应收账款回收、市场调查等)的本地操作,以及操作合法性验证的自动化;⑤可以与实物沙盘结合使用,也可单独使用(高级训练或比赛时采用);⑥有多组训练的选择,适应教学任务的变化;⑦可以有限地改变运行环境参数,调节运行难度;⑧具备情报功能;⑨系统中集成了即时信息(Instant Message)功能;⑩强大的用户决策跟踪——可无遗漏地暴露决策失误,进行赛后复盘分析。

2.4 沙盘模拟系统发展概况

常见的沙盘系统有手工沙盘系统和电子沙盘系统。

手工 ERP 模拟沙盘是针对先进的现代企业经营与管理技术——ERP(企业资源计划系统)而设计的基于角色体验的实验平台。其涉及的主要教具包括:六张沙盘盘面,代表六个相互竞争的模拟企业。每张模拟沙盘上按照制造企业的职能部门划分了职能中心,包括营销与规划中心、生产中心、物流中心和财务中心。各职能中心覆盖了企业运营的所有关键环节:战略规划、市场营销、生产组织、采购管理、库存管理和财务管理等,是一个制造企业的缩影。如前文所述,ERP 模拟沙盘以企业运营中几个职能中心的所有关键环节为设计主线,把企业运营所处的内外环境抽象为一系列的规则,由受训者组成六个相互竞争的模拟企业,模拟企业 5 ~ 6 年的经营,通过学生参与、沙盘载体、模拟经营、对抗演练、教师评析、学生感悟等一系列的实验环节,以及融和理论与实践于一体、集角色扮演与岗位体验于一身的设计思想,使受训者在分析市场、制定战略、营销策划、组织生产和财务管理等一系列活动中,参悟科学的管理规律,培养团队精神,全面提升管理能力,同时也对企业资源的管理过程有一个真实的体验。

目前国内较典型的电子沙盘产品包括新道沙盘、精创沙盘、金蝶沙盘等。其中，浙江精创教育科技有限公司(www. jcjyet. com)是一家专业从事教育软件、仿真模拟软件、应用软件、模拟沙盘等教育科技产品的研发、生产、销售及服务的公司，推出的沙盘产品包括企业管理决策沙盘模拟系统、市场营销沙盘模拟系统、客户关系管理沙盘模拟系统、人力资源管理沙盘模拟系统、国际经济与贸易模拟沙盘系统、物流管理模拟沙盘系统、创业综合实训系统和 CRM 综合实训系统。

3 ERP 沙盘模拟企业概况

ERP 沙盘模拟再现了一个离散型制造企业经营的完整流程，参与者扮演管理者和决策者，在“游戏”般的操作中感受完整的企业经营决策。决策者们领导的企业是一个全新的企业，也就是说，他们是自主创业。因此，对创业者来说，需要对企业将要面临的一切有一个基本的了解和分析，包括企业的资源、企业所处行业的发展状况、创业者的期望和企业目前的财务状况等。

3.1 模拟企业基本情况介绍

3.1.1 模拟企业的经营思想

本课程模拟的是一个生产制造型企业，为了避免学生在课程实验过程中将模拟企业与自己熟悉的行业关联起来，课程实验中，模拟企业进入的是一个虚拟的行业，生产和经营的是一个虚拟产品，即 P 行业中的 P 系列产品，具体包括 P1、P2、P3、P4、P5。某权威机构经过调查研究后，预测了 P 行业的发展前景，该机构认为目前 P 行业处于技术水平较低的阶段，市场上占主导地位的主要是低端的 P1、P2 产品。但随着时间的推移和经济的发展，高端产品将有比较大的优势，市场对低端产品的需求会逐步下降，对中端产品 P3 及高端产品 P4、P5 的需求会上升。

该模拟企业的股东看中了 P 行业的潜在商机，筹措了一定的资金(1 000K)，创建了一个全新的生产制造型企业，准备在 P 行业大展身手。在企业的初创阶段，公司董事会及全体股东聘用了一批优秀的管理人员(模拟经营者)，他们希望这些管理人员能完成如下工作：

①制定公司的发展战略；②根据公司的发展战略，确定合适的融资规模、融资方式；③投资固定资产，购置公司的生产设备，采用现代化生产手段，高效率地进行生产；④投资新产品的开发，开发产品市场，建立公司的市场地位；⑤研究在信息时代如何借助先进的管理工具、管理手段提高企业管理水平；⑥建立企业文化，增强企业凝聚力；⑦加强团队建设，提高组织效率。

总而言之,企业要在一个市场上取得成功,不辜负公司董事会及全体股东的期望,实现良好的经营业绩。为此,管理层必须齐心协力,努力创新,谨慎经营。

3.1.2 模拟企业的经营环境

目前,国家经济发展状况良好,消费者收入稳步提高,P 行业是一个新兴行业,已经有不少人看到了这个商机,筹集资金准备进入该行业。

在行业发展状况方面,P1 产品的生产技术门槛较低,比较容易进入,虽然近几年 P1 产品需求较旺,但未来将会逐渐下降。P2 产品是 P1 产品的技术改进版,虽然 P2 产品的技术优势会带来该产品需求量的一定增长,但随着新技术的出现,其市场需求最终会下降。P3、P4、P5 产品为全新技术产品,发展潜力很大,目前仍处于开发阶段,人们对产品的需求少,但随着时间的推移,P3、P4、P5 产品的市场需求量会逐步上升。

模拟企业经营之前需要认真研究市场订单方案,如图 3-1 所示。P1 产品采用的是目前市场上的主流技术,该产品也是目前市场上的主要产品。P2 产品是 P1 产品的技术改良版本,在市场上的认同度也非常高。P4 和 P5 产品作为 P 系列产品中的高端技术,目前各个市场上对它们的认同度不尽相同,需求量与价格也会有较大的差异。

查看订单

编号	运营年	市场	产品	数量	总价	ISO要求	交货期	账期	操作
D2001	2	本地	P1	4	248K	-	2季	2季	编辑 删除
D2002	2	本地	P1	1	65K	-	2季	2季	编辑 删除
D2003	2	本地	P1	3	195K	-	3季	2季	编辑 删除
D2004	2	本地	P1	2	126K	-	2季	3季	编辑 删除
D2005	2	本地	P1	3	189K	-	4季	2季	编辑 删除
D2006	2	本地	P1	3	186K	-	4季	现金	编辑 删除
D2007	2	本地	P1	4	252K	-	3季	3季	编辑 删除
D2008	2	区域	P1	4	252K	-	3季	2季	编辑 删除
D2009	2	区域	P1	4	248K	-	2季	1季	编辑 删除
D2010	2	区域	P1	2	130K	-	3季	2季	编辑 删除

图 3-1 市场订单

3.1.3 模拟企业的财务状况

由于模拟企业是一个新建企业,目前仅有投资者投入的 1 000K 现金,没有其他资产,也没有负债。对于企业来说,目前最重要的事情就是制定企业的发展战略,并在该战略的指导下,确定企业的负债规模、融资方式,购置固定资产,研发新产品,并利用企业所拥有的资源进行高效率的生产经营,以实现企业的战略目标。

3.2 模拟角色与人员分工

3.2.1 模拟角色

沙盘模拟经营是由经营者、竞争规则、竞争策略、收入和支付等基本要素组成的。参与者由24~36名学生组成,每3~5名学生成立一个公司。指导教师可以按照年龄、性别、职务、专业和能力均衡的原则,将学生分成若干个实力相当的学习小组。分组之后,每个小组的学生要以全身心参与的积极心态相互介绍,充分沟通,在有限的时间内做到最大限度的深入了解。

在接下来的实验中,学生将以小组为单位创建模拟公司,组建管理团队,参与模拟竞争。每一个学习小组就是一家模拟公司,同时也是一个掌控模拟公司经济资源的决策集体。各小组要根据每个成员的不同特点进行基本的分工,选举产生模拟公司的第一届总经理、财务总监、销售总监、采购总监和生产总监等职位的人选,确立组织原则和决策模式,注册公司名称。这样,市场上就形成了若干个相互竞争的模拟公司,连续从事5~6年的经营活动。每个模拟公司依照竞争规则,做出采购、研发、生产、融资、广告、培训、销售等经营决策,并运用资产负债表和利润表记录经营结果,计算出经营效率。

3.2.2 人员分工

接下来,将模拟公司管理者的具体职能逐一列示。

3.2.2.1 总经理

总经理是一个公司的舵手,对公司的发展方向和团队的协调起重要作用。在公司经营一帆风顺的时候他能带领团队冷静思考,而在公司遇到挫折的时候能鼓舞大家继续前进。总经理带领团队主要完成如下工作:

①制定发展战略,评估内外部环境,制定中、短期经营策略;②竞争格局分析;③经营指标确定;④业务策略制定;⑤全面预算管理;⑥团队协同管理;⑦企业绩效分析;⑧业绩考评管理;⑨管理授权与总结。

3.2.2.2 运营总监

ERP沙盘模拟课程真实地再现了一个制造型企业管理的完整流程,包括物流、信息流及资金流的协同,有助于学生理解企业实际运作中各个部门和管理人员的相互配合。运营总监要进行产品研发、生产、制定合理库存、产销调度、成本控制、合理开支、JIT 生产等的应用和协调,还需要进行现金预算、现金管理及控制、融资、成本管理及控制、财务报表等工作,具体来说,运营总监主要完成如下工作:

①产品研发管理;②体系认证管理;③固定资产投资;④编制生产计划;⑤平衡生产能力:⑥生产车间管理;⑦产品质量保证;⑧成品库存管理;⑨产品外协管理;⑩生产计划的制定;⑪资源的合理配置;⑫生产能力与效率;⑬分析生产管理决策的常见误区与陷阱;⑭生产管理决策的常用工具;⑮日常财务记账和登账;⑯向税务部门报税;⑰提供财务报表;⑱日常现金管理;⑲企业融资策略的制定;⑳成本费用控制;㉑资金调度与风险管理;㉒财务制度与风险管理;㉓财务分析与协助决策;㉔制定投资计划,评估回收周期;㉕现金流的管理与控制;㉖编制财务报表,结算投资收益,评估决策效益;㉗运用财务指标进行财务分析和内部诊断,协助管理决策;㉘以有限的资金运作,创造高利润。

3.2.2.3 市场营销总监

市场营销的一个核心要素就是将公司现有的各种资源及预计达到的目标与市场需求有机地结合起来,是把消费者需求和市场机会变成有利可图的公司机会的一种行之有效的手段,也是战胜竞争者、谋求发展的重要工具。通过激烈的模拟市场竞争,可以让学生在不遭受任何实际损失的前提下,获得宝贵的市场竞争经验。

学生可以通过实战模拟,辨认细分市场和选择目标市场,学会竞争分析、资源分配、整合营销策划和实施,以及原材料采购管理。ERP 沙盘模拟课程可以帮助学生学习制定以市场为导向的业务战略计划,认识营销战略对于经营业绩的决定性作用,体验内部营销和外部营销之间的关系,深刻领悟企业综合竞争能力的来源,理解客户终身价值的意义,从注重产品与推销转变为注重客户满意度。随着市场竞争的加剧,哪家公司能最好地选择目标市场,并为目标市场制定相应的市场营销组合战略,哪家公司就是竞争中的赢家。市场营销总监主要完成如下工作:

①统一市场信息系统的决策思路;②准确地进行市场分析与定位;③确定市场制胜的方法与手段;④决定进攻与防守策略;⑤决定产品组合策略;⑥确定新产品研发决策;⑦确定产品的定价决策:⑧确定产品的定位决策;⑨分析市场与产品决策的常见误区及陷阱;⑩使用市场与产品决策的常用工具;⑪构建现代营销信息系统;⑫建立内部报告系统;⑬建立营销情报系统;⑭建立营销调研系统;⑮建立营销决策支持系统;⑯进行市场预测和需求衡量;⑰辨认细分市场和选择目标市场;⑱确定开发企业定位战略;⑲确定产品生命周期的营销战略;⑳组织市场调查分析;㉑确定市场进入策略;㉒确定品种发展策略;㉓制定广告

宣传策略；㉔制订销售计划；㉕争取订单与谈判；㉖签订合同与过程控制；㉗组织企业按时发货，管理应收款项；㉘组织销售绩效分析；㉙制定投标与竞标策略，并对营销效率进行分析；㉚研究市场信息，抢占市场，建立并维护市场地位，寻找不同市场的赢利机会；㉛编制采购计划；㉜与供应商谈判；㉝签订采购合同：㉞监控采购过程；㉟到货验收；㊱仓储管理；㊲采购支付抉择；㊳与财务部协调；㊴与生产部协同。

4 ERP 沙盘模拟运营规则

4.1 ERP 沙盘模拟流程

经过对相关知识的回顾,准备好积极的心态后,我们就可以成立属于自己的公司,拥有自己的管理和决策团队,开始 ERP 沙盘实战模拟了。以 ERP 沙盘模拟课程为例,根据经营的先后顺序,将模拟经营过程分为 12 个阶段。下面逐一分析这些阶段,使学生循序渐进地了解 ERP 沙盘实战模拟流程。

4.1.1 掌握企业基本情况

对企业经营者来说,需要对企业有一个基本的了解,包括股东期望、企业类别、市场概况、产品和生产设施等,了解企业所处的运营环境。

4.1.2 学习企业运营规则

企业在一个开放的市场环境中生存,企业之间的竞争需要遵循一定的规则。综合考虑企业运营所涉猎的方方面面,简化为市场划分与准入、销售会议与订单获取、厂房购买、出售与租赁、生产设备购买、调整与维护及出售、产品研发、原材料采购、产品生产、质量认证、融资贷款、企业综合费用等规则。总经理组织学员认真学习,并将学习中遇到的问题记录下来,由教师进行解释答疑。

4.1.3 设定初始状态

ERP 沙盘模拟从创建企业开始,企业具有一定的初始资金,一般初始资金设置为 1 000K ~ 1 200K。通过初始状态设定,使学员深刻地感受到财务数据与企业业务的直接相关性,理解财务数据是对企业运营情况的一种总结提炼,为今后"透过财务看经营"做好观念上的准备。

4.1.4 确立经营目标

当学员对模拟公司所处的宏观经济环境和所在行业特性基本了解之后,各个模拟公司就要依据自己对“市场”的理解，明确经营理念，设计组织结构，进行职能分工，并确立模拟经营的总体目标。

4.1.5 进行市场调研

各公司根据自己对未来市场预测发展情报的需要，进行市场调研，分析竞争对手。

4.1.6 制定、调整战略

各公司本着长期利润最大化的原则，制定、调整企业战略，内容包括公司战略（大战略框架）、新产品开发战略、投资战略、新市场进入战略和竞争战略。

4.1.7 获取订单和进行市场竞争

各公司依据竞争规则和模拟公司制定的营销方案，进行公平的市场竞争。市场竞争以竞标的形式出现，市场竞争力由每个公司在不同细分市场上的价格定位、广告投入、渠道规模、质量水平以及上年某市场的销售收入决定。根据各公司广告投入及市场竞争力排名决定各公司选择订单的优先顺序，各公司依据本公司的经营策略选择自己认为理想的客户订单。

4.1.8 拟定运作计划

各公司依据战略安排和订单情况，根据市场订单的出货要求，拟订各项运作经营计划：①融资计划；②生产计划；③厂房设备投资计划；④采购计划；⑤产品、市场开发计划；⑥市场营销方案。

4.1.9 根据经营计划配置内部资源

各公司依据生产经营计划进行固定资产投资、原材料采购、生产和销售等流程，为生产经营合理配置各项资源。

4.1.10 业绩盘点

经营完成之后，各公司将自己的经营成果如实反映在各项报表上，作为业绩考核的依据，主要有交易记录表、综合管理费用表、利润表和资产负债表等。

4.1.11 召开期末总结会议

各公司在盘点经营业绩之后，围绕经营结果召开期末总结会议，认真反思本期各个经营环节的管理工作和策略安排，以及团队协作和计划执行的情况。总结经验，吸取教训，改进管理，提高学员对市场竞争的把握和对企业系统运营的认识,增强对四项管理职能的理解。期末总结之后,各小组总经理进行工作述职,以达到相互学习、共同提高的培训目的。

4.1.12 教师总评

在汇总各公司期末经营业绩之后,教师对各公司经营中的成败因素进行深入剖析,提出指导性的改进意见,并针对本期存在的共性问题进行高屋建瓴式的分析与讲解。最后,教师按照逐层递进的课程安排,引领学员进行重要知识内容的学习和回顾,并对学生给予鼓励。

总之,沙盘模拟培训是全新的授课方式,学员是主体,教师是客体,学员通过运用学习到的管理知识亲自掌控模拟企业的经营决策,改进管理绩效,推动培训进程。教师根据需要对学员进行必要的引导,适时启发学员思考,当学员陷入经营困境时提出建议,并对培训中的核心问题进行解析。学员就是通过对模拟经营的自主完整体验,以及在对模拟企业管理成功与失败的反思与总结中,感受企业运营规律,感悟经营管理真谛。学员得到的不再是空洞乏味的概念、理论,而是极其宝贵的实践经验和深层次的领会与感悟。

4.2 沙盘模拟基本运营规则

4.2.1 初始状态

4.2.1.1 财务状态

公司初始时,股东资本为1 000K,K为资金单位。

4.2.1.2 业务状态

市场上所需求的产品为P系列产品,分别为P1、P2、P3、P4、P5产品(见表4-1)。

表4-1 产品类型

产品属性	低端产品	中端产品	高端产品
P类产品	P1、P2	P3	P4、P5

4.2.2 经营规则

4.2.2.1 融资

表4-2是融资规则。

表 4－2 融资规则

贷款类型	贷款时间	贷款额度	贷款最长年限(年)	年利率	还款方式
长期贷款	每年年初	所有长贷和短贷之和不能超过上年末所有者权益的 80%	5	8%	年末付息，到期还本付息
短期贷款	每季度初		1	5%	到期一次性还本付息

规则说明：

(1)贷款额度

长期贷款和短期贷款的总额度(包括已借但未到还款期的贷款)为上年末所有者权益总计的 80%，取整规则采用向下取整；长期贷款和短期贷款的申请额必须为大于等于 10K 的整数。例如：第 1 年所有者权益为 800K，第 1 年已借 4 年期长期贷款 506K(且未申请短期贷款)，则第 2 年可贷款总额度为：$800\times80\%-506=134$(K)。

(2)贷款规则

长期贷款每年年末必须支付利息，到期还本付息。长期贷款最长年限为 5 年。

最后一年运营结束时，不要求归还没有到期的各类贷款。

短期贷款年限为 1 年。例如：某一季度有短期贷款需要归还，且同时还拥有贷款额度时，必须先归还到期的短期贷款，才能申请新的短期贷款。

贷款利息按取整规则采用四舍五入。例如：短期贷款 210K，则利息为：$210\times5\%=10.5$(K)，取整后，实际支付利息为 11K。

长期贷款利息是根据长期贷款的贷款总额乘以利率计算，按取整规则采用四舍五入。例如：第 1 年申请 504K 长期贷款，第 2 年申请 204K 长期贷款，则第 2 年年末所需支付的长期贷款利息为：$(504+204)\times8\%=56.64$(K)，取整后，实际支付利息为 57K。

4.2.2.2 厂房

表 4－3 为厂房规则。

表 4－3 厂房规则

厂房类型	购买价(K)	租金(K/年)	生产线最大容量(条)
大厂房	440	44	4
中厂房	300	30	3
小厂房	180	18	2

规则说明：

(1)购买或租用厂房

购买或租用厂房可以在任何季度进行。购买厂房需要按购买价立即一次性全额支付,租用厂房需要立即支付租金,租金以年为单位缴纳。

厂房使用可以任意组合,但总数不能超过4个。

(2)厂房处理

出售:厂房出售后,获得厂房购买价的应收款(4个账期)。

买转租:厂房内有生产线的情况下出售厂房,则在获得厂房购买价的应收款(4个账期)的同时,自动做租用厂房处理,租金立即支付。

退租:厂房退租必须是厂房中没有生产线。租约到期如果没有选择“租转买”或“退租”,系统自动做续租处理,租金在“当季结束”时和“行政管理费”一并扣除。

租转买:购买原本租用的厂房,需要按购买价立即一次性全额支付。

厂房贴现:厂房贴现视同出售厂房并将4季应收款进行贴现。若厂房中有生产线,则会自动做租用厂房处理,租金立即支付。

(3)新建生产线

厂房容量代表可容纳生产线的数量,生产线必须在厂房有空余容量的情况下新建。

4.2.2.3 生产线

表4-4为生产线安装规则。

表4-4 生产线安装规则

生产线类型	购置费(K)	安装周期(Q)	生产周期(Q)	总转产费(K)	转产周期(Q)	维修费(K/年)	残值(K)
手工线	35	无	3	0	无	5	5
半自动线	50	1	2	20	1	10	10
自动线	150	3	1	20	1	20	30
柔性线	200	4	1	0	无	20	40

规则说明：

新建生产线,需选择厂房、生产线的类型和生产产品的类型;产品类型一经确定,本生产线所生产的产品便不能更换,如需更换,须在建成后进行转产处理。

手工线购买当季即可使用,半自动线、自动线和柔性线需要有安装周期,投资需要分期投入,待最后一期投资到位后,必须到下一季度开始才算安装完成,才允许投入使用。

无论生产线净值多少,出售生产线时按生产线残值出售,净值与残值之差计入综合费用表中的"损失"。

只有已经建成且空闲的生产线方可转产、生产、出售。

当年建成的生产线年末需要交纳维修费;已出售的生产线和在建的生产线无须交纳维修费。

每条生产线一个生产周期只能生产一个产品。

4.2.2.4 生产线折旧

表4-5为生产线折旧规则。

表4-5 生产线折旧规则

生产线类型	购置费(K)	残值(K)	建成第1年(K)	建成第2年(K)	建成第3年(K)	建成第4年(K)	建成第5年(K)
手工线	35	5	0	10	10	10	0
半自动线	50	10	0	10	10	10	10
自动线	150	30	0	30	30	30	30
柔性线	200	40	0	40	40	40	40

需要注意的是,建成的生产线第二年开始折旧,购置费减去累计折旧等于净值,当净值等于残值时生产线不再计提折旧,但可以继续使用。

4.2.2.5 产品研发

只有完成产品研发后,才能获得产品生产资格,产品研发需要分期投入研发费用,其规则如表4-6所示。

表4-6 产品研发规则

产品类型	研发费用(K/季)	研发费用总额(K)	研发周期(季)	加工费(K/个)	直接成本(K/个)	产品组成
P1	10	20	2	5	25	R1+R3
P2	10	30	3	5	35	R2+R4
P3	10	40	4	5	45	R1+R3+R4
P4	11	55	5	10	60	P1+R2+R3
P5	12	72	6	10	70	P2+R1+R4

规则说明:

产品研发可以中断或终止，但不允许超前或一次性投入。已投资的研发费用不能回收。

产品研发未完成时，无法进行该产品生产。

紧急采购时，产品购买价格是直接成本的 3 倍，紧急采购价格与直接成本之差计入综合费用表中的“损失”。

产品折旧率为 100%，即出售产成品按产品的直接成本价计算。例如：出售 1 个 P2 产品获得 1 ×35 =35（K）。

4.2.2.6 资格认证

拥有资格认证的企业可在订货会或竞拍会中获取有资格认证要求的订单，ISO 认证规则如表 4 –7 所示。

表 4 –7 ISO 认证规则

认证类型	认证费用（K/年）	认证年限（年）	认证费用总额（K）
ISO9000	10	2	20
ISO14000	10	3	30

规则说明：

资格认证可以中断或终止，但不允许超前或一次性投入。已投资的认证费用不能回收。资格认证没有完成，不允许选择有该资格认证要求的订单。

4.2.2.7 市场开拓

表 4 –8 为市场开拓规则。

表 4 –8 市场开拓规则

市场类型	开拓费用（K/年）	开拓年限（年）	开拓费用总额（K）
本地	10	1	10
区域	10	1	10
国内	10	2	20
亚洲	10	3	30
国际	10	4	40

规则说明：

市场开拓只有在每年的第 4 季度才可以操作，完成开拓后的市场永久有效。

市场开拓可以中断或终止，但不允许超前或一次性投入。已投资的开拓费用不能回收。市场开拓没有完成，不允许在该市场投放广告。

4.2.2.8 原材料采购

表4－9为原材料采购规则。

表4－9 原材料采购规则

原材料类型	购买价格(K/个)	提前期(季)
R1	5	1
R2	10	1
R3	15	2
R4	20	2

规则说明：

原材料根据提前期的规定，需要提前下原材料订单。

所有预订的原材料到期必须全额支付。

紧急采购时，原材料价格是正常购买价格的2倍，紧急采购价格与原材料价格之差计入综合费用表中的“损失”。

原材料折旧率为80%，即出售原材料按正常购买价格的80%计算。例如：出售1个R2原材料获得10×80%＝8(K)。

4.2.2.9 订货规则

(1)广告规则

广告投放后方可参加订货会。每个市场按产品类型再进行细分。当年在某个细分市场上投放10K广告费，理论上将获得该细分市场一次选单机会，此后每增加20K广告费，理论上增加一次选单机会，实际选单总次数则根据该细分市场订单总数及竞争情况决定。如果投放小于10K广告则无选单机会，但仍扣除广告费，对计算市场广告额有效。广告投放额须为正整数。

(2)选单规则

当所有公司投放广告后，进入订货会进行选单，选单顺序如下：

选单时首先以当年本市场本产品广告额投放大小顺序依次选单。

如果两个公司本市场本产品广告额相同，则根据本市场广告总额投放大小顺序依次选单。

如果本市场广告总额也相同，则根据上年本市场销售排名高低顺序依次选单。

如仍无法决定，则根据投放广告时间先后顺序依次选单。

需要说明的是：

第一年无订货会。

每个公司选单需在系统规定时间内完成(以倒计时秒的形式显示)，否则视为放弃。

必须为选单留足时间,如在倒计时小于等于 5 秒再提交,可能视为放弃。

在某细分市场(如本地 P1)有多次选单机会,只要放弃一次,则视同放弃该细分市场剩余所有的选单机会。

4.2.2.10 竞拍规则

在第三年和第六年订货会后召开竞拍会。系统每回合一次性发放 3 张订单,同时进行竞拍。订单标明了订单编号、市场类型、产品类型、产品数量和 ISO 认证要求等信息,而订单总价、交货期、应收账期三项为空。竞拍会相关要求说明如下:

(1)投标资质

参与投标的公司需要有相应市场、ISO 认证的资质,但无须具备生产资格。

中标的公司需为该订单支付 10K 标书费(计入广告费)。

如果(已竞得单数 + 本次同时竞拍数) × 10 > 现金余额,则不能再参与竞拍,即必须有一定现金余额作为保证金。例如:同时竞拍 3 张订单,现金余额为 54K,已经竞得 3 张订单,扣除了 30K 标书费,还剩余 24K 现金余额,则不能继续参与竞拍。

为防止恶意竞拍,对竞得订单张数进行限制,如果某公司已竞得订单张数 > ROUND(3 × 该年竞拍总张数 ÷ 经营中的公司数),则不能继续竞拍。

需要说明的是:

- ROUND 表示四舍五入。
- 破产公司不得参加竞拍。
- 如果某一张订单所有的公司都参加竞拍,则无须等拍卖结束,直接给出竞拍结果。

(2)投标

参与投标的公司须根据所投标的订单,在系统规定时间内(以倒计时秒的形式显示)填写订单总价、交货期、应收账期三项内容,确认后由系统按照得分确定:

得分 = 100 + (5 − 交货期) × 2 + 应收账期 − 8 × 订单总价/(该产品直接成本 × 数量)

以得分最高者中标。如果计算分数相同,则提交投标时间先者中标。

需要说明的是:

- 总价不能低于成本价,也不能高于成本价的 3 倍。
- 必须为竞拍留足时间,如在倒计时小于等于 5 秒再提交,可能无效。
- 竞拍会竞得订单与订货会选中订单,完成交单后同样计入当年市场销售额。

4.2.2.11 交货规则

在订货会选单和竞拍会中获得订单后,需要在规定时间内完成订单交货,订单信息如图 4 - 1 所示。

编号	运营年	市场	产品	数量	总价	ISO要求	交货期	账期
D6601	6	本地	P5	3	480K	-	4季	2季
D6602	6	区域	P5	3	450K	9 14	4季	3季

图 4 - 1 订单信息

规则说明：

订单交货可提前不可推后，否则记作订单违约。例如：交货期为 3 季，可在第 1 或第 2 或第 3 季度提交订单，不可推迟，否则记作订单违约。

提交订单后可获得对应账期的应收款。例如：账期为 2 季，第 4 季度提交订单，收款时间则在次年第 2 季，应收款收回系统自动完成。

若需提前收回应收款可进行应收款贴现，并支付贴息（取整规则采用向上取整），贴息记作财务费用，贴现规则如表 4 - 10 所示。

表 4 - 10 贴现规则

贴现用途	贴现时间	贴现金额	贴现率
获取现金	任何时间	不高于当季的应收款总额	5%（1 季，2 季） 10%（3 季，4 季）

例如：贴现 2 季账期的 102K 应收款，贴息为 102 × 5%，向上取整得 6K，收到资金为 102 - 6 = 96（K）。

4.2.2.12 违约规则

违约订单不计入当年销售额，并按违约订单总价的 20% 计算违约金，取整规则采用四舍五入，并在当年第 4 季度结束后扣除，违约金计入“损失”。例如：某公司违约了两张订单（见图 4 - 2）：

订单编号	市场	产品	数量	总价	状态	得单年份	交货期	账期	ISO	交货期
180016	本地	P2	2	146 W	违约	第2年	3季	0季	-	-
180011	本地	P1	1	60 W	已交单	第2年	2季	1季	-	第2年1季
180006	本地	P1	3	162 W	违约	第2年	3季	2季	-	-

图 4 - 2 订单交货信息

则该公司交纳的违约金分别为：146 × 20% = 29.2 ≈ 29（K）

162 × 20% = 32.4 ≈ 32（K）

合计为：29 + 32 = 61（K）

4.2.3 其他规则

4.2.3.1 重要参数

图 4－3 为重要参数信息。

违约金比例：	20.00 %	贷款额比例：	80 %
产品折价率：	100.00 %	原材料折价率：	80.00 %
长贷利率：	8.00 %	短贷利率：	5.00 %
1、2季贴现率：	5.00 %	3、4季贴现率：	10.00 %
管理费：	10 K	报表填错扣分	50
信息费：	1 K	所得税率：	25.00 %
长贷年限：	5 年	最小得单广告费：	10 K
原材料紧急采购倍数：	2 倍	产品紧急采购倍数：	3 倍
选单时间：	50 秒	首位选单补时：	20 秒
市场同开数量：	2	市场老大：	无
竞单时间：	90 秒	竞单同竞数：	3

图 4－3 重要参数信息

需要说明的是：

- 每年每季度运营结束时，需要扣除 10K 管理费。
- 所得税在年末结束时扣除。
- 每年报表只要有错误，无论错误个数多少一律扣 50 分。
- 每年运营中，信息费 1K/次/公司，即交纳 1K 可以查看一个公司的运营信息，交费公司以 EXCEL 表格形式获得某一公司的详细信息。竞拍会时无法使用情报功能。同一赛区所有公司年末运营结束时，各公司可以免费查看同一赛区公司的运营情报。

4.2.3.2 取整规则

订单违约金——四舍五入。

库存出售所得现金——四舍五入。

贴现费用——向上取整。

所得税——四舍五入。

贷款总额度——向下取整。

长短贷利息——四舍五入。

4.2.3.3 破产处理

当权益为负(指当年结束系统生成资产负债表时的权益为负)或现金断流时(现金为负)企业破产。破产的公司将不再继续运营。

4.3 ERP 沙盘模拟成绩评定标准

沙盘模拟成绩评定标准是引导竞争的核心,所以,若要在 ERP 沙盘模拟中获得比较好的成绩,必须研究透成绩评定标准。ERP 沙盘模拟成绩是评定完成预先规定的经营年限的最后一年的分数,将根据各公司的最后权益、生产能力和资源状态等进行综合评分,分数高者为优胜。总分计算公式为:

$$\text{系统分数} = \text{所有者权益} \times (1 + \sum \text{企业综合发展潜力} / 100)$$

最终,所有者权益可以根据财务报表计算出来,企业综合发展潜力为表 4－11所示各项指标得分分数之和。

表 4－11 企业综合发展潜力指标

项目	企业综合发展潜力	项目	企业综合发展潜力
小厂房	3(分/个)	国际市场开发	10 分
中厂房	5(分/个)	P1 产品开发	2 分
大厂房	7(分/个)	P2 产品开发	4 分
半自动线	2(分/条)	P3 产品开发	6 分
自动线	4(分/条)	P4 产品开发	8 分
柔性线	6(分/条)	P5 产品开发	10 分
国内市场开发	6 分	ISO9000 认证	5 分
亚洲市场开发	8 分	ISO14000 认证	8 分

需要说明的是:

- 生产线建成即加分,无须生产出产品,也无须有在制品。
- 如有若干公司分数相同,则参照各公司经营结束后的最终权益排序。权益高者排名在前;若权益仍相等,则按照经营结束时间排序,先结束经营的公司排名在前。
- 罚分可以由裁判根据预先制定的规则裁决,一般影响罚分的主要因素有报表准确性、关账是否及时、广告投放是否及时、盘面与系统数据是否一致、是否有影响比赛的不良行为。

5 ERP 沙盘模拟软件使用

5.1 系统简介

企业经营沙盘模拟系统(简称“系统”)分为管理员、教师、学生三种角色子系统。教师通过设置不同任务、比赛的公司数量,设置市场需求数据、企业经营规则等信息;学生可以根据市场需求的情况,制定公司的发展战略,选择合适的市场、产品、厂房、生产线、订单,并销售产品,最终达到公司利润最大化的目标,最后系统可以生成总评成绩与公司排名,教师可以结合成绩与排名结果,总结学生在经营过程中成功与失败的原因。

5.2 管理员端操作

使用“企业经营沙盘模拟系统”电子沙盘时,管理员只需登录服务器,即可完成管理操作。管理员端主要功能模块有“教师账号管理”“默认订单方案”与“系统备份管理”。登录管理员端后,如图 5－1 所示。

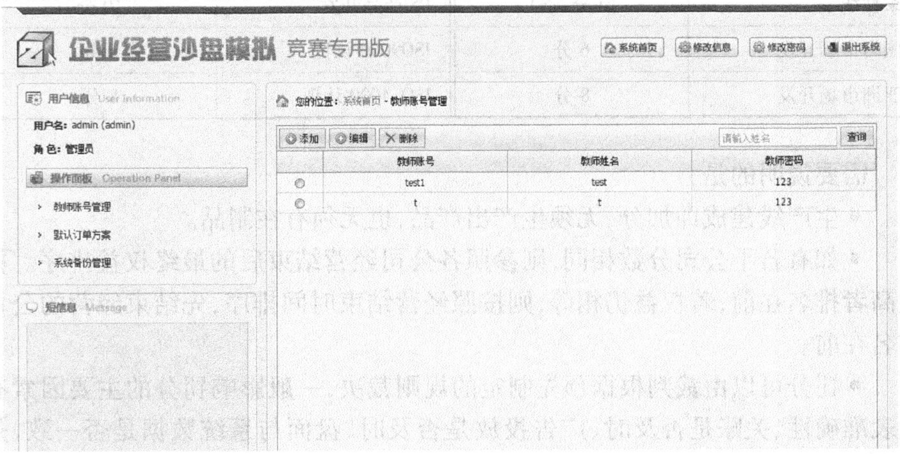

图 5－1 系统管理员端

5.2.1 教师账号管理

能够显示当前系统的所有教师账号信息,包括“姓名”“账号”“密码”信息,如图 5 - 2 所示。

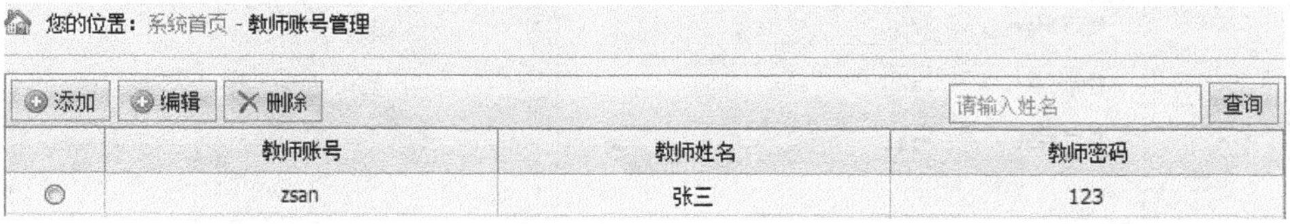

图 5 - 2 教师账号管理

5.2.1.1 添加

可以根据教师的需要,由管理员增加教师的使用账号信息,单击“添加”后,如图 5 - 3 所示。添加相应的“教师账号”“教师姓名”“教师密码”后,单击“确定”。“教师账号”不允许重复。

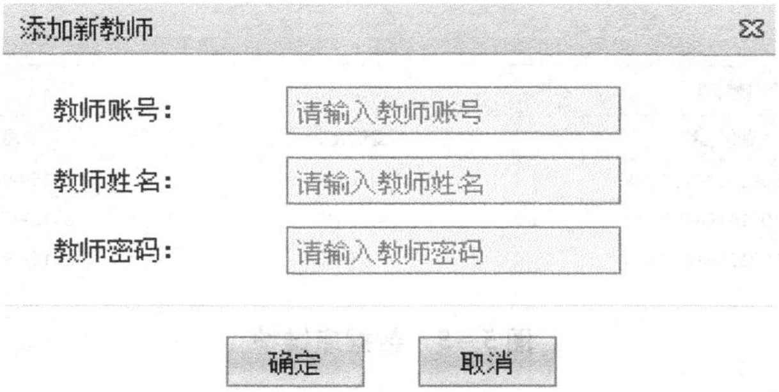

图 5 - 3 新增教师

5.2.1.2 编辑

可以根据教师的需要对账号进行信息修改。选择相应的教师账号,单击“编辑”,如图 5 - 4 所示。对“教师账号”“教师姓名”“教师密码”信息进行修改。

5.2.1.3 删除

当某些教师账号不再使用的时候,可以把相应的账号信息删除。选择相应的教师账号,单击“删除”。

5.2.1.4 查询

若教师账号过多,可使用查询功能进行查找。输入需要查询的文字,可以查询所有“教师姓名”中包含该文字的账号信息,目前仅支持姓名的查询。

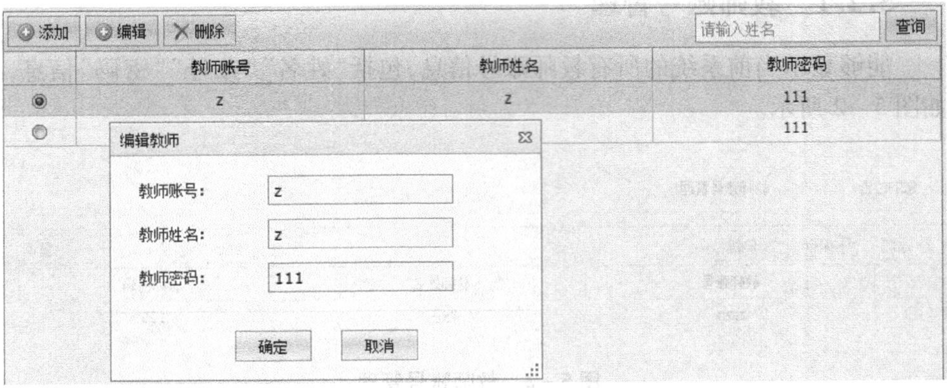

图 5－4　教师账号信息编辑

5.2.2　系统备份管理

能够显示当前数据库备份的信息，包括“备份名称”“备份大小”“备份时间”，如图 5－5 所示。

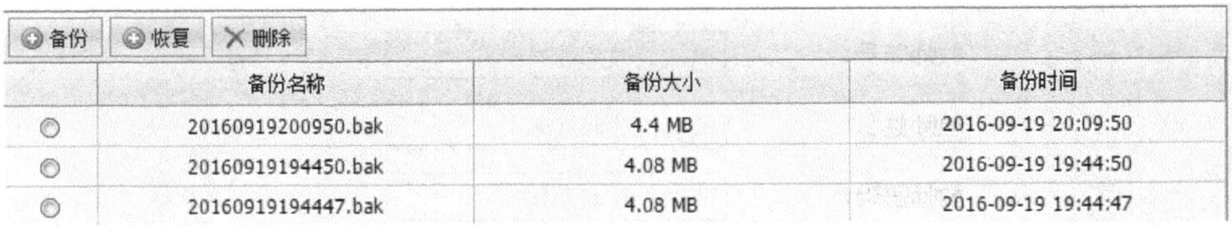

图 5－5　数据库维护

5.2.2.1　备份

可以将当前正在运行的数据库系统进行备份，单击“备份”后输入“备份名称”，单击“确定”。注意备份名称不允许重复，如图 5－6 所示。

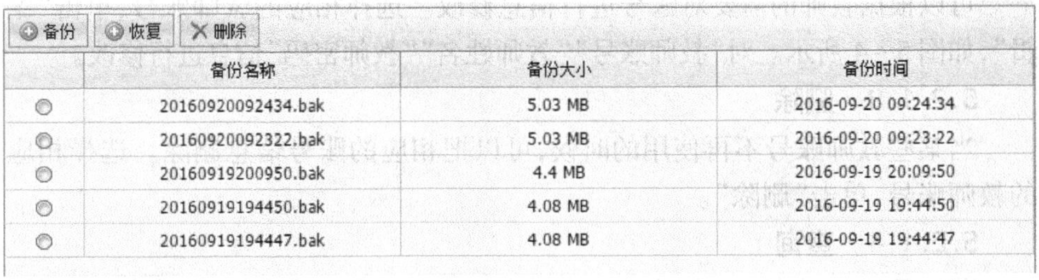

图 5－6　数据库备份

5.2.2.2　恢复

可以根据需要恢复相应时间点的数据备份，如选中的这条记录是在第四年投广告前备份的，单击“恢复”后，会回到第四年投广告前的时间点，如图 5－7 所示。

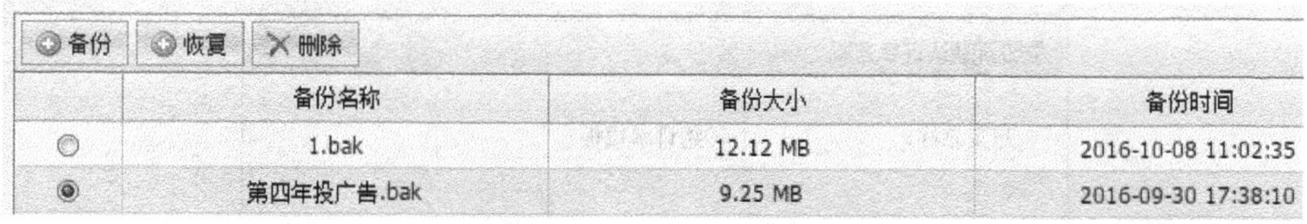

图 5－7　数据库恢复

5.2.2.3　删除

管理员可以定期对相应的备份进行删除，以便节省服务器磁盘空间，选中相应的备份记录，单击“删除”，如图 5－8 所示。

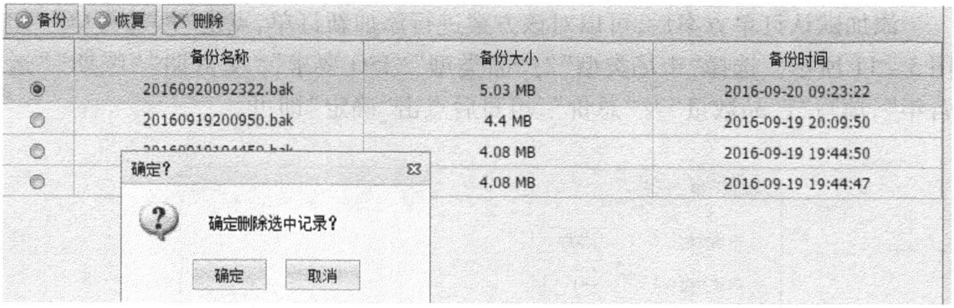

图 5－8　数据库备份删除

5.2.3　默认订单方案

能够显示当前订单方案的信息，包括“方案名称”“发布时间”“订货会订单”“竞拍会订单”，如图 5－9 所示。

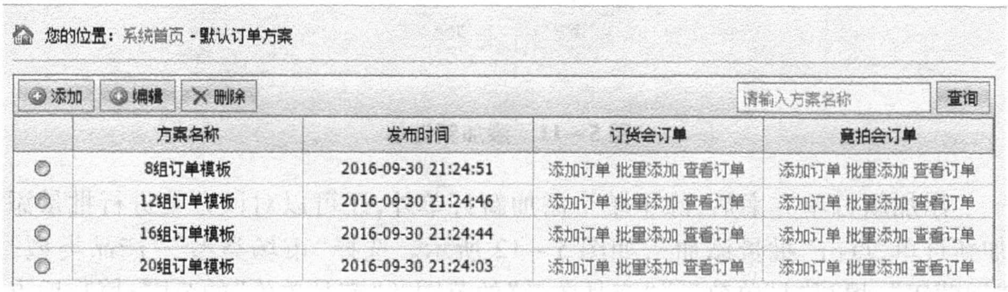

图 5－9　默认订单方案

5.2.3.1 添加

可以根据默认订单方案的需要，由管理员增加订单方案信息，单击“添加”后，如图 5－10 所示。添加相应的“方案名称”，“方案名称”不允许重复。

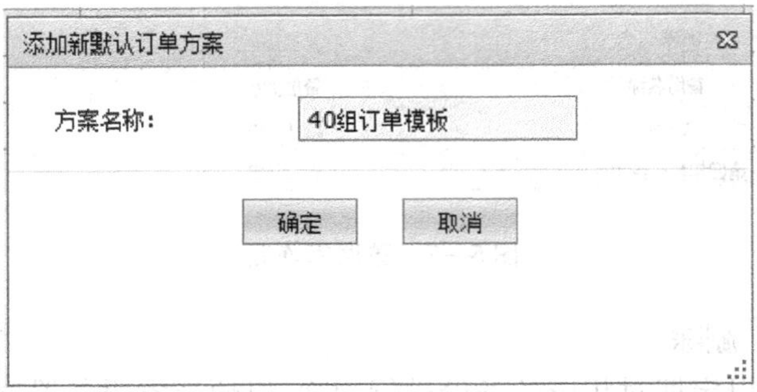

图 5－10　添加新默认订单方案

添加默认订单方案后，可以对该方案进行添加新订单，点击“添加订单”，如图 5－11 所示。选择“市场类型”“产品类型”“ISO 要求”“交货期”“账期”“运营年”，填写“产品数量”及“总价”，填写后点击“确定”即可。

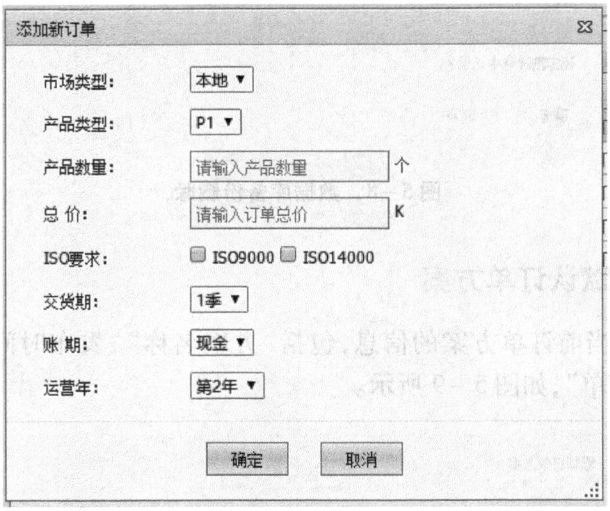

图 5－11　添加新订单

添加新订单方案后，除了单个添加新订单外，还可以对该方案进行批量添加新订单，点击“批量添加”，如图 5－12 所示。选择“市场类型”“产品类型”“运营年”，填写“订单数量”“产品数量”的范围及“产品单价”的范围，填写后点击“确定”即可。

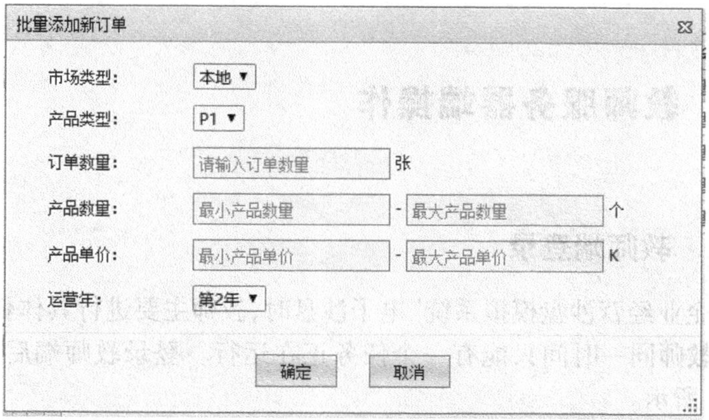

图 5－12　批量添加新订单

添加默认订单方案完成后，可以查看该方案订单，点击“查看订单”，如图 5－13 所示。

查看订单

编号	运营年	市场	产品	数量	总价	ISO要求	交货期	账期	操作
D2001	2	本地	P1	4	248K	-	2季	2季	编辑 删除
D2002	2	本地	P1	1	65K	-	2季	2季	编辑 删除
D2003	2	本地	P1	4	248K	-	3季	2季	编辑 删除
D2004	2	本地	P1	3	195K	-	3季	2季	编辑 删除
D2005	2	本地	P1	2	126K	-	2季	3季	编辑 删除
D2006	2	本地	P1	3	189K	-	4季	2季	编辑 删除
D2007	2	本地	P1	3	195K	-	3季	2季	编辑 删除
D2008	2	本地	P1	3	186K	-	4季	现金	编辑 删除
D2009	2	本地	P1	4	252K	-	3季	3季	编辑 删除
D2010	2	本地	P1	2	128K	-	3季	1季	编辑 删除

图 5－13　查看订单

5.2.3.2　编辑

可以根据管理的需要对订单名称进行相应的信息修改，选择相应的默认订单方案单击“编辑”，对“方案名称”做出修改。

5.2.3.3　删除

当某些默认订单方案不再使用的时候，可以把相应的方案信息删除。选择相应的默认订单方案单击“删除”。

5.2.3.4　查询

当默认订单方案过多时，可使用查询功能进行查找。输入需要查询的文字，可以查询所有“方案名称”中包含该文字的方案信息。

5.3 教师服务器端操作

5.3.1 教师端登录

使用“企业经营沙盘模拟系统”电子沙盘时,教师主要进行具体任务的运行管理,每个教师同一时间只能有一个任务正在运行。登录教师端后,系统界面如图 5－14 所示。

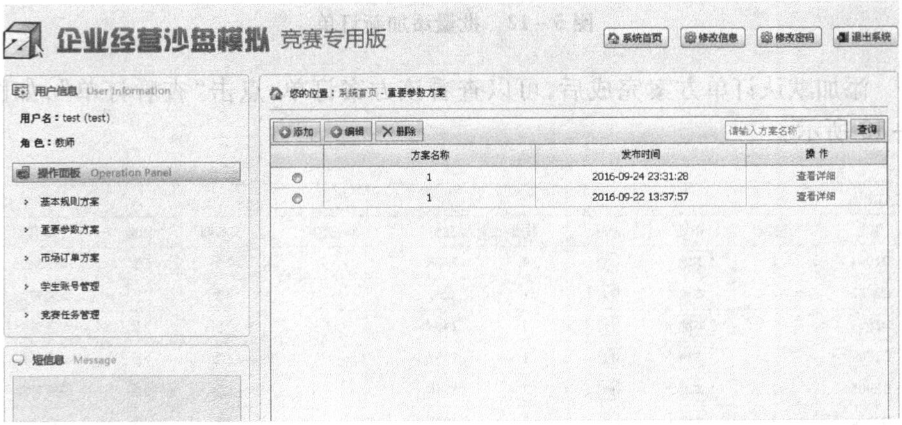

图 5－14　企业经营沙盘模拟系统教师端

教师端的主要功能模块有“基本规则方案”“重要参数方案”“市场订单方案”“学生账号管理”和“竞赛任务管理”。

5.3.2 系统管理

5.3.2.1 基本规则方案

单击“基本规则方案”,可以看到“方案名称”和“发布时间”,如图 5－15 所示。需要注意的是,如果没有“基本规则方案”则无法创建竞赛任务。

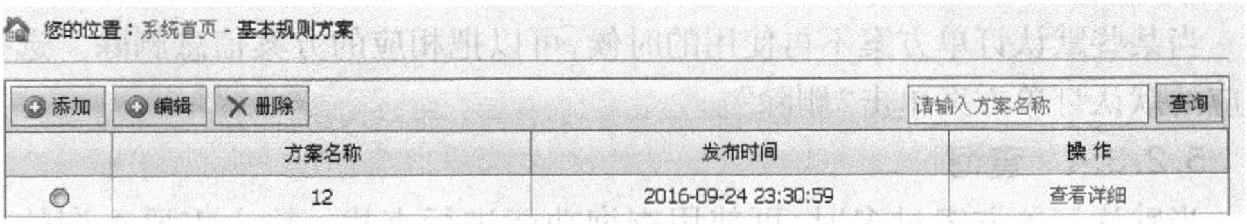

图 5－15　基本规则方案

单击“添加”，设置相应的“方案名称”，如图 5－16 所示。

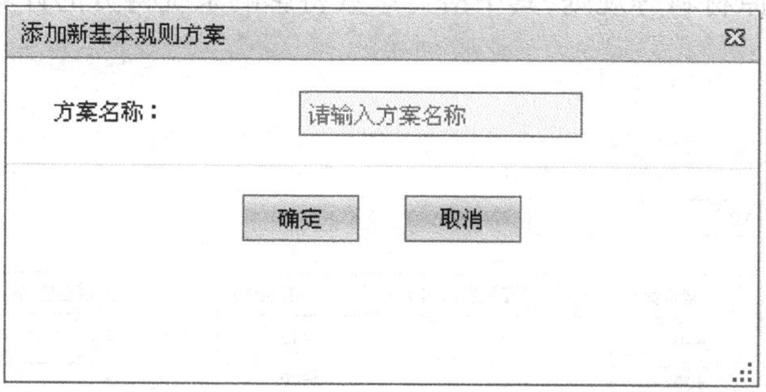

图 5－16 添加新基本规则方案

“确定”之后，系统将根据默认规则生成方案并显示在列表中。例如：方案名称为“企业经营”的方案，如图 5－17 所示。

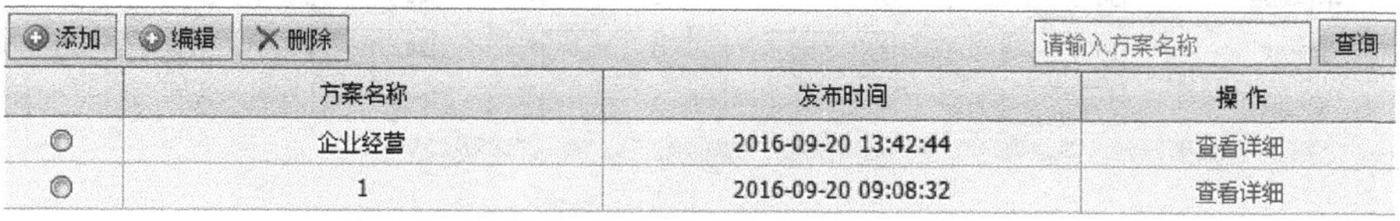

	方案名称	发布时间	操 作
○	企业经营	2016-09-20 13:42:44	查看详细
○	1	2016-09-20 09:08:32	查看详细

图 5－17 规则方案管理

教师可以根据需要，点击“查看详细”，查看基本规则方案的详细内容，如图 5－18 所示。

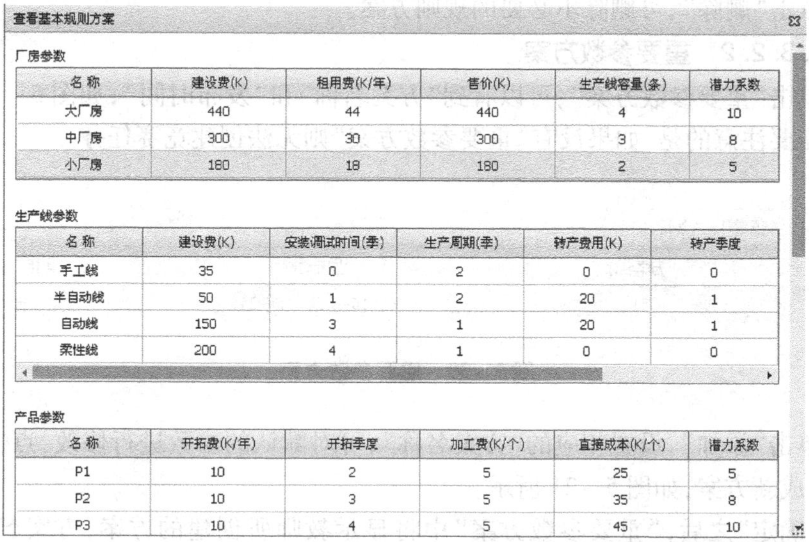

厂房参数

名 称	建设费(K)	租用费(K/年)	售价(K)	生产线容量(条)	潜力系数
大厂房	440	44	440	4	10
中厂房	300	30	300	3	8
小厂房	180	18	180	2	5

生产线参数

名 称	建设费(K)	安装调试时间(季)	生产周期(季)	转产费用(K)	转产季度
手工线	35	0	2	0	0
半自动线	50	1	2	20	1
自动线	150	3	1	20	1
柔性线	200	4	1	0	0

产品参数

名 称	开拓费(K/年)	开拓季度	加工费(K/个)	直接成本(K/个)	潜力系数
P1	10	2	5	25	5
P2	10	3	5	35	8
P3	10	4	5	45	10

图 5－18 查看基本规则方案

点击“编辑”，教师可对规则方案进行修改，包括厂房、生产线、产品以及资格认证、市场、原材料等规则，其中潜力系数将影响系统得分的计算，如图 5－19 所示。

编辑基本规则方案

方案名称：12

厂房参数设置

名 称	建设费(K)	租用费(K/年)	售价(K)	生产线容量(条)	潜力系数
大厂房	440	44	440	4	10
中厂房	300	30	300	3	8
小厂房	180	18	180	2	5

生产线参数设置

名 称	建设费(K)	安装调试时间(季)	生产周期(季)	转产费用(K)	转产季度
手工线	35	0	2	0	0
半自动线	50	1	2	20	1
自动线	150	3	1	20	1
柔性线	200	4	1	0	0

产品参数设置

名 称	开拓费(K/年)	开拓季度	加工费(K/个)	直接成本(K/个)	潜力系数
P1	10	2	5	25	5

图 5－19　编辑基本规则方案

点击“删除”，可删除不必要的规则方案。

5.3.2.2　重要参数方案

单击“重要参数方案”，可以看到“方案名称”和“发布时间”，如图 5－20 所示。需要注意的是，如果没有“重要参数方案”则无法创建竞赛任务。

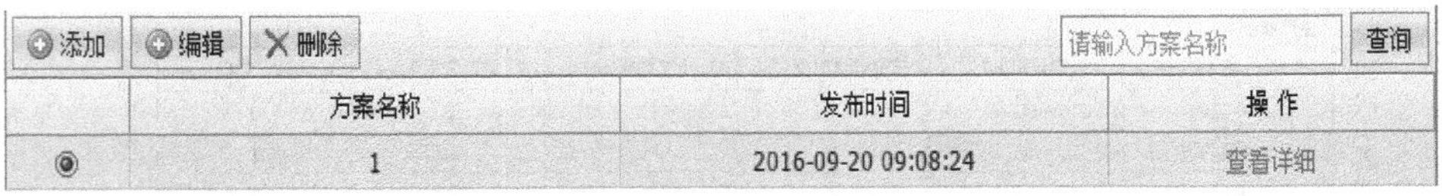

	方案名称	发布时间	操 作
◉	1	2016-09-20 09:08:24	查看详细

图 5－20　重要参数方案

单击“添加”，设置相应的“方案名称”，可对默认的参数进行修改，点击“确定”生成新方案，如图 5－21 所示。

“确定”之后，“重要参数方案”中将显示教师所创建的方案，方案名称为“企业经营”方案，如图 5－22 所示。

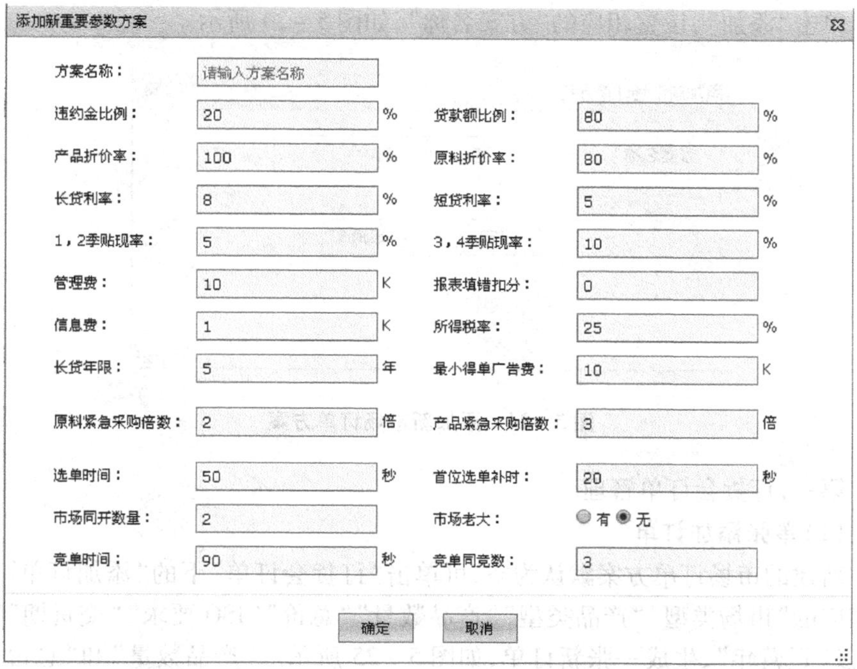

图 5－21　添加新重要参数方案

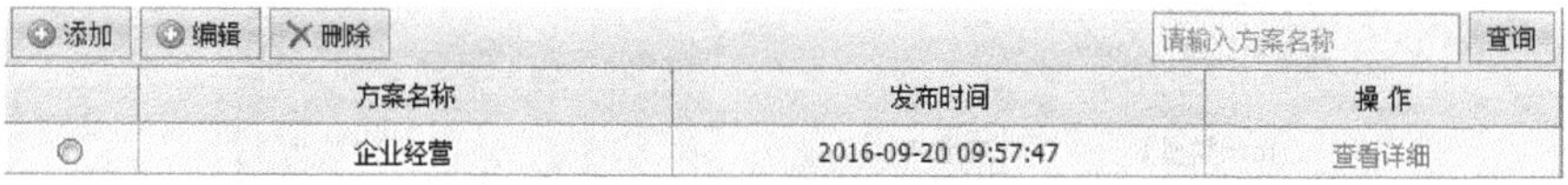

	方案名称	发布时间	操作
○	企业经营	2016-09-20 09:57:47	查看详细

图 5－22　重要参数方案

教师可以根据需要，点击“查看详细”，查看参数方案的详细内容。选中某一记录后点击“删除”，可删除不必要的重要参数方案。

5.3.2.3　市场订单方案

单击“市场订单方案”，可以看到“方案名称”“发布时间”“订货会订单”和“竞拍会订单”，如图 5－23 所示。目前系统已添加了一些默认订单，可供选择。

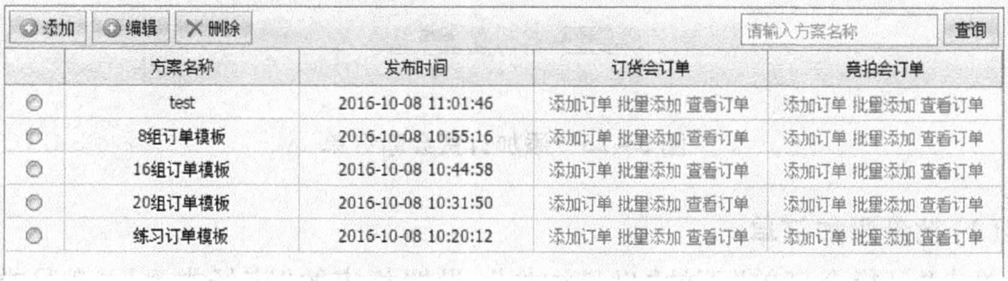

	方案名称	发布时间	订货会订单	竞拍会订单
○	test	2016-10-08 11:01:46	添加订单 批量添加 查看订单	添加订单 批量添加 查看订单
○	8组订单模板	2016-10-08 10:55:16	添加订单 批量添加 查看订单	添加订单 批量添加 查看订单
○	16组订单模板	2016-10-08 10:44:58	添加订单 批量添加 查看订单	添加订单 批量添加 查看订单
○	20组订单模板	2016-10-08 10:31:50	添加订单 批量添加 查看订单	添加订单 批量添加 查看订单
○	练习订单模板	2016-10-08 10:20:12	添加订单 批量添加 查看订单	添加订单 批量添加 查看订单

图 5－23　订单方案管理

单击“添加”，设置相应的“方案名称”，如图 5－24 所示。

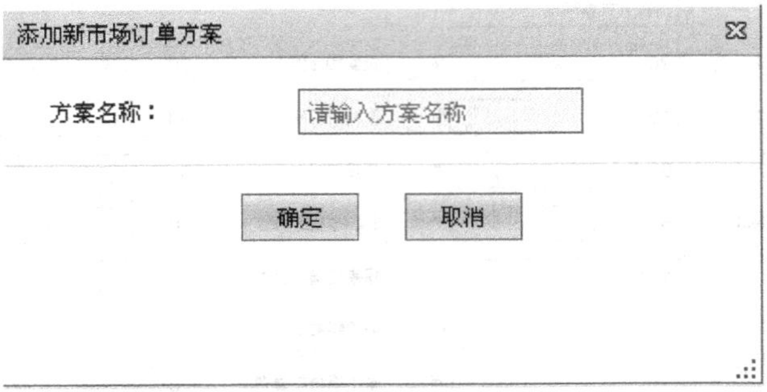

图 5－24　添加新市场订单方案

第一，订货会订单管理。

(1)单张添加订单

新建的市场订单方案默认为空，可单击“订货会订单”下的“添加订单”，设置相应的“市场类型”“产品类型”“产品数量”“总价”“ISO 要求”“交货期”“账期”及“运营年”，生成一张新订单，如图 5－25 所示。“产品数量”和“总价”必须输入正整数。

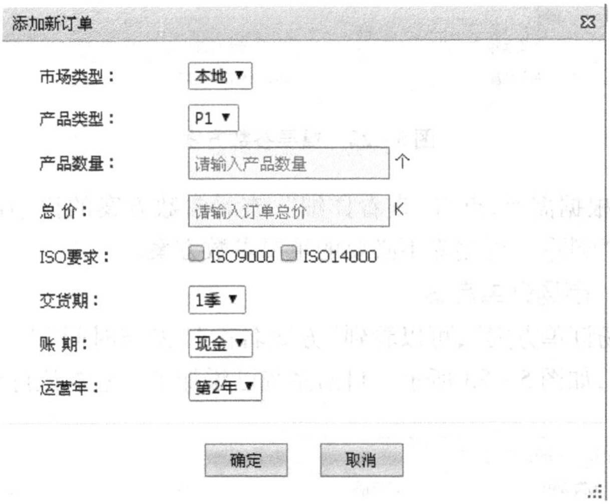

图 5－25　添加订货会新订单

(2)批量添加订单

单击“订货会订单”下的“批量添加”，设置相应的“市场类型”“产品类型”“订单数量”“产品数量”“产品单价”及“运营年”，同时添加在某一个细分市场内的多张订单，如图 5－26 所示。“订单数量”“最小产品数量”“最大产品数量”“最小产品单价”“最大产品单价”必须输入正整数，最小产品数量不能大于最大产品数量，最小产品单价不能大于最大产品单价。

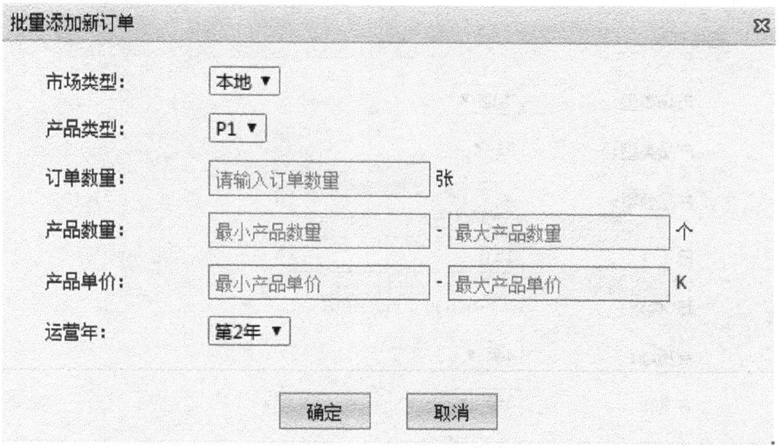

图 5－26　批量添加订货会新订单

(3)查看订单

单击订货会订单下的“查看订单”，可看到该市场订单方案下的所有订单，如图 5－27 所示。

查看订单

编号	运营年	市场	产品	数量	总价	ISO要求	交货期	账期	操作
D2001	2	本地	P1	3	150K	-	4季	4季	编辑 删除
D2002	2	本地	P1	3	160K	-	4季	4季	编辑 删除
D2003	2	本地	P1	3	150K	-	4季	3季	编辑 删除
D2004	2	本地	P1	4	200K	-	4季	3季	编辑 删除
D2005	2	本地	P1	6	290K	-	4季	3季	编辑 删除
D2006	2	本地	P1	2	100K	-	4季	2季	编辑 删除
D2007	2	本地	P1	2	110K	-	4季	2季	编辑 删除
D2008	2	本地	P1	2	100K	-	4季	2季	编辑 删除
D2009	2	本地	P1	3	150K	-	4季	2季	编辑 删除
D2010	2	本地	P1	4	190K	-	4季	1季	编辑 删除
D2011	2	本地	P1	1	50K	-	4季	现金	编辑 删除
D2012	2	本地	P1	2	100K	-	1季	2季	编辑 删除
D2013	2	本地	P2	2	130K	-	4季	3季	编辑 删除
D2014	2	本地	P2	3	180K	-	4季	3季	编辑 删除
D2015	2	本地	P2	1	60K	-	4季	2季	编辑 删除
D2016	2	本地	P2	1	60K	-	4季	2季	编辑 删除
D2017	2	本地	P2	2	150K	-	4季	2季	编辑 删除
D2018	2	本地	P2	2	130K	-	4季	2季	编辑 删除
D2019	2	本地	P2	3	200K	-	4季	2季	编辑 删除

图 5－27　查看订货会订单

(4)编辑订单

单击“编辑”,可编辑修改订单相应的参数,如图 5－28 所示。“产品数量”“总价”必须输入正整数。

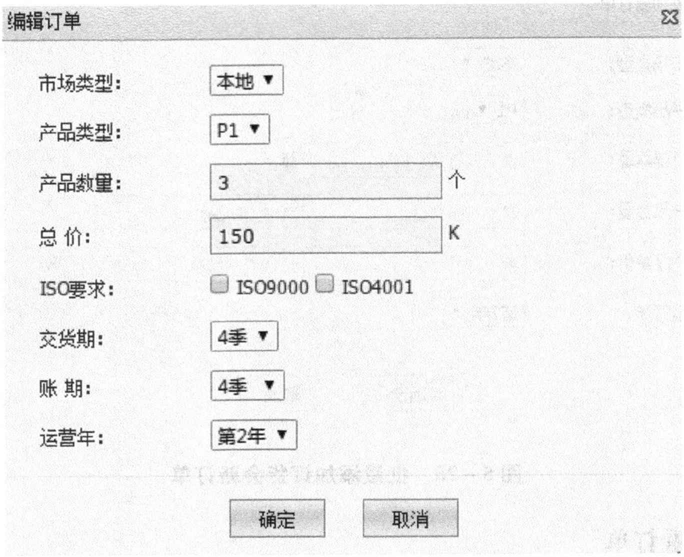

图 5－28　编辑订货会订单

(5)删除订单

单击“删除”,系统会提示是否确定删除选中的订单,如图 5－29 所示。

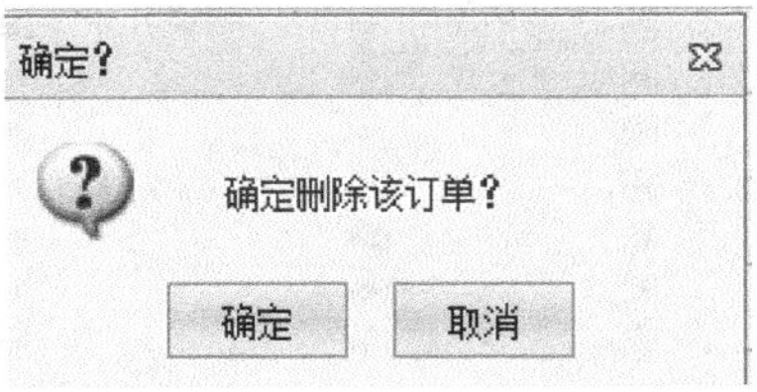

图 5－29　删除订货会订单

第二,竞拍会订单管理。

(1)单张添加订单

单击“竞拍会订单”下的“添加订单”,设置相应的“市场类型”“产品类型”“产品数量”“ISO 要求”及“运营年”,可添加一张竞拍会订单,如图 5－30 所示。“产品数量”必须输入正整数。

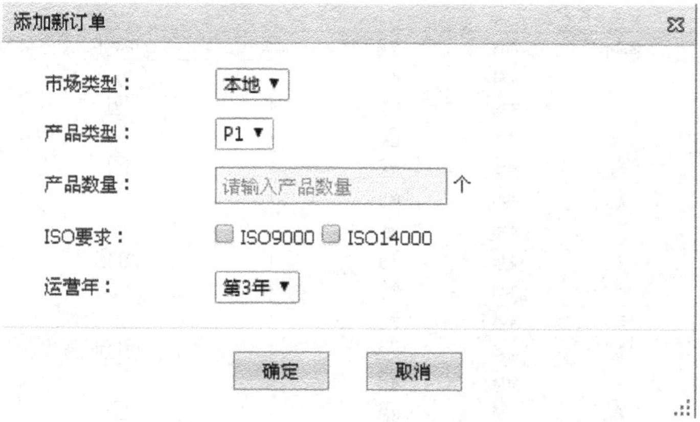

图5－30　添加竞拍会新订单

(2)批量添加订单

单击竞拍会订单下的“批量添加”，设置相应的“市场类型”“产品类型”“订单数量”“产品数量”及“运营年”，同时添加在某一个细分市场内的多张竞拍会订单，如图5－31所示。“订单数量”“最小产品数量”“最大产品数量”必须输入正整数。最小产品数量不能大于最大产品数量。

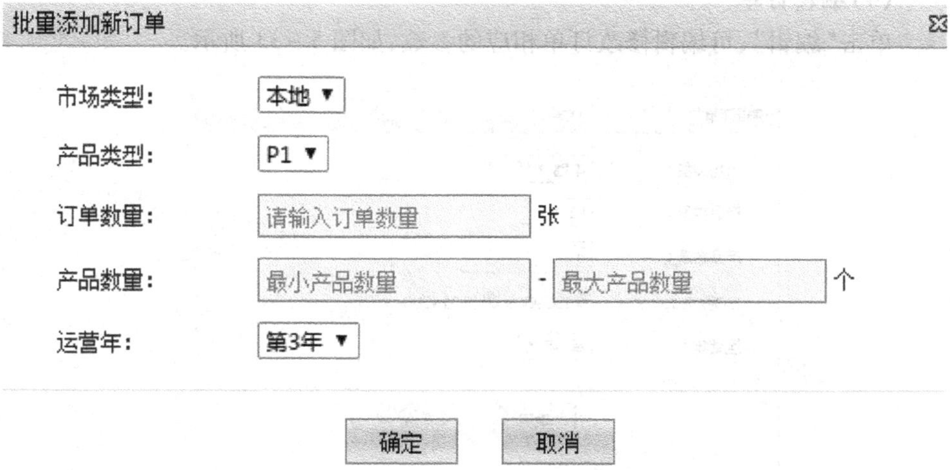

图5－31　批量添加竞拍会新订单

(3)查看订单

单击竞拍会订单下的“查看订单”，可看到如图5－32所示的内容。

查看订单

编号	运营年	市场	产品	数量	ISO要求	操作
J3002	3	本地	P1	2	-	编辑 删除
J3003	3	本地	P1	4	9	编辑 删除
J3016	3	本地	P2	3	-	编辑 删除
J3022	3	本地	P3	3	9	编辑 删除
J3023	3	本地	P3	2	-	编辑 删除
J3029	3	本地	P3	1	-	编辑 删除
J3032	3	本地	P4	4	9 14	编辑 删除
J3033	3	本地	P4	3	-	编辑 删除
J3043	3	本地	P5	4	-	编辑 删除
J3049	3	本地	P5	5	9 14	编辑 删除
J3053	3	区域	P1	1	-	编辑 删除
J3055	3	区域	P1	3	9	编辑 删除
J3064	3	区域	P2	2	-	编辑 删除
J3070	3	区域	P2	1	-	编辑 删除
J3072	3	区域	P3	4	9	编辑 删除
J3078	3	区域	P3	1	-	编辑 删除
J3085	3	区域	P4	2	-	编辑 删除
J3088	3	区域	P4	4	9	编辑 删除
J3092	3	区域	P5	3	9	编辑 删除

图 5－32　查看竞拍会订单

(4)编辑订单

单击“编辑”,可编辑修改订单相应的参数,如图 5－33 所示。

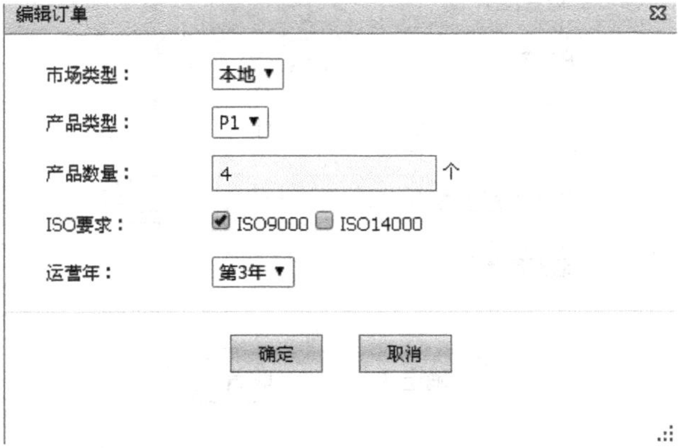

图 5－33　编辑竞拍会订单

(5)删除订单

单击“删除”,系统会提示是否确定删除选中的订单,如图 5－34 所示。

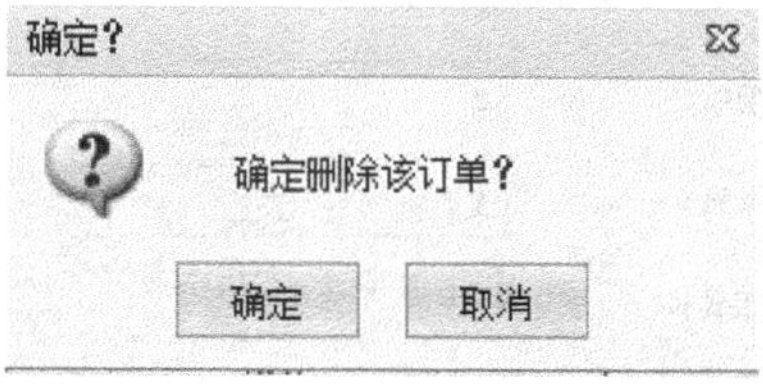

图 5－34 删除竞拍会订单

5.3.2.4 学生账号管理

单击“学生账号管理”，主要功能有“添加”“批量添加”“编辑”“删除”和学生账号，如图 5－35 所示。需要注意的是，学生账号的数量必须大于或等于竞赛任务的组数，否则不能创建竞赛任务。

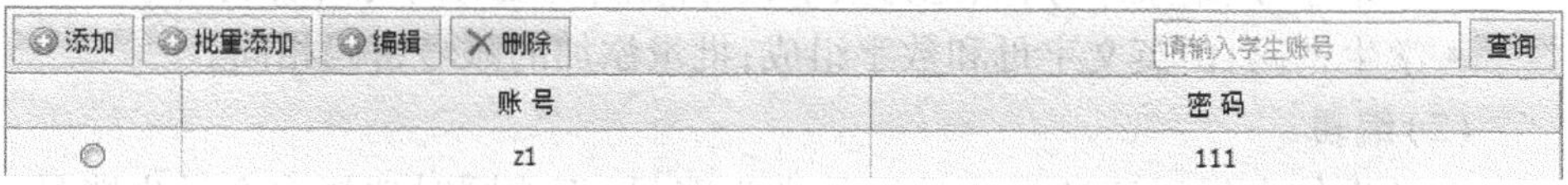

图 5－35 学生管理界面

(1) 添加

单击“添加”，可新增一个学生账号，如图 5－36 所示。

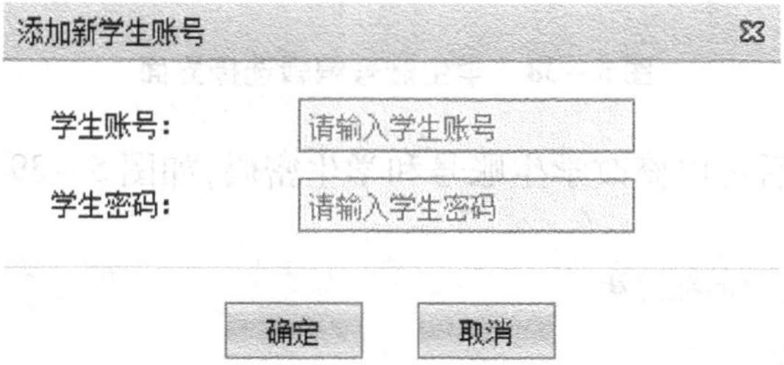

图 5－36 添加新学生账号界面

学生账号添加规则：

● 学生账号：由英文字母和数字组成；账号不允许重复，以教师账号为前缀进行编码。

● 学生密码：由英文字母和数字组成。

单击“批量添加”，可一次性添加多个账号，如图 5－37 所示。

学生账号批量添加规则：

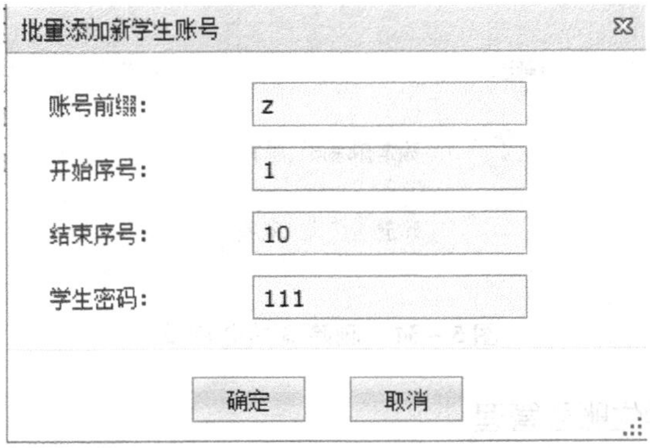

图 5－37　批量添加新学生账号界面

- 账号前缀:由英文字母和数字组成。
- 开始序号、结束序号:只能为数字,且开始序号必须小于结束序号。
- 学生密码:由英文字母和数字组成;批量添加的账号密码相同。

(2)编辑

在学生信息展示区选择要编辑的学生账号,不能同时选择多个学生账号,如图 5－38 所示。

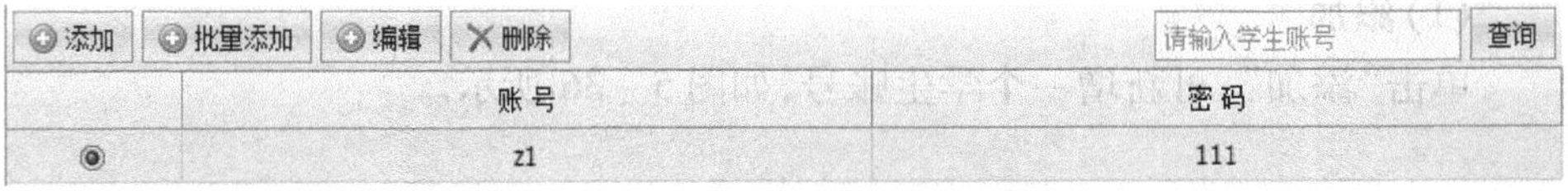

图 5－38　学生账号编辑选择界面

单击“编辑”后可以修改学生账号和学生密码,如图 5－39 所示。

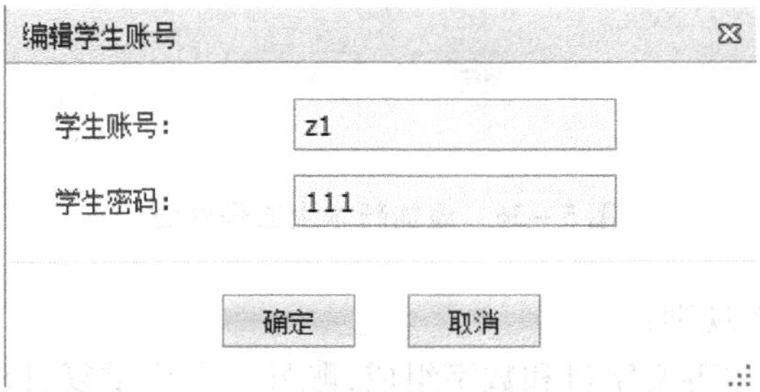

图 5－39　编辑信息

(3)删除

如需要删除学生账号,在学生信息展示区中选择相应的账号,单击“删除”,

系统将会提示相应的信息。此处需要教师再次确认,以免发生误删,如图 5-40 所示。

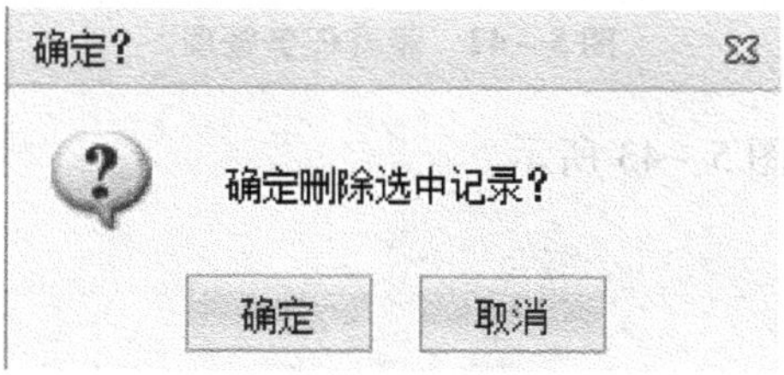

图 5-40 学生账号删除提示界面

如果确认需要删除该学生账号,单击“确定”后,该学生账号就会被删除;如果单击“取消”将会取消此次的删除操作。

(4)查询

当学生账号多到一定程度时将为教师账号管理带来一定的麻烦,这时教师就要根据需要快速定位学生账号,以最快的速度展示学生的账号信息,以便对其进行编辑与删除。在输入框中输入所需要查询的学生的账号,例如:查询账号包含“z”的学生信息,输入“z”,单击“查询”,如图 5-41 所示,将显示所有包含“z”的账号。

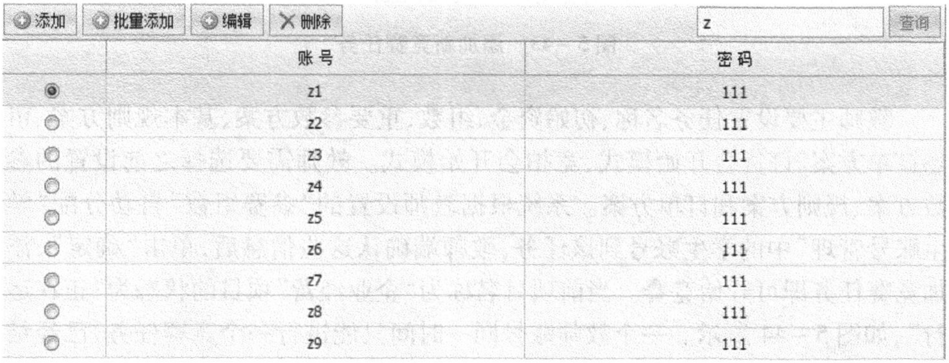

图 5-41 学生信息查询界面

5.3.2.5 竞赛任务管理

单击“竞赛任务管理”,如图 5-42 所示。主要功能项目有“添加”“删除”“完成”。竞赛任务管理主要在竞赛开始前进行基本规则、重要参数、市场订单和初始状态等的配置,并在比赛过程中,对竞赛和各组进行监控和管理。

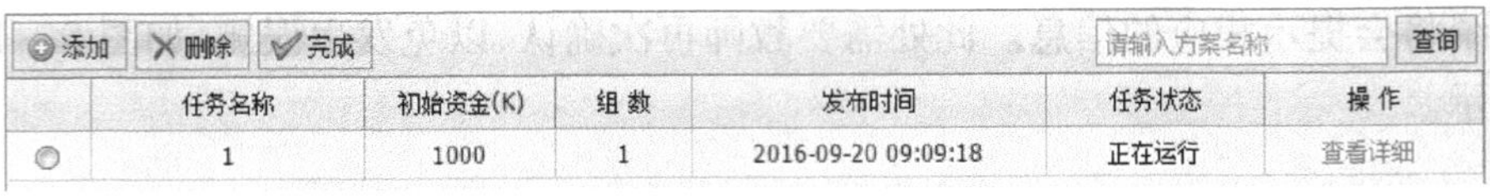

	任务名称	初始资金(K)	组 数	发布时间	任务状态	操 作
○	1	1000	1	2016-09-20 09:09:18	正在运行	查看详细

图 5－42　竞赛任务管理

单击“添加”，如图 5－43 所示。

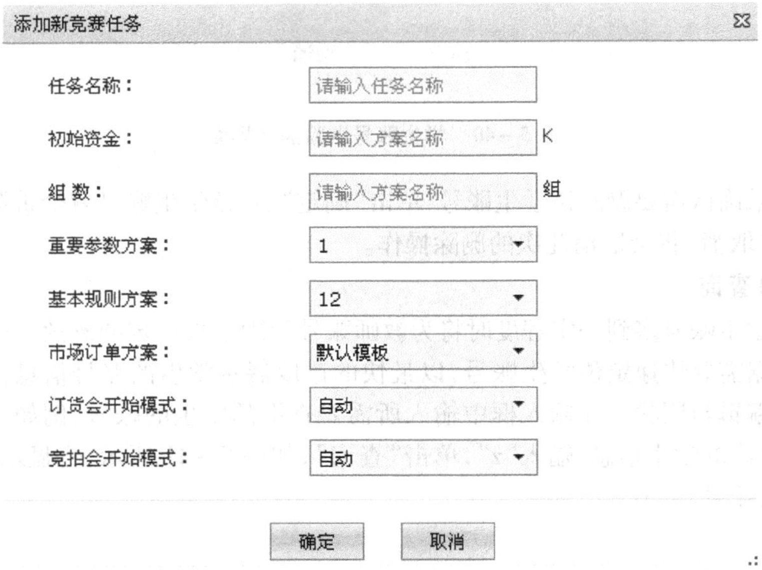

图 5－43　添加新竞赛任务

教师主要设置任务名称、初始资金、组数、重要参数方案、基本规则方案、市场订单方案、订货会开始模式、竞拍会开始模式。教师需要选择之前设置的参数方案、规则方案和订单方案。系统根据教师设置的“参赛组数”自动分配“学生账号管理”中的学生账号到该任务，教师端确认这些信息后，单击“确定”，添加竞赛任务即可开始竞赛。当前项目名称为“企业经营”项目的状态为“正在运行”，如图 5－44 所示。一个教师账号同一时间只能进行一个竞赛任务，已经结束的比赛可选中任务后点击“完成”，代表结束该竞赛任务。对于不想要的比赛任务，可以选中后点击“删除”，删掉该条记录。

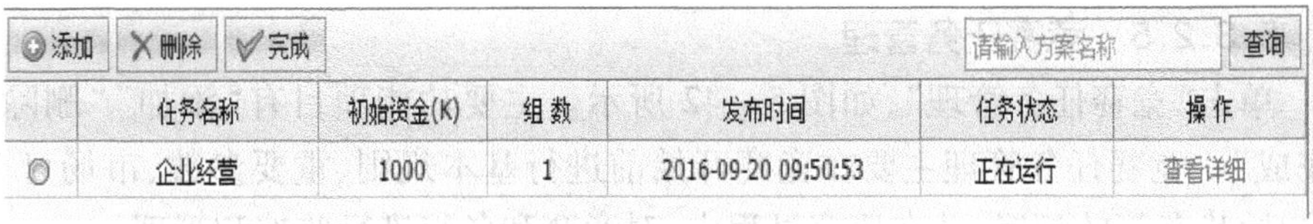

	任务名称	初始资金(K)	组 数	发布时间	任务状态	操 作
○	企业经营	1000	1	2016-09-20 09:50:53	正在运行	查看详细

图 5－44　项目状态

教师可以单击项目的“查看详细”进行信息查看以及相应的项目管理，如图5－45所示。

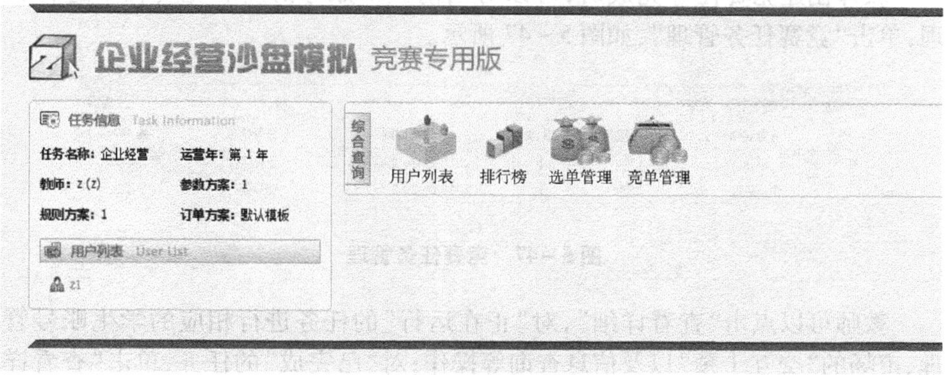

图5－45 项目详细信息

对竞赛任务的具体管理操作将在“5.3.3 竞赛任务管理”中进行介绍。

5.3.2.6 短信息

教师可以使用短信息功能和各组学生进行交流，教师端可以选择给所有学生或单个学生发送消息。如果在运营的过程中有学生进行破产、融资的申请，系统还会自动在“短信息”中提醒教师，如图5－46所示。

图5－46 短信息

5.3.3 竞赛任务管理

教师创建竞赛任务完成后，可以对当前教师账号的所有竞赛任务进行管理，单击“竞赛任务管理”，如图 5－47 所示。

添加 删除 完成 请输入方案名称 查询

	任务名称	初始资金(K)	组数	发布时间	任务状态	操作
◉	企业	1000	1	2016-09-20 10:10:06	正在运行	查看详细
○	企业经营	1000	1	2016-09-20 09:50:53	已完成	查看详细

图 5－47 竞赛任务管理

教师可以点击“查看详细”，对“正在运行”的任务进行相应的学生账号管理、市场的“交互干预”以及信息查询等操作；对“已完成”的任务，单击“查看详细”进行历史数据的查询。在任务详细页面中显示的信息主要包括任务信息、综合查询、用户列表，如图 5－48 所示。

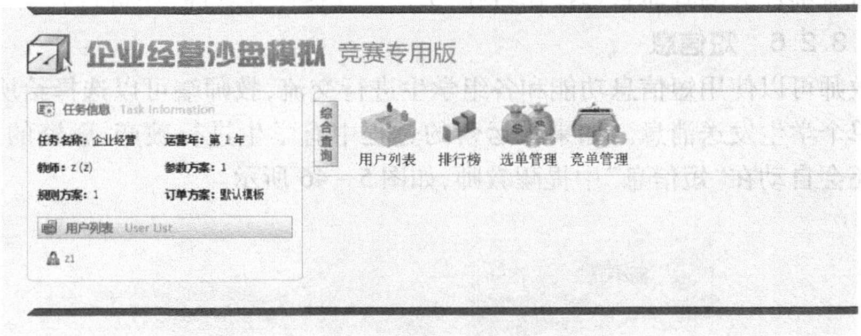

图 5－48 竞赛任务详细

5.3.3.1 任务信息

如图 5－49 所示的是任务信息中的教师信息、运营年以及教师创建任务时所设置的任务名称、规则方案、参数方案和订单方案。

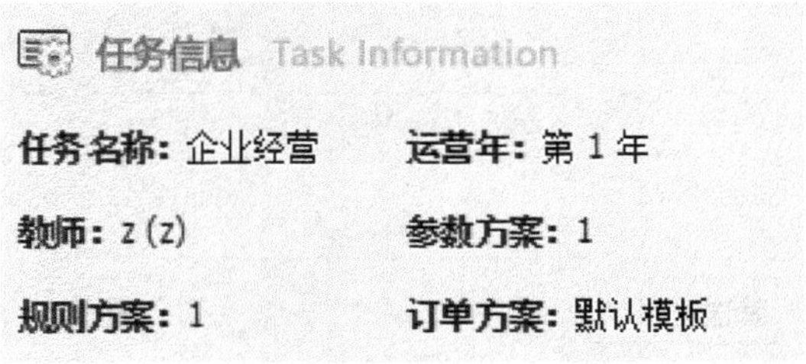

图 5－49 任务信息

5.3.3.2 综合查询

综合查询主要包括用户列表、排行榜、选单管理和竞单管理。

(1)用户列表

在“用户列表”中可查看当前正在运营的所有公司的信息，包括用户名、用户密码、现金、运营时间以及状态，如图 5 - 50 所示。

用户列表

用户名	用户密码	现金	运营时间	状态
u01	123	734K	第2年1季	正在经营
u02	123	3K	第2年1季	正在经营
u03	123	440K	第1年4季	正在经营
u04	123	1200K	第1年1季	正在经营
u05	123	1100K	第1年1季	正在经营

图 5 - 50 用户列表信息

(2)排行榜

在“排行榜”中可查看所有小组的运营年、综合发展潜力、所有者权益以及总得分，并按分数高低进行排序，如图 5 - 51 所示。

排行榜

排名	用户名	运营年	综合发展潜力	所有者权益	总得分
1	u01	第2年	42	889	1 262.3799999..
2	u05	第1年	5	1 200	1 260
3	u03	第2年	23	950	1 168.5
4	u02	第2年	32	783	1 033.56
5	u04	第1年	0	0	0

图 5 - 51 排行榜信息

(3)选单管理

在“选单管理”中，教师可选择订货会模式，分为“自动”和“手动”两种：自动模式下，在所有组投放广告结束后，订货会自动开始；手动模式下，需要教师手动点击开始订货会，如图 5 - 52 所示。

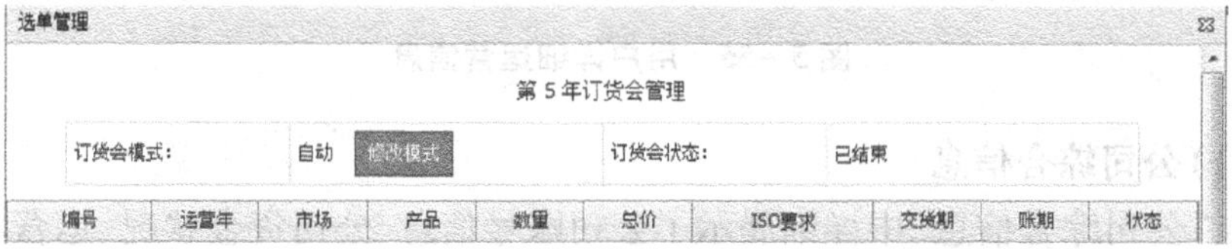

图 5 - 52 选单管理

(4)竞单管理

在“竞单管理”中,教师可选择竞拍会模式,分为“自动”和“手动”两种:自动模式下,在第三、第六年所有组参加订货会后,竞拍会自动开始;手动模式下,需要教师手动点击开始竞拍会,如图 5－53 所示。

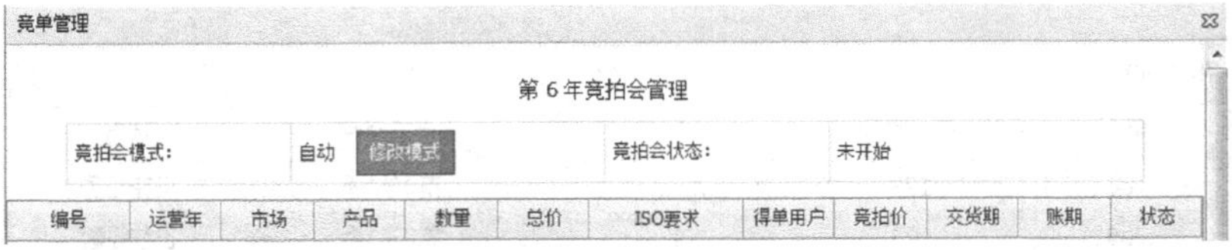

图 5－53　竞单管理

5.3.3.3　用户列表

在页面的左下角,在“用户列表”中显示当前正在运营的所有公司名称,如图 5－54 所示。

图 5－54　用户列表

在“用户列表”中单击某一组,右侧将显示该组当前的详细运营信息,主要包括公司综合信息、现金明细、综合费用表、利润表、资产负债表、库存信息、银行贷款、厂房与生产线、订单信息,并可点击“导出 EXCEL”对数据进行导出,如图 5－55 所示。

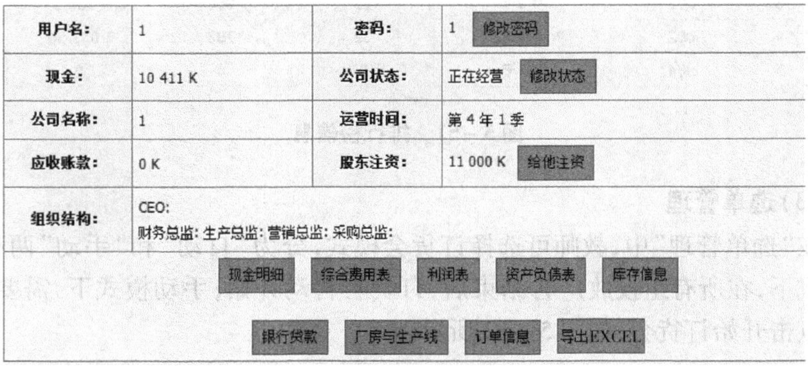

图 5－55　用户详细运营信息

(1)公司综合信息

在“公司综合信息”中详细展示了公司账号信息、公司资金状况、运营状态、人员组织结构,如图 5－56 所示。

用户名:	z1	密码:	111 修改密码
现金:	1 000 K	公司状态:	正在经营 修改状态
公司名称:	z1	运营时间:	第 1 年 1 季
应收账款:	0 K	股东注资:	0 K 给他注资
组织结构:	CEO: 财务总监: 生产总监: 营销总监: 采购总监:		

图 5－56　公司综合信息

(2)现金明细

在“现金明细”中会列出公司运营过程所有的现金变动的操作情况,按时间顺序进行排列,如图 5－57 所示。

现金明细

备注	收入/支出(K)	公司资产(K)	运营时间	系统时间
投放广告	-200	1 0411	第 4 年 1 季	2016-09-22 21:39:36
行政管理费	-10	1 0611	第 3 年 4 季	2016-09-22 21:38:49
市场开拓	-20	1 0621	第 3 年 4 季	2016-09-22 21:38:45

图 5－57　现金明细

(3)综合费用表

在“综合费用表”中会列出公司从开始运营年至当前运营年每年的综合费用情况,数据实时更新,如图 5－58 所示。

综合费用表

第 1 年

综合费用表	
项目	金额
管理费	40 K
广告费	0 K
设备维护费	0 K
损失	0 K
转产费	0 K
厂房租金	0 K
新市场开拓	0 K
ISO资格认证	0 K
产品研发	182 K
信息费	0 K
合计	222 K

第 2 年

综合费用表

图 5－58　综合费用表

(4)利润表

在“利润表”中会列出公司从开始运营年至当前运营年每年的利润情况，数据实时更新，如图 5－59 所示。

利润表

第 1 年

利润表	
项 目	金 额
销售收入	0 K
- 直接成本	0 K
毛利	0 K
- 综合费用	222 K
折旧前利润	-222 K
- 折旧	0 K
支付利息前利润	-222 K
- 财务费用	0 K
税前利润	-222 K
- 所得税	0 K
年度净利润	-222 K

第 2 年

利润表

图 5－59　利润表

(5)资产负债表

在“资产负债表”中会列出公司从开始运营年至当前运营年每年的资产与负债情况，数据实时更新，如图 5－60 所示。

资产负债表

第 1 年

资产负债表			
项 目	金 额	项 目	金 额
现金	10 779 K	长期负债	0 K
应收款	0 K	短期负债	0 K
在制品	0 K	—	
产成品	0 K	—	
原材料	0 K	—	
流动资产合计	10 779 K	负债合计	0 K
厂房	0 K	股东资本	11 001 K
生产线	0 K	利润留存	0 K
在建工程	0 K	年度净利	-222 K
固定资产合计	0 K	所有者权益合计	10 779 K
资产总计	10 779 K	负债和所有者权益总计	10 779 K

第 2 年

资产负债表

图 5－60　资产负债表

(6)库存信息

在“库存信息”中会列出公司当前原材料以及产成品的库存情况，数据实时更新，如图 5－61 所示。

库存信息

原材料	现有库存
R1	1
R2	1
R3	0
R4	0

产成品	现有库存

图 5－61　库存信息

(7)银行贷款

在“银行贷款”中会列出公司当前所有长期贷款以及短期贷款的情况，数据实时更新，如图 5－62 所示。

银行贷款

贷款类型	贷款金额	贷款年限	贷款时间	还款时间
短期贷款	200K	1年	第4年2季	第5年2季
长期贷款	1 000K	4年	第5年1季	第9年1季

图 5－62　银行贷款信息

(8)厂房与生产线

在“厂房与生产线”中会列出公司当前所有厂房以及生产线的安装及购置情况，数据实时更新，如图 5－63 所示。

厂房与生产线

编号	名称	状态	容量	购价	租金	售价	置办时间
1	大厂房	购买	1/4	440K	44K/年	440K	第5年1季
2	中厂房	租用	2/3	300K	30K/年	300K	第5年1季

编号	名称	所属厂房	产品	累计折旧	状态	剩余时间	新建时间	建成时间
1	手工线	[1] 大厂房	P1	0K	空闲	-	第5年1季	第5年1季
2	自动线	[1] 大厂房	P1	0K	安装中	2季	第5年1季	-
3	自动线	[1] 大厂房	P1	0K	安装中	2季	第5年1季	-
4	自动线	[2] 中厂房	P1	0K	安装中	2季	第5年1季	-

图 5－63　厂房与生产线信息

(9)订单信息

在“订单信息”中会列出公司从开始运营年至当前运营年每年的订单信息

以及交单情况，数据实时更新。

(10)其他操作

第一项，修改密码。教师端可对任一小组进行修改密码、更改运营状态以及注资的操作。教师可直接对学生账号密码进行修改，输入新密码，然后确定，如图5 –64 所示。

第二项，修改状态。企业状态分为“正在经营”和“破产”两种，教师可根据实际情况进行修改，如图 5 –65 所示。

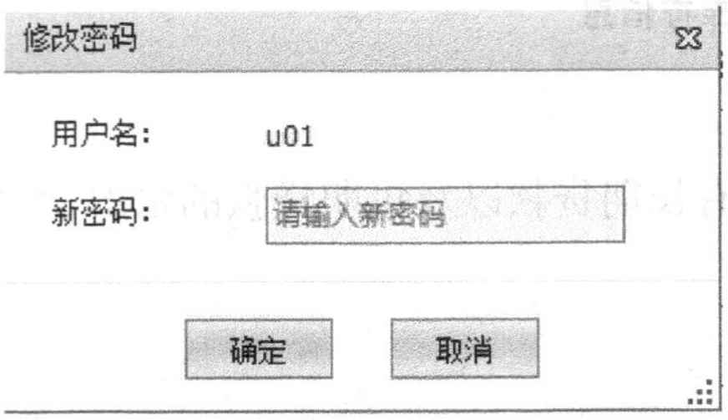

图 5 –64　修改学生账号密码

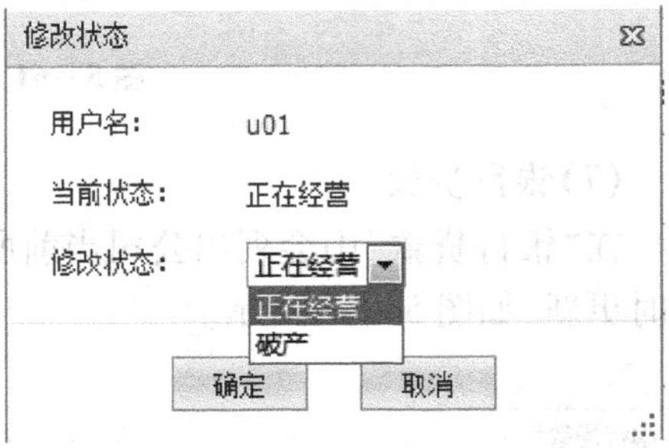

图 5 –65　修改学生运营状态

第三项，注资。教师在经营过程中可对小组进行注资，注资金额必须为正整数，且不大于99 999，如图 5 –66 所示。

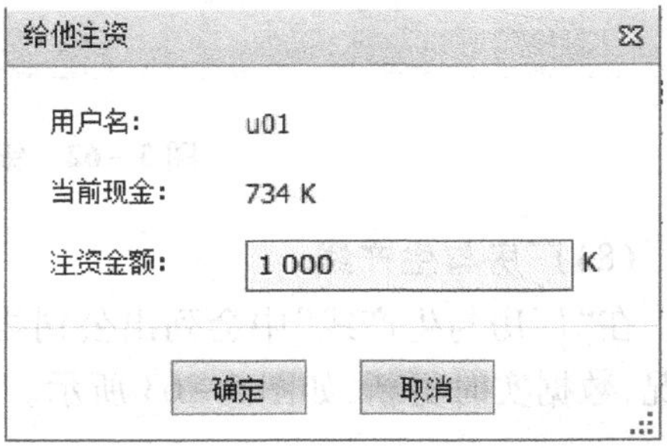

图 5 –66　注资

5.4　学生端操作

5.4.1　学生界面介绍

5.4.1.1　学生端左侧信息栏

学生端左侧信息栏中包括用户信息、财务信息、研发认证信息、采购库存信息，如图 5－67 所示。

用户信息：主要包括学生用户名、运营时间、运营状态和公司潜力值。

财务信息：主要包括公司的当前现金、应收账款、长贷总额、短贷总额、股东注资。经费会根据运营的变化而变化。

研发认证信息：主要包括公司当前的市场准入资格、生产资格、ISO 认证资格，以及它们开发和认证的详细进度。研发认证会根据运营的变化而变化。

采购库存信息：主要包括各类产品已生产的数量和在途、已到库的原材料数量，采购库存信息会根据运营的变化而变化。

注：研发认证和采购库存信息的右上角有下拉箭头，点下拉箭头可查看详细信息。

5.4.1.2 企业经营的操作流程

企业经营的操作流程需按其规定的顺序完成，将在“5.4.2 学生端操作流程”中作详细介绍。

5.4.1.3 应急

应急为学生应对公司突发情况的操作区，应急操作在经营的任意时间皆可进行，将在“5.4.2 学生端操作流程”中作详细介绍。

5.4.1.4 其他功能

企业经营模拟系统还提供了规则说明、修改信息、修改密码的功能，将在“5.4.2 学生端操作流程”中作详细介绍，如图 5－68 所示。

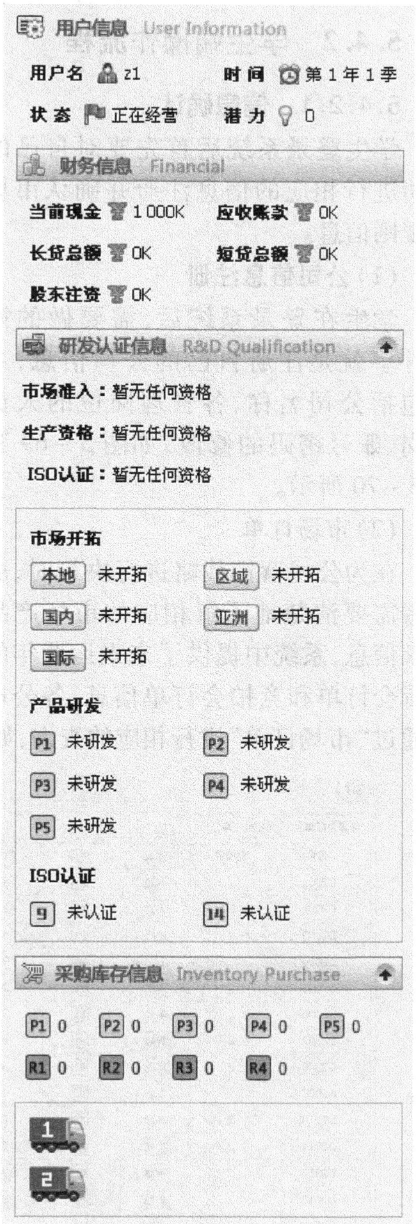

图 5－67　信息展示界面

图 5－68　其他功能

5.4.2 学生端操作流程

5.4.2.1 信息确认

学生登录系统后首先要对自己的公司进行相应的信息注册并确认市场及规则信息。

(1)公司信息注册

学生在登录系统后,需要做的第一件事就是注册自己的公司信息,主要包括公司名称、各管理岗位的人员定岗、账号密码的修改,如图 5-69 和图 5-70 所示。

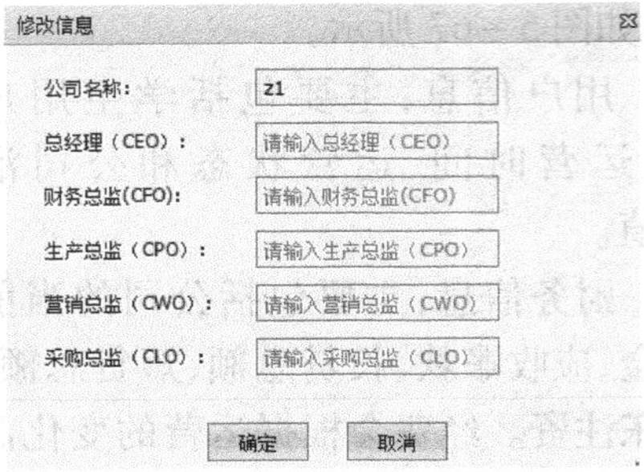

图 5-69 公司信息

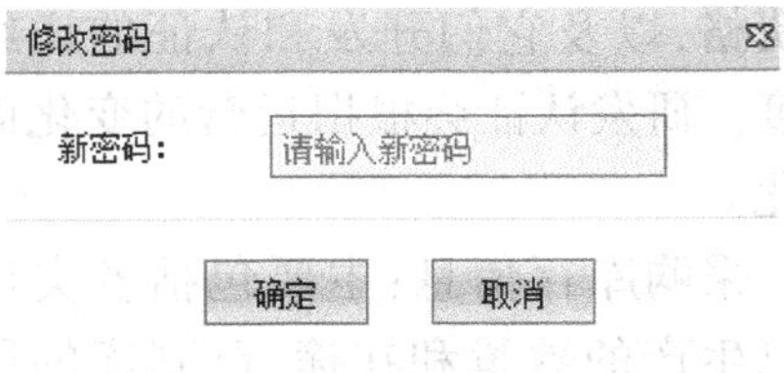

图 5-70 修改密码

(2)市场订单

在为公司营销战略进行决策时,决策者需要清楚地了解相应的市场产品需求信息,系统中提供了未来运营年的订货会订单和竞拍会订单信息,各公司可通过“市场订单”进行相应的查询,如图 5-71 所示。

市场订单

订货会订单　竞拍会订单

编号	运营年	市场	产品	数量	总价	ISO要求	交货期	账期
D2001	2	本地	P1	4	248K	-	2季	2季
D2002	2	本地	P1	1	65K	-	2季	2季
D2003	2	本地	P1	4	248K	-	3季	2季
D2004	2	本地	P1	3	195K	-	3季	2季
D2005	2	本地	P1	2	126K	-	2季	3季
D2006	2	本地	P1	3	189K	-	4季	2季
D2007	2	本地	P1	3	195K	-	3季	2季
D2008	2	本地	P1	3	186K	-	4季	现金
D2009	2	本地	P1	4	252K	-	3季	3季
D2010	2	本地	P1	2	128K	-	3季	1季
D2011	2	本地	P1	3	183K	-	2季	2季
D2012	2	本地	P1	2	120K	-	2季	3季
D2013	2	本地	P1	3	180K	-	4季	4季
D2014	2	本地	P1	4	252K	-	3季	1季
D2015	2	区域	P1	4	252K	-	3季	2季
D2016	2	区域	P1	4	248K	-	2季	1季
D2017	2	区域	P1	2	130K	-	3季	2季
D2018	2	区域	P1	2	124K	-	3季	2季
D2019	2	区域	P1	2	124K	-	3季	2季
D2020	2	区域	P1	3	186K	-	4季	2季

20　1 / 38　每页 20 条,共 747 条

图 5-71 市场需求信息

(3)规则说明

各组在操作的过程中,在对规则不熟悉的情况下,可以进行规则查看,点击“规则说明”,如图 5-72 所示。

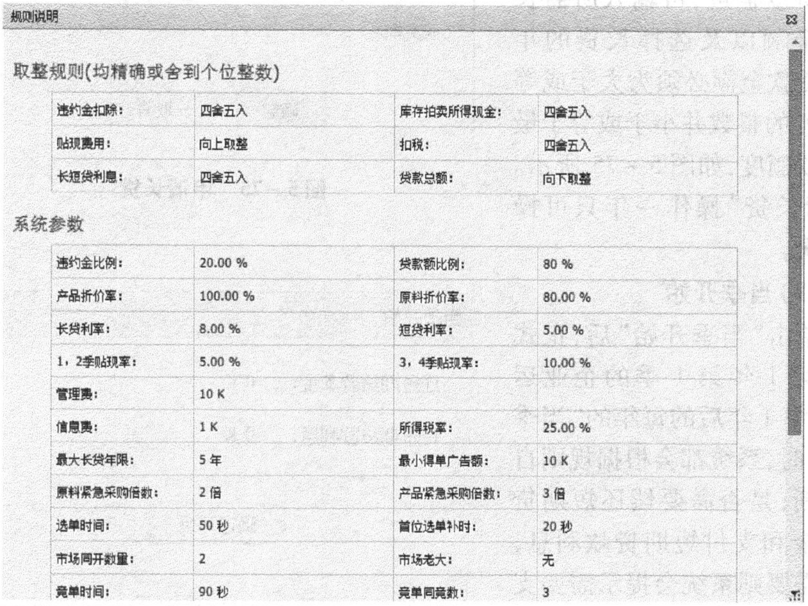
规则说明

取整规则(均精确或舍到个位整数)

违约金扣除:	四舍五入	库存拍卖所得现金:	四舍五入
贴现费用:	向上取整	扣税:	四舍五入
长短贷利息:	四舍五入	贷款总额:	向下取整

系统参数

违约金比例:	20.00 %	贷款额比例:	80 %
产品折价率:	100.00 %	原料折价率:	80.00 %
长贷利率:	8.00 %	短贷利率:	5.00 %
1,2季贴现率:	5.00 %	3,4季贴现率:	10.00 %
管理费:	10 K		
信息费:	1 K	所得税率:	25.00 %
最大长贷年限:	5 年	最小得单广告额:	10 K
原料紧急采购倍数:	2 倍	产品紧急采购倍数:	3 倍
选单时间:	50 秒	首位选单补时:	20 秒
市场同开数量:	2	市场老大:	无
竞单时间:	90 秒	竞单同竞数:	3

图 5-72 规则说明

5.4.2.2 操作流程

(1)当年开始

单击“当年开始”,如图 5-73 所示,将开始整年的操作,新的操作流程将开启,如图 5-74 所示。

图 5-73 当年开始

图 5-74 当年开始后的操作流程界面

(2) **申请长贷**

如需申请长期贷款，单击“申请长贷”，跳出弹窗，显示最大贷款额度，可输入所需长贷的金额以及选择长贷的年限。贷款金额必须为大于或等于10K的整数并小于或等于最大贷款额度，如图5－75所示。“申请长贷”操作一年只可操作一次。

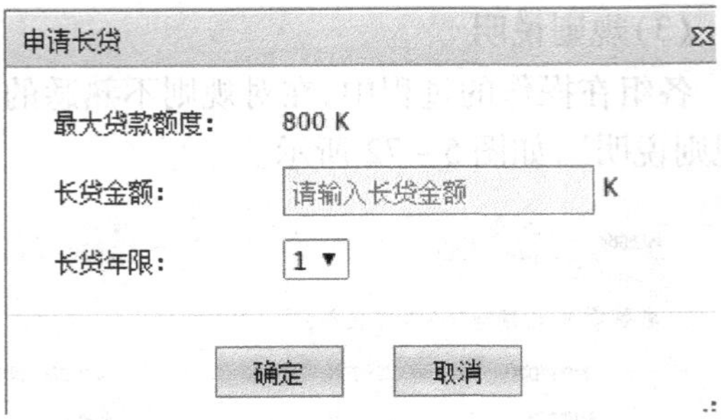

图5－75　申请长贷

(3) **当季开始**

单击“当季开始”后，正式进入第1年第1季的企业运营，在第1年后的每年的“当季开始”时，系统都会根据规则自动判断，是否需要偿还短期贷款本金和支付短期贷款利息，如果需要则系统会提示需要支付的短贷本金和短贷利息，如图5－76所示。“当季开始”后之前的操作权限将关闭，可以开启新的操作流程，如图5－77所示。

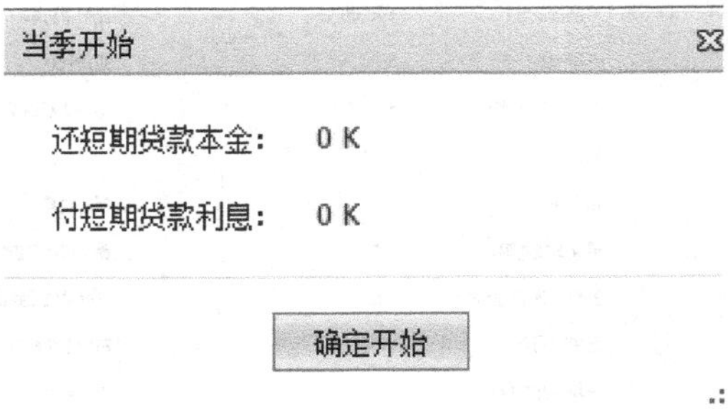

图5－76　还短期贷款本金和付短期贷款利息

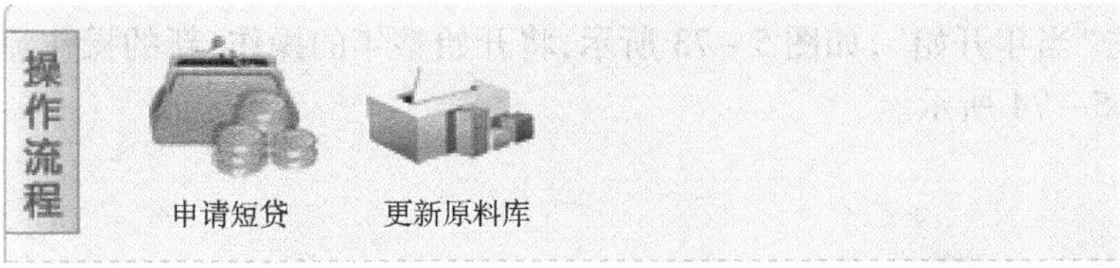

图5－77　当季开始后的操作流程界面

(4) **申请短贷**

如需申请短期贷款，单击“申请短贷”，跳出弹窗，显示最大贷款额度，可输入所需短贷的金额，贷款金额必须为大于或等于10K的整数并小于或等于最大贷款额度，如图5－78所示。每一季度只能申请一次短期贷款。需要注意的是，如果某一季度有短期贷款需要归还，且同时还拥有贷款额度时，必须先归还到期的短期贷款，才能申请新的短期贷款。

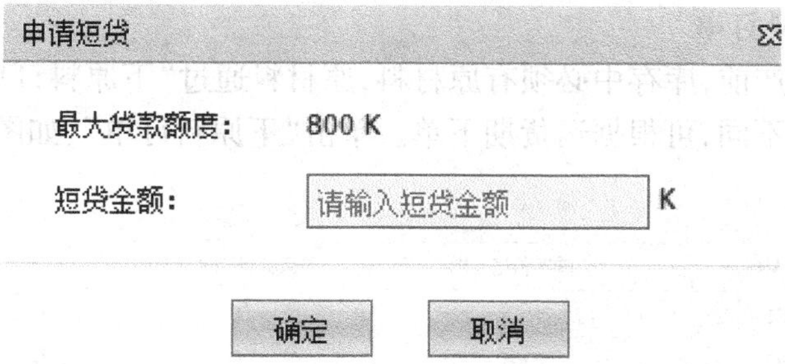

图 5－78 申请短贷

(5)更新原料库

点击“更新原料库”，系统会根据原材料的配送情况判断是否需要支付原料费，并显示需支付的金额。原材料金额需要一次性全额支付，现金不足将无法进入下一步，如图 5－79 所示。

图 5－79 更新原料库

点击“确定支付”后，系统会提示更新原料库成功，如图 5－80 所示。同时，可在采购库存信息中查看库存数据。点击“确定”后，之前的操作权限将关闭，可以开启新的操作流程，如图 5－81 所示。

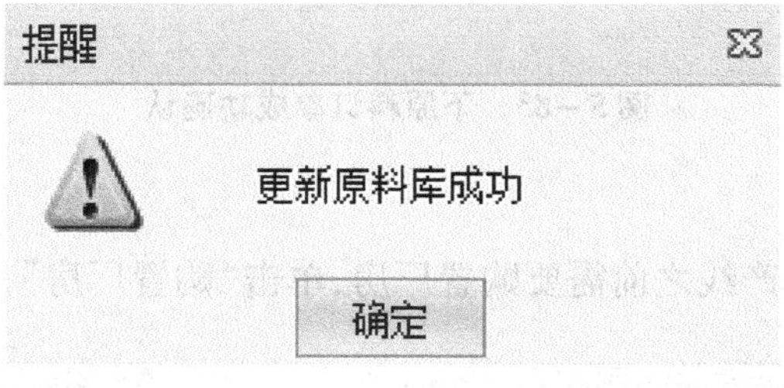

图 5－80 提示更新原料库成功

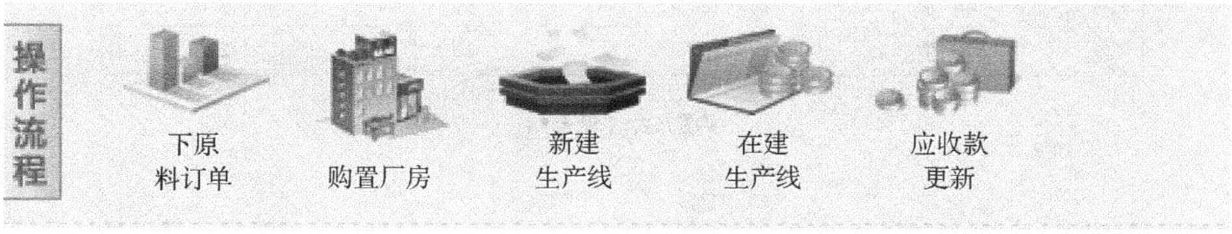

图 5－81 更新原料库后的操作流程界面

(6)下原料订单

公司在生产前,库存中必须有原材料,原材料通过“下原料订单”获得,每种原料的运货期不同,可根据运货期下单。单击“下原料订单”,如图 5－82 所示。

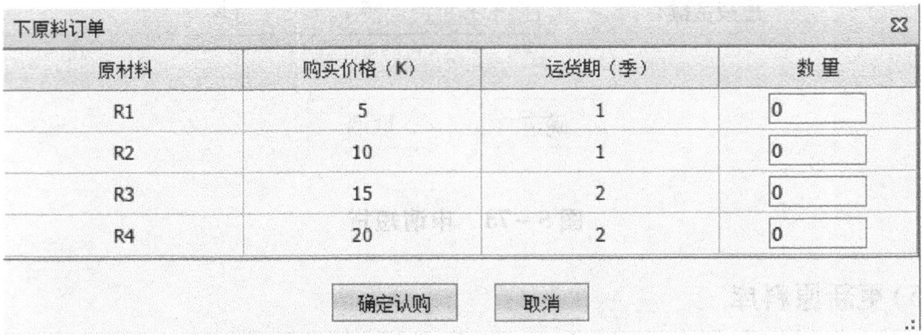

图 5－82　下原料订单

在所需原材料的后面输入数量,需为正整数,单击“确定认购”,则会提示下原料订单成功,如图 5－83 所示。“下原料”订单操作一季度只允许一次,下原材料订单时不扣除现金。

图 5－83　下原料订单成功确认

(7)购置厂房

公司在新建生产线之前需要购置厂房,单击“购置厂房”,如图 5－84 所示。

图 5－84　购置厂房

选定厂房大小以及购置方式，其中购置方式分为购买和租用，单击“确定”，则系统会提示购买成功，并且在厂房位置会显示相应的厂房以及厂房的容量和购置方式，如图 5-85 所示；一次操作只能购置一个厂房，“购置厂房”允许操作多次，但厂房总数量不能超过 4 个。如果决定购买厂房，需要立即一次性全额支付，如果决定租用厂房，租金立即支付。资金不足时会提示“公司资金不够支付”，无法购买或租用。租用的厂房如果到期没有选择“租转买”或“退租”，系统自动做续租处理，租金在“当季结束”时和“行政管理费”一并扣除。

图 5-85　购置厂房成功确认

(8)新建生产线

进行产品生产前必须新建生产线，如果购买或租用了多个厂房，则需在新建生产线时选择将生产线建在哪个厂房中，同时选择生产线的类型以及生产产品的类型，如图 5-86 所示；一次操作只能新建一条生产线，“新建生产线”允许操作多次，直到厂房没有容量为止。生产线一旦购置便不允许在厂房之间搬动；生产产品的类型一经确定便不能更换，如需更换，须在生产线建成后，进行转产处理。

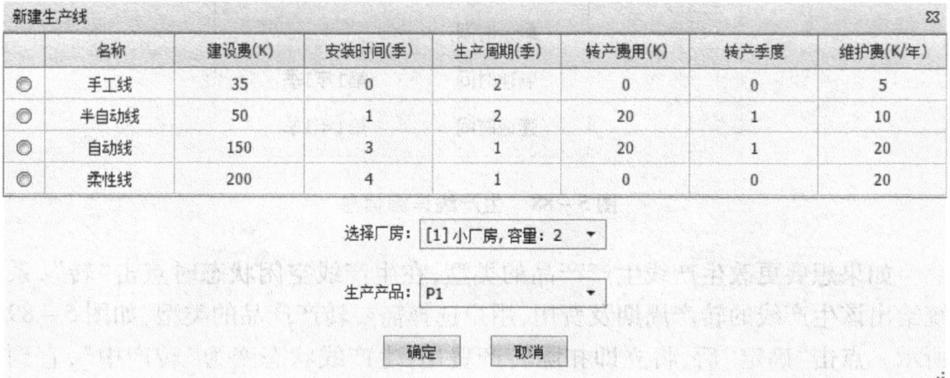

	名称	建设费(K)	安装时间(季)	生产周期(季)	转产费用(K)	转产季度	维护费(K/年)
◎	手工线	35	0	2	0	0	5
◎	半自动线	50	1	2	20	1	10
◎	自动线	150	3	1	20	1	20
◎	柔性线	200	4	1	0	0	20

图 5-86　新建生产线

单击“确定”后系统会提示新建生产线成功，手工线当季购买当季即可使用，半自动线、自动线和柔性线待最后一期投资到位后，必须到下一季度开始才能安装完成，才允许投入使用。新建生产线一经确认，即刻进入第一期在建，当季便自动扣除现金，并且在生产线位置显示相应的生产线以及生产线的状态，如图 5－87 所示。现金不足时会提示“公司资金不够支付”，无法新建生产线。未安装成功的生产线显示“安装中”，并给出安装进度，已经完成的生产线显示“空闲”，空闲的生产线可进行转产、出售、生产的操作。用户可将鼠标悬浮在某条生产线上，将有窗口给出该条生产线的详细信息，如图 5－88 所示。

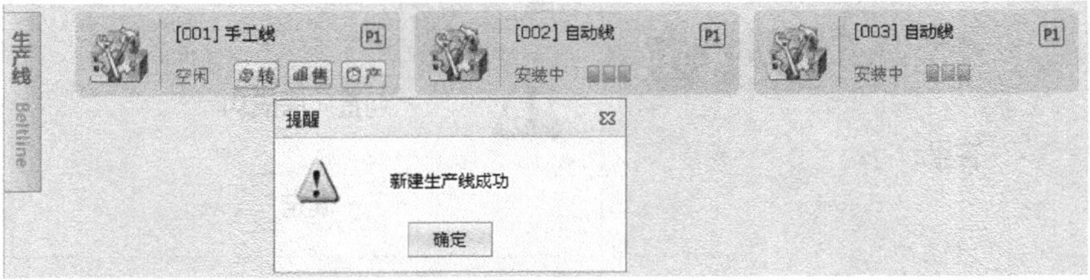

图 5－87　生产线信息

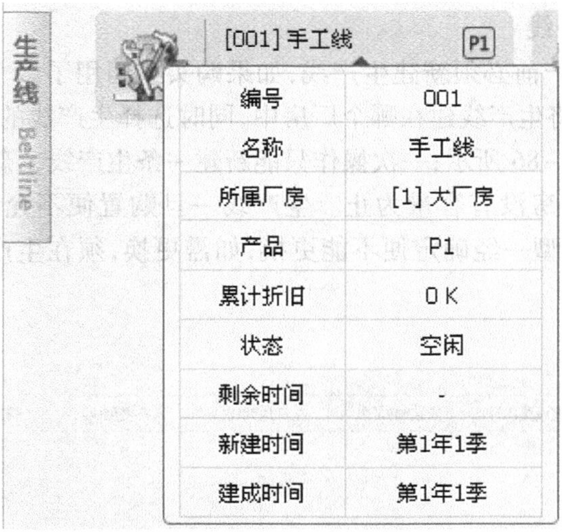

图 5－88　生产线详细信息

如果想要更改生产线生产产品的类型，在生产线空闲状态时点击“转”，系统给出该生产线的转产周期及费用，用户选择需要转产产品的类型，如图 5－89 所示。点击“确定”后，将立即扣除转产费用，生产线状态变为“转产中”，直到转产周期结束；当用户不想要某条生产线时可选择出售，在生产线空闲状态时点击“售”，并“确定”，如图 5－90 所示。生产线出售将立即获得等同于其残值的现金。无论生产线净值多少，出售生产线时都按生产线残值出售，净值与残值之差计入损失；在用户获得相应原材料和生产资格的前提下，可进行产品生产，在生产线空闲状态时点击“产”，如图5－91所示。“确定”之后生产线状态变为“生产中”，并给出生产进度，如图5－92所示。到下一季时按“当季开始”后，生产进度加一格，如果进度已满，代表生产完成，该类型产品的库存将自动加1，可在采购库存信息中查看生产完成的产品，生产线立即恢复到“空闲”状态。所有生产线的转产、出售、生产操作只能在每一季度的本阶段进行，即转产及生产操作只能在点击“更新原料库”后，点击“应收款更新”之前操作；出售操作需要生产线处于空闲状态。

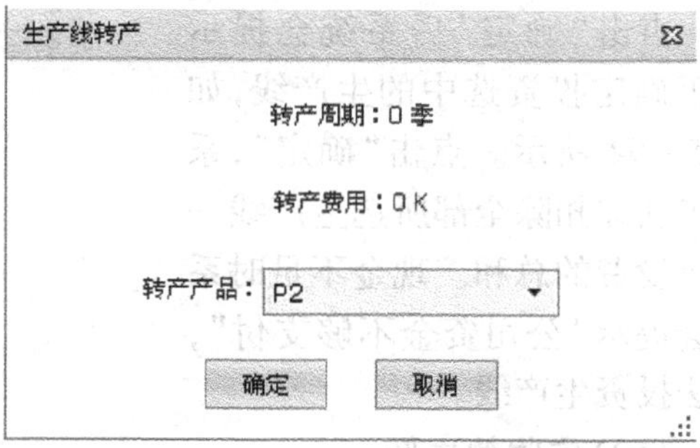

图5－89　生产线转产

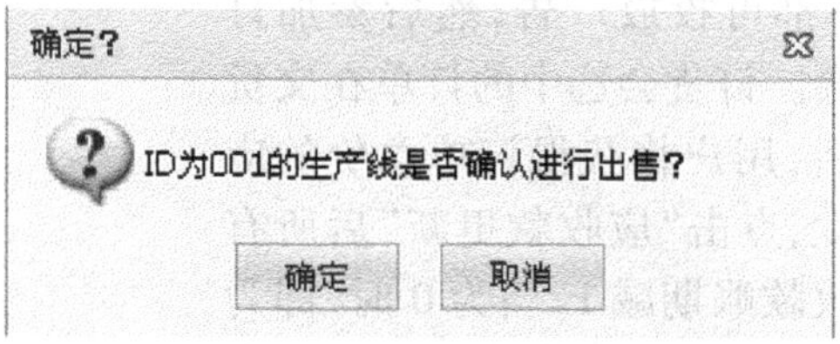

图5－90　生产线出售

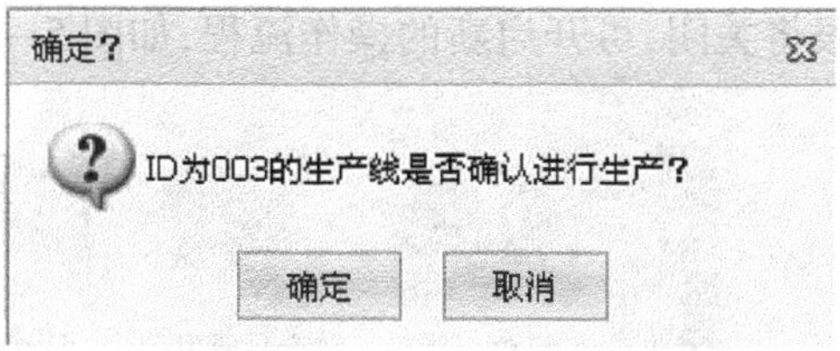

图5－91　生产线生产

图5－92　生产线生产中

(9)在建生产线

公司从第1年第2季开始，如果有新建生产线且安装周期大于1季的，则需要对在建生产线进行再投资，点击“在建生产线”，单击复选框，选中所需要的在建生产线，如图5－93所示。“在建生产线”一季度只可操作一次。

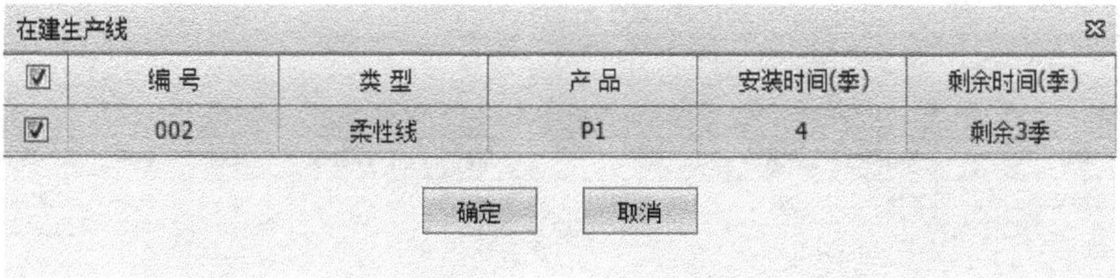

图5－93 在建生产线

点击“确定”后系统会提示是否确定投资选中的生产线，如图 5－94 所示。点击“确定”，系统将立即扣除全部所选生产线一季建设费的总和。现金不足时系统会提示“公司资金不够支付”，无法投资生产线。

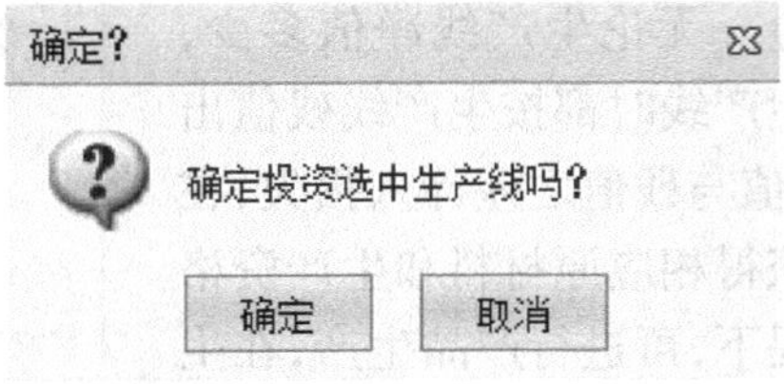

图 5－94　在建生产线确认

(10) 应收款更新

从第 2 年开始，每一年的第 1 季都可投放广告，然后参加订货会。订货会选中的订单在交货之后，用户将获得订单总价的应收款，点击“应收款更新”后所有应收款账期减 1，当为 0 时，即为收现金额，如图 5－95 所示。点击“确定收款”，收现金额将自动加入用户现金。“应收款更新”后，之前的操作权限将关闭，可开启新的操作流程，如图 5－96 所示。

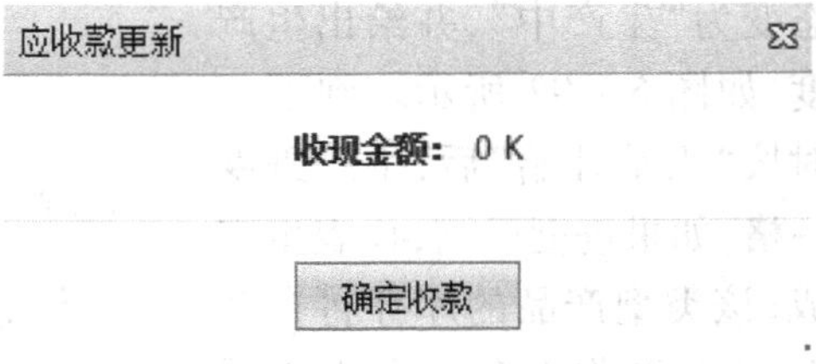

图 5－95　应收款更新

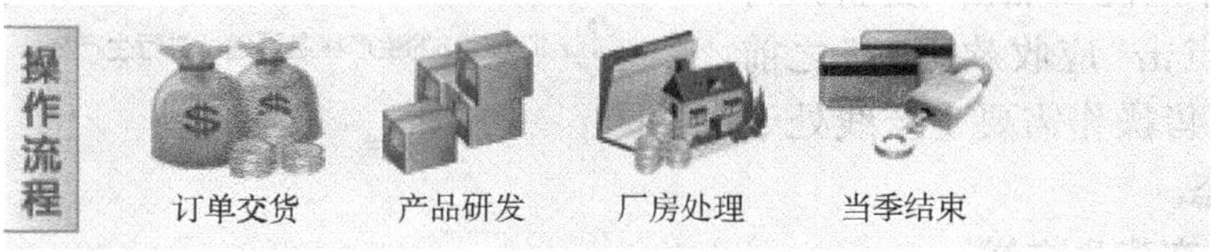

图 5－96　应收款更新后的操作流程界面

(11) 订单交货

从第 2 年第 1 季起，每年参加订货会选中订单，当产品库存满足订单的数量时就可以点击确认交货，用户将立即获得订单总价的应收款，账期为现金的，交货后金额自动加入用户现金。可以提前进行交货，但如果超过交货期，则会显示已违约，违约会根据相关规则处罚，当年结束会扣除违约金，如图 5－97 所示。

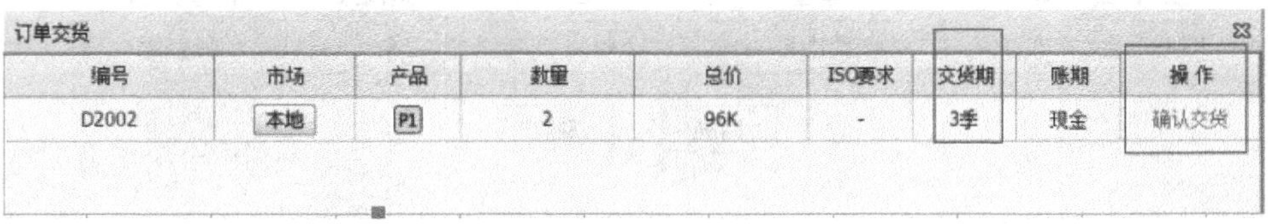
订单交货

编号	市场	产品	数量	总价	ISO要求	交货期	账期	操作
D2002	本地	P1	2	96K	-	3季	现金	确认交货

图 5－97 订单交货

(12)产品研发

在进行产品生产前,必须对产品进行研发以便获得生产资格,不同的产品的投资费用、投资时间不同。如果产品未研发完成则不能进行生产,单击“产品研发”,如图 5－98 所示。产品研发可以中断或终止,但不允许超前或集中投入。已投资的研发费用不能回收,但永久有效,即产品研发完成前每年都需要进行操作才能继续研发。

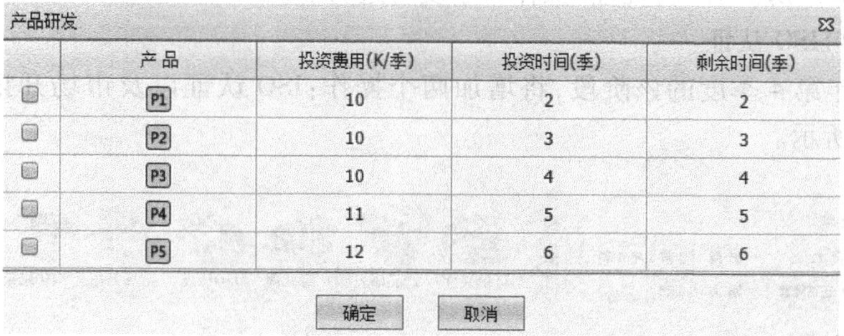

图 5－98 产品研发

在复选框中选择需要研发的产品后,单击“确定”,系统会提示是否确定投资选中的产品,如图 5－99 所示。

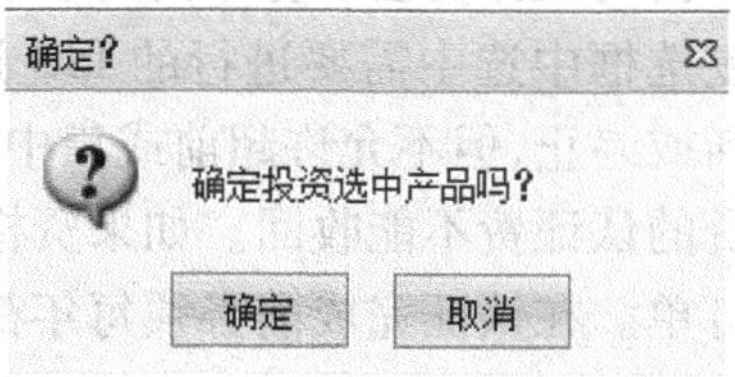

图 5－99 产品研发确认

点击“确定”则确认对选中产品的研发,确定后系统将立即扣除所有产品 1 季研发费用的总和,点击“取消”则重新选择需要研发的产品。现金不足时系统会提示“公司资金不够支付”,无法研发产品。“产品研发”一季度只可操作一次。

(13)厂房处理

公司可以根据情况需要对已购置的厂房进行处理,选中需要处理的厂房,根据购买方式选择合适的处理方式。点击“厂房处理”,如图 5－100 所示。

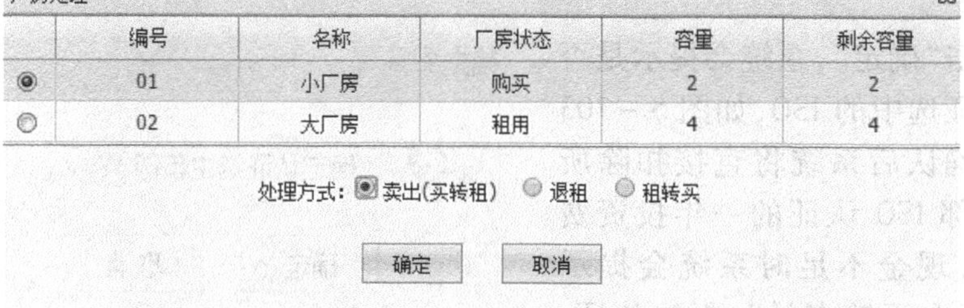

图 5－100 厂房处理

购买的厂房只可选择“卖出(买转租)”。当厂房内无生产线时将立即获得相当于厂房买价的4个账期的应收款,厂房将消失;如厂房中有生产线,视同厂房转租,在获得4个账期应收款的同时要扣除厂房租金,厂房状态变为“租用”;租用的厂房在无生产线的情况下可选择“退租”,退租确定后厂房将消失,厂房有生产线时会出现提示,无法退租;租用的厂房选择“租转买”时,将立即扣除厂房买价,厂房状态变为“购买”,现金不足时系统会提示“公司资金不够支付”,无法购买厂房。“厂房处理”操作每季度可进行多次。

(14)ISO 认证

每年第4季度的该阶段,将增加两个操作:ISO 认证以及市场开拓,如图5-101所示。

图 5-101　每年第4季度末的操作流程界面

公司在订货会和竞单的时候有些订单需要ISO的认证。点击“ISO 认证”,在复选框中选中需要进行的ISO进行认证,如图5-102所示。资格认证可以中断或终止,但不允许超前或集中投入。投资中断,已投入的资金依然有效,已投资的认证费不能收回。如果资格认证没有完成,不允许选择有资格认证要求的订单。在认证完成前必须每年都进行操作才能继续投资。

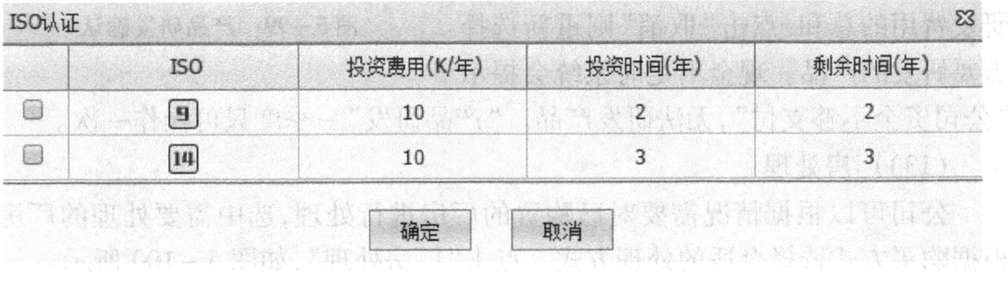

图 5-102　ISO 认证

点击“确定”,系统会提示是否确定认证选中的ISO,如图5-103所示。确认后系统将直接扣除所选的全部ISO认证的一年投资费用总和,现金不足时系统会提示“公司资金不够支付”,无法认证。“ISO 认证”每年只可操作一次。

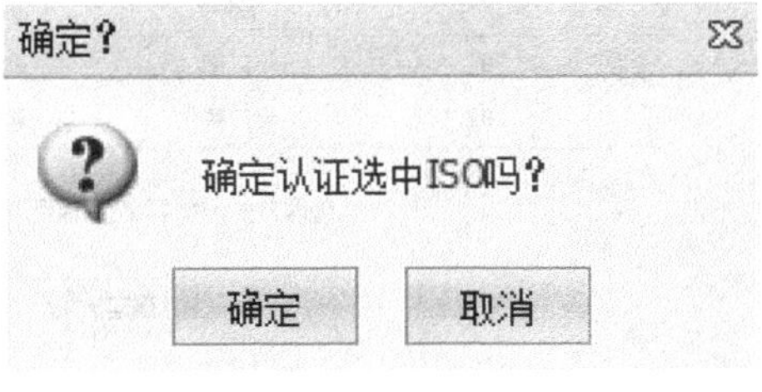

图 5-103　ISO 认证确认

(15)市场开拓

公司根据自身的需求,在每年的第 4 季都可开拓市场,不同的市场开拓所需的时间也不同,如图 5 - 104 所示。市场开拓可以中断或终止,但不允许超前或集中投入。投资中断,已投入的资金依然有效,已投资的开拓费不能收回。如果市场开拓没有完成,不允许在该市场投放广告。市场开拓完成前必须每年都进行操作才能继续开拓。

市场开拓

	市 场	投资费用(K/年)	投资时间(年)	剩余时间(年)
☐	本地	10	1	1
☐	区域	10	1	1
☐	国内	10	2	2
☐	亚洲	10	3	3
☐	国际	10	4	4

图 5 - 104 市场开拓

在复选框中选中全部所需开拓的市场,点击"确定"则系统会提示是否开拓所选中的市场,如图 5 - 105 所示。点击"确定"则确定开拓选中的市场,系统立即扣除全部所选市场认证的一年投资费用总和,现金不足时系统会提示"公司资金不够支付",无法投资。点击"取消",则放弃对选中市场的开拓,可进行重新选择。"市场开拓"每年只可操作一次,完成开拓后的市场永久有效。

(16)当季结束

确定一季的工作操作完成之后,单击"当季结束",系统将提示公司确认是否要结束当季,并且每一季都需支付行政管理费,如图 5 - 106 所示。当季结束后系统将进入下一季度的操作流程。

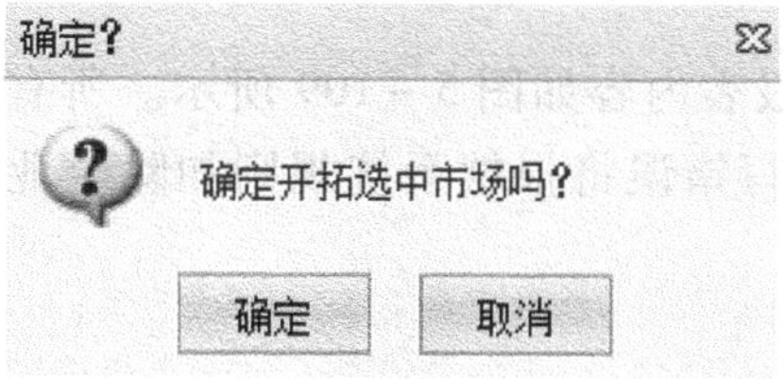

图 5 - 105 开拓市场确认

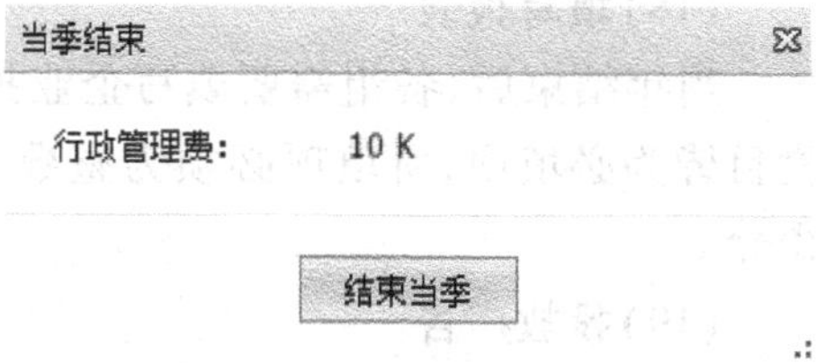

图 5 - 106 当季结束

(17)当年结束

确定一年的工作操作完成之后，单击“当年结束”，系统将提示公司确认是否要结束当年，并且给出需要归还的长期贷款本金、需要支付的长期贷款利息、订单违约金、厂房租金、生产线维修费、行政管理费及应付所得税，如图 5-107 所示。“当年结束”后，之前的操作权限将关闭，可以开启新的操作流程，如图 5-108 所示。

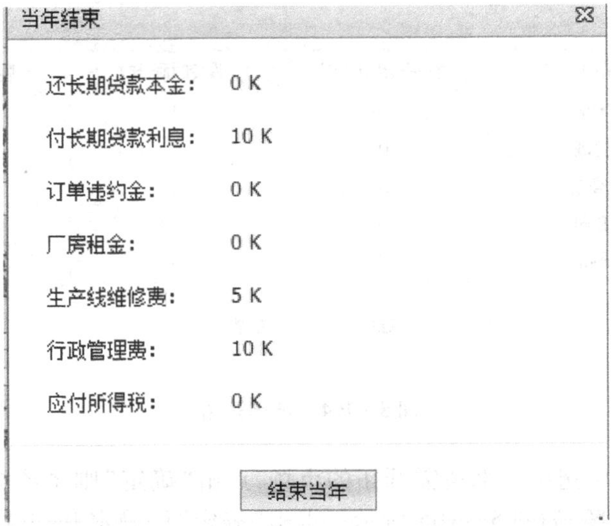

图 5-107　当年结束

图 5-108　当年结束后的操作流程界面

(18)填写报表

当年结束后，各组需要填写企业报表，报表内容如图 5-109 所示。所有栏目皆为必填项，所填项必须为整数，如填写错误将根据系统规则扣除企业得分。

(19)投放广告

从第 2 年起，每一年点击“当年开始”都将增加“投放广告”和“参加订货会”的操作流程，如图 5-110 所示。企业可通过投放广告获得订货会选单的机

图 5－109　填写报表

会，从而盈利。在一个回合中，每投放 10K 广告费理论上将获得一次选单机会，此后每增加 20K，理论上多一次选单机会，如图 5－111 所示。只有在所有用户都进入当年才能投放广告，且企业只能在已开拓的市场投放广告，产品广告投放必须为大于或等于 0 的整数，投放广告确定后将立即扣除现金。

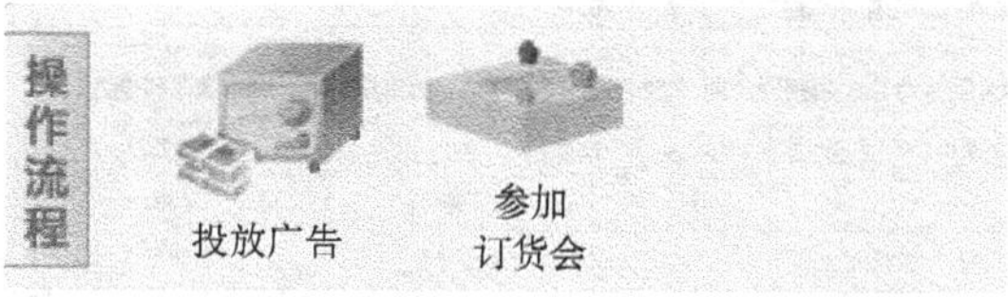

图 5－110　第 2 年起当年开始后的操作流程界面

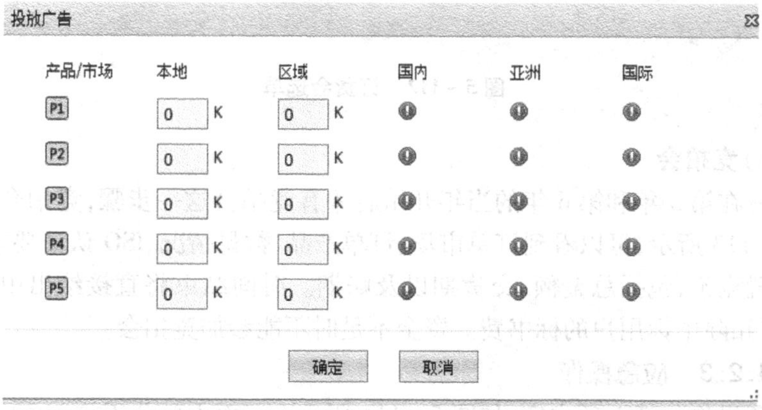

图 5－111　投放广告

(20) 参加订货会

从第 2 年起，所有用户都进入当年并投放广告才能参加订货会。订货会界面如图 5－112 所示。界面上方为市场标签，可点击进行切换；左侧为用户投放广告、上年本细分市场的销售额、违约情况以及可选单次数；右端为市场订单情况，包括订单编号、总价、数量、交货期、账期及 ISO 要求。轮到自己选单时可看到每张订单后有“选中”二字，根据公司的情况进行选单。

选单时，两个市场同时开单，各公司需要同时关注两个市场的选单进展，订货会上方也将提示市场情况，其中一个市场先结束，则第三个市场立即开单，即任何时候都会有两个市场同时开单，除非到最后只剩下一个市场选单未结束。如某年有本地、区域、国内、亚洲 4 个市场有选单，则系统将对本地、区域市场同时放单，各市场按 P1、P2、P3、P4、P5 产品顺序独立放单，若本地市场选单结束，则国内市场立即开单，此时区域、国内两个市场保持同开，紧接着区域市场结束选单，则亚洲市场立即放单，即国内、亚洲两个市场同开。选单时，各公司需要点击相应的市场按钮（如“国内”），某一市场选单结束，系统不会自动跳到其他市场。

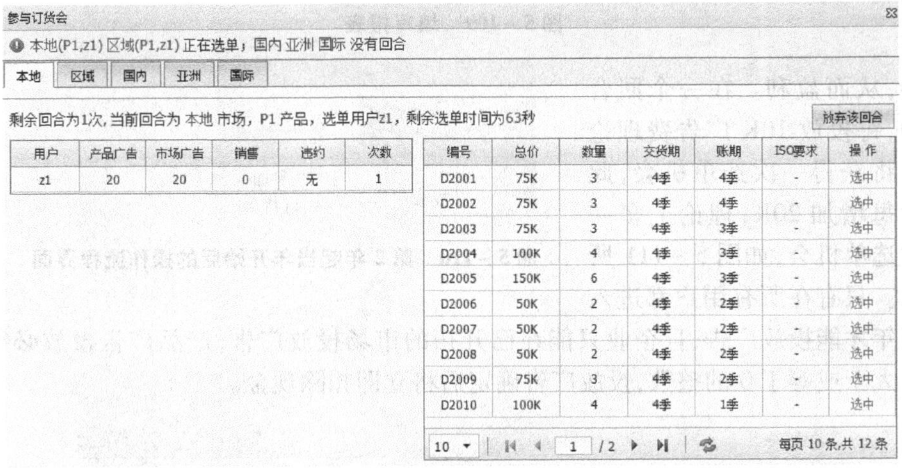

图 5－112 订货会选单

(21) 竞拍会

只有在第 3 年和第 6 年的当年开始后才有竞拍会这一步骤，竞拍会的界面如图 5－113 所示，可以看到订单市场、订单产品、数量情况、ISO 认证要求，企业需要设置竞价，包括总金额、交货期以及账期。时间结束将直接给出中标用户情况，并扣除中标用户的标书费。资金不足时不能参加竞拍会。

5.4.2.3 应急操作

应急操作包括七项内容，如图 5－114 所示。下面主要分析前六项内容。

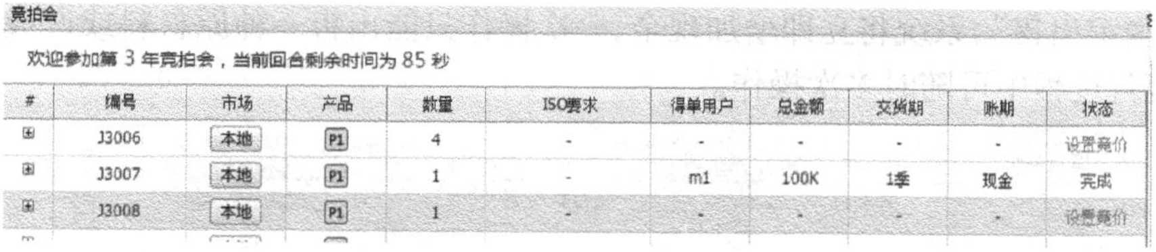

图 5－113　竞拍会界面

图 5－114　应急界面

(1)贴现

公司在运营的过程中，可能会出现现金不足的情况，这时候就需要进行应收账款“贴现”，如图 5－115 所示。可填写相应账期的贴现额，贴现额须为正整数，点击“确定贴现”后，企业将直接获得扣除贴现费后的现金，同时应收款变为减去贴现额后的数值。贴现费用采用向上取整的规则。

图 5－115　贴现

(2)紧急采购

公司在运营的过程中，可能会出现公司产品库存无法满足订单或者原材料库存不足的情况，这时候可以进行“紧急采购”，如图 5－116 所示。企业选中某一原材料或产成品，并在对应的表格下方填入订购量，订购量须为正整数，点击“确定认购”，系统将立即扣除现金，资金不足时系统会提示“公司资金不够支付”，无法购买。需要注意的是，紧急采购时原材料是原价格的 2 倍，产品是 3 倍(看参数设置)。一次操作只能订购一种原材料或产品，但运营过程中可随时多次操作。

(3)出售库存

公司在运营的过程中，可能会出现经费不足的情况，这时可以出售多余的原材料库存或者产品库存，如图 5－117 所示。企业选中某一原材料或产成品，并在对应的表格下方填入出售量，出售量须为小于或等于库存量的正整数，点击“确定出售”，系统将立即增加现金，一次操作只能出售一种原材料或产成品，但运营过程中可随时多次操作。

紧急采购

	原材料	现有库存	购买价格(K)
○	R1	0	10
○	R2	0	20
○	R3	0	30
○	R4	0	40

订购量：0 个

确定认购

	产成品	现有库存	购买价格(K)
○	P1	0	75
○	P2	0	105
○	P3	0	135
○	P4	0	180
○	P5	0	210

订购量：0 个

确定认购

图 5-116　紧急采购

出售库存

	原材料	现有库存	出售价格(K)
○	R1	0	4
○	R2	0	8
○	R3	0	12
○	R4	0	16

出售量：0 个

确定出售

	产成品	现有库存	出售价格(K)
○	P1	0	25
○	P2	0	35
○	P3	0	45
○	P4	0	60
○	P5	0	70

出售量：0 个

确定出售

图 5-117　出售库存

(4)厂房贴现

公司在运营的过程中,可能会出现资金不足的情况,这时可以进行“厂房贴现”,对已购买的厂房进行处理,如图 5-118 所示。选中厂房并点击“确定贴现”,将立即获得扣除贴现费的现金,如厂房内有生产线,则还需扣除厂房租金。

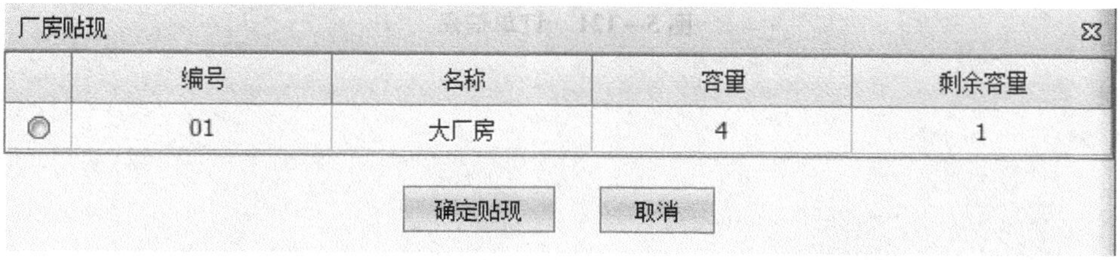

图 5-118 厂房贴现

(5)间谍

公司在运营的过程中,可以免费获得本公司的综合信息,也可以付费获得竞争公司的综合信息,如图 5-119 所示。下载资料可看到公司信息、库存信息、银行贷款、研发认证、厂房与生产线以及订单信息的具体信息,如图 5-120 所示。点击下载竞争公司的综合信息将立即扣除现金。

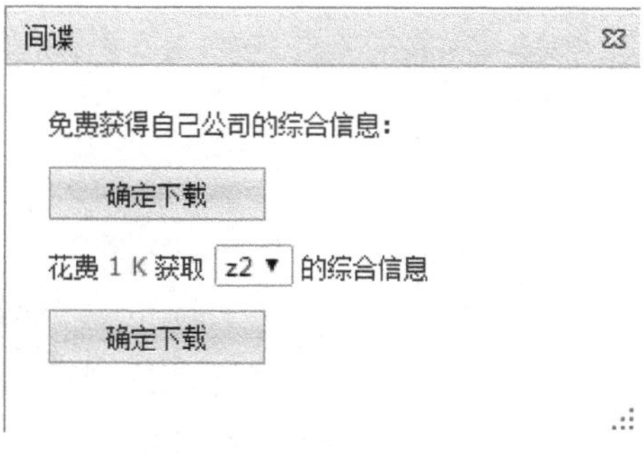

图 5-119 间谍

图 5-120 具体内容

(6)订单信息

公司在运营的过程中,通过点击“订单信息”可以查看经营过程中获得的所有订单信息，包括订单编号、市场、产品、数量、总价、状态、得单年份、ISO 要求、交货期、账期以及交货时间，如图 5－121 所示。

订单信息

编号	市场	产品	数量	总价	状态	得单年份	ISO要求	交货期	账期	交货时间
6	本地	P1	1	21K	已交单	第2年	-	2季	4季	第二年第二季

图 5－121　订单信息

6 ERP 沙盘模拟运营

企业经营活动涉及企业战略制定与执行、市场营销、采购管理与生产管理、会计核算与财务管理等多项内容与多个环节。企业的实际运营过程是相当复杂的,在“ERP 沙盘模拟实验”中,模拟经营企业的基本业务与工作流程均进行了必要的简化,以突出企业的筹资、投资、营运与分配等环节的重要决策和主要经济业务与工作流程。需要注意的是,简化后的企业运作流程是一般企业在生产经营活动过程中必须完成的各项决策与具体工作,也是管理人员模拟企业决策、开展各项工作时必须遵循的必要程序与步骤。这些依次继起的运作流程与步骤,是“ERP 沙盘模拟实验”模拟企业经营活动的行为指南,各模拟企业要自觉遵照执行。

在实际的沙盘模拟经营中,各模拟企业须指定专人借助业务流程表(见表 6-1)的顺序开展工作。业务流程表代表了企业简化的工作流程,也是企业竞争模拟中各项工作需要严格遵守的工作顺序。业务流程表所列示的各项工作,根据模拟企业经营操作的顺序要求,又可进一步分为基本流程和特殊流程两类。基本流程要求按照一定的顺序依次执行,不允许改变其执行的顺序;特殊流程是不受正常流程顺序的限制,当需要时就可以随时操作的任务。

表 6-1 年度业务流程表

操作顺序	第 1 年企业经营流程,每执行完一项操作,请 CEO 在相应的方格内打勾(或标注)					
	手工操作流程	系统操作	手工记录			
年初	新年度规划会议					
	投放广告	输入广告费并确认				
	参加订货会选订单/登记订单	选单				
	参加竞拍会选订单/登记订单	选单				
	申请长期贷款	输入贷款数额并确认				
1	季初盘点(请填写余额)	产品下线,生产线完工(自动)				
2	更新短期贷款/短期贷款还本付息	系统自动				
3	申请短期贷款	输入贷款数额并确认				

续表

操作顺序	第 1 年企业经营流程，每执行完一项操作，请 CEO 在相应的方格内打勾（或标注）					
4	原材料入库/更新原材料订单	需要确认金额				
5	下原材料订单	输入并确认				
6	购买/租用厂房	选择并确认，自动扣除现金				
7	更新生产/完工入库	系统自动				
8	新建/在建/转产/出售生产线	选择并确认				
9	紧急采购（随时进行）	随时进行输入并确认				
10	开始下一批生产	选择并确认				
11	更新应收款/应收款收现	需要输入到期金额				
12	按订单交货	选择交货订单确认				
13	产品研发投资	选择并确认				
14	厂房出售（买转租）/退租/租转买	选择确认，自动转应收款				
15	新市场开拓/ISO 资格投资	仅第 4 季允许操作				
16	支付管理费/更新厂房租金	系统自动				
17	出售库存	输入并确认（随时进行）				
18	厂房贴现	随时进行				
19	应收款贴现	输入并确认（随时进行）				
20	季末收入合计					
21	季末支出合计					
22	季末数额对账[（1）+（20）－（21）]					
年末	支付应付税（25%）	系统自动				
	支付长贷利息	系统自动				
	更新长期贷款/长期贷款还款	系统自动				
	缴纳违约订单罚款（25%）	系统自动				
	支付设备维护费	系统自动				
	计提折旧	系统自动				
	新市场开拓/ISO 认证投资	系统自动				
	结账					

6.1 基本业务流程

基本业务流程将经营企业的具体业务分为三项：年初任务，如投放广告、参加订货会、申请长期贷款等；季度业务，如贷款与采购、完成生产任务、交货与开发任务等；年末任务，如支付各种款项、结账等。下面分别就各项业务阐述其主要操作方法与限制。

6.1.1 年初工作任务

6.1.1.1 新年度规划

在开始新的一年经营之前，CEO 应当召集各位业务主管召开新年度规划会议，根据各位主管掌握的信息和企业的实际情况，初步提出企业在新一年的各项投资规划，包括市场开拓和 ISO 认证开发规划、产品研发、设备投资、生产经营等规划。同时，为了能准确地在一年一度的产品订货会上争取销售订单，还应当根据规划精确地计算出企业在该年的产品完工数量，确定企业的可接订单数量。

(1)市场开拓规划

企业只有开拓了市场才能在该市场销售产品。但投入资金开拓市场会导致企业当期现金的流出，增加企业当期的费用，减少当期的利润和所有者权益。所以，企业制定市场开拓规划时，主要应当考虑以下方面的问题：

- 当前各个市场产品的需求状况、价格水平、竞争对手的情况。
- 追求的是市场产品价格，还是市场需求？
- 结合资金状况和产品生产情况明确企业目标市场的开拓时间。

(2)ISO 认证开发规划

对于 ISO 认证开发规划，模拟企业经营者应当明确以下方面的问题：

- ISO 认证包括 ISO9000 认证和 ISO14000 认证。企业可以只开发其中的一种认证或者两种认证都开发。
- 企业只有取得 ISO 认证资格，才能在竞单时取得标有 ISO 条件的订单。
- 不是所有的市场在任何时候对任何产品都有 ISO 要求。但经营时间越长，市场对认证的要求会越高。
- 进行 ISO 认证，需要投入资金，从而影响当期现金流量和所有者权益。
- 要结合资金状况和目标市场对 ISO 认证的要求，明确企业 ISO 认证的开发时间。

(3)产品研发投资规划

因为每个市场对单一产品的需求总是有限的，企业要增加收入，必须有多

样化的产品。企业在进行产品研发投资规划时,应当注意以下方面的问题:

- 由于资金、产能的原因,企业一般不同时研发所有的产品,而是根据市场的需求和竞争对手的情况,选择其中的一种或两种进行研发。
- 不同的产品可以同时研发,也可以分别研发,各企业需要根据市场、资金、产能、竞争对手的情况等因素来确定。
- 要进行新产品的研发,就需要投入资金,会影响当期现金流量和所有者权益。

(4)设备投资规划

企业生产设备的数量和质量影响产品的生产能力。企业要提高生产能力,就必须更新或增加生产设备。企业在制定设备投资规划时,应当注意以下方面的问题:

- 更新设备所支付的设备款,在设备安装完成后,增加固定资产,不影响当期的所有者权益,应当重点考虑现金流量的影响。
- 产能扩大需要考虑市场需求量、厂房内安装生产线的位置是否充足。
- 选择生产线的类型,是手工、半自动、全自动,还是柔性生产线。
- 如果企业有新产品研发,生产线建成的时间最好与其一致(柔性和手工线除外),这样可以减少转产和生产线空置的时间。
- 从折旧的角度看,生产线的完工时间最好在某年的第一季度,这样可以相对减少生产线的维护费用和折旧费用。

(5)确定年度产品供应能力

在新年度规划完成以后,企业要参加一年一度的产品订货会,争取当年的产品销售订单。在产品订货会上,企业必须准确拿单,否则就会出现产品供应能力不足而导致缺货,或者生产能力闲置等问题。因此,在参加订货会之前,企业应分季度准确计算年度产品供应能力。企业某年某产品供应能力的计算公式为:

某年(或某季度)产品供应能力 = 年初(或季度初)该产品的库存量 + 本年度该产品的完工数量

上式中,年初或季度初产品的库存量可以从有关会计账簿记录中获取。关键的是要确定本期产品的完工数量。企业首先应明确产品在各条生产线上的投产时间;然后根据各生产线的生产周期推算每条生产线投产产品的完工时间;最后,将各条生产线完工产品的数量加总,得出企业在某一时期每种产品的完工数量。

6.1.1.2 投放广告、参加订货会、参加竞拍会

(1)投放广告及相关系统的自动操作

投放广告,需要关注相关市场是否开发完成。相关市场尚未开发完成,没

有获得任何市场准入证时不可投放广告。只有投放了广告,企业才有资格在相关市场争取订单。广告费投入的多少,与后续订货会选单顺序有密切联系。但企业在投放广告时,也应当充分考虑企业的支付能力。

广告投放完成后,广告费将被系统自动扣除,并同时更新长期贷款的到期还款时间。

(2)参加订货会选订单

所有模拟企业确认投放广告后,可以开始订货会竞单、选单。选单时,各个模拟企业选单顺序由系统根据选单规则自动确定。某市场某产品的选单过程称为回合,每回合选单可能有若干轮,每轮选单中,各模拟企业按照排定的顺序依次选单,但每回合只能选一张订单。当所有模拟企业都选单一次后,若还有订单,就开始进行第二轮选单,依此类推,直到所有订单被选完或所有公司退出选单为止,本回合结束。

选单时,系统自动判定选单公司是否具有 ISO 资格,并将选单权限系统自动传递显示在电脑屏幕上;有权选单的公司必须在规定时间内完成选单,否则系统视为放弃本回合选单。企业应当根据产品供应能力选择订单,尽可能按企业的产品供应能力争取订单,使企业生产的产品在当年全部销售。应当注意的是,企业争取的订单一定不能突破企业的最大产品供应能力,否则,如果不能按期交单,将给企业造成巨大的损失。除考虑产品供应能力外,选单时还要考虑货款回收的周期,较短的货款回收周期可以降低资金压力。

(3)参加竞拍会选订单

在第 3 年和第 6 年订货会后召开竞拍会。系统每回合一次性发放 3 张订单同时进行竞拍。订单标明了订单编号、市场类型、产品类型、产品数量、ISO 认证要求等信息,而订单总价、交货期、应收账期三项为空。

6.1.1.3 制定年度计划

企业参加订货会取得销售订单后,即已经明确了当年的销售任务。企业应当根据销售订单对前期制定的年度规划进行调整,制定新年度工作计划。年度工作计划一般应根据年度销售任务,制定相关的投资计划、生产计划、材料采购计划和现金预算计划等。

(1)生产计划

编制生产计划的主要目的,一是为了确定产品投产的时间和投产的品种;二是预计产品投产需要的加工费和原材料。产品投产的时间和品种,应根据产品库存数据、订单交货时间以及产品生产周期等数据确定。在此基础上,根据产品投产时间、物料清单确定原料需求(时间、数量)和加工费。

(2)材料采购计划

根据生产计划,确定原材料需求后,因为原材料订货期的存在,必须制定材

料采购计划,以便提前订购材料。在编制材料采购计划时,主要应当注意以下三个问题:

- 订购材料的数量应当以既能满足生产需要,又不造成资金的积压为原则,尽可能做到材料零库存。
- 订购材料的时间应当考虑材料运输途中的时间,即材料提前订货期。
- 模拟经营过程中,采购材料在入库时付款,当期订购的材料不需要支付现金。

(3)现金预算

现金预算由现金收入、现金支出、现金余缺和资金筹集四个部分组成。

现金收入部分由期初现金余额和预算期现金收入两部分构成。模拟经营过程中,企业取得销售订单后,现金收入即可基本确定。这里需要注意的是,因为存在应收账款,当期现金收入金额并不等于当期销售收入金额,而是由上期应收账款收回金额以及本期实际已收回的账款两个部分组成。

现金支出部分包括当期预算的各项现金支出。企业当年的投资和生产计划确定后,加上各年度固定支付的相关费用,企业的现金支出也可基本确定。

现金收入合计与现金支出合计的差额即是现金余缺。差额为正数,表明收入大于支出,现金有余,可用于偿还借款或用于投资;差额为负,说明支出大于收入,现金不足,需要筹集资金或调整规划或计划,减少现金支出。

6.1.1.4 当年开始

每年经营开始前,需要确认“当年开始”,才能开始整年的运营。

6.1.1.5 申请长期贷款

年度计划制定后,模拟企业应根据资金余缺,确定是否需要在当前年度申请长期贷款。长期贷款的申请一年只此一次。长期贷款不可超出最大贷款额度,贷款额须为大于或等于 10K 的整数;申请贷款的企业可选择贷款年限;贷款金额与年限确认后不可更改。

6.1.2 日常经营业务

年初业务处理完毕,即进入每季度的日常经营业务运作阶段。日常经营业务即每个季度需要操作处理的业务。当然,模拟企业有权选择放弃某一季度的某些业务。

需要注意的是,在“ERP 沙盘模拟实验”中,模拟的是一个从初始创业开始的生产制造企业。新设立的企业需要经过一年的建设,才能开展正常的生产经营活动。在第 1 个年度初始,企业除了股东以现金的方式投入的资本以外,没有任何产品的生产经营权,没有对任何市场进行开发,没有生产厂房与生产设备。因此,模拟企业在第 1 年建设期间,与建设期业务无关的流程与步骤是可以省略的。

6.1.2.1 季度任务启动

每季经营开始需要确认“当季开始”，确认“当季开始”之后企业才能开始当季的运营。

每一季度开始后，系统自动扣除到期短期贷款的本金与利息，自动更新短期贷款时间；系统自动完成更新生产、产品入库及转产等业务的操作。

除系统自动完成的业务环节外，还须注意模拟实验系统的操作权限。系统亮色按钮为可操作权限；更新原料库和更新应收款为每季必走流程；如破产则无法继续经营，自动退出系统；现金不足时须紧急融资（出售库存、贴现等）。

6.1.2.2 季初盘点

为了保证账实相符，企业应当定期对企业的资产进行盘点，主要包括现金、应收账款、原材料、在产品、产成品等流动资产，以及在建工程、生产线、厂房等固定资产。

6.1.2.3 更新短期贷款，偿还到期贷款的本金与利息，申请短期贷款

更新短期贷款和偿还到期贷款的本金与利息由模拟实验系统自动完成。企业筹集资金的方式主要是长期贷款和短期贷款。长期贷款主要用于长期资产投资，短期贷款主要解决流动资金不足的问题，两者应结合起来使用。短期贷款的借入、利息的支付和本金的归还都是在每个季度初进行的。短期贷款每个季度每个公司只能申请一次，短期贷款默认贷款年限是一年，申请贷款额为大于或等于10K的整数，长期贷款与短期贷款总额不得超过最大贷款额度。

6.1.2.4 原材料入库/更新原材料订单

根据以前订购原材料的品种、数量、时间等信息，模拟实验系统自动计算本期到货的原材料品种与数量，用户只需要选择“确认支付”即可完成更新原材料订单与原材料验收入库的工作；系统根据入库原材料数量与品种自动计算并扣减现金，确认更新并支付的现金不可更改，原材料金额需要一次性全额支付。

更新原材料订单、原材料验收入库与支付购料款等工作确认更新后，后续的操作权限方可开启（下原材料订单到更新应收款），前面业务的操作权限系统自动关闭；上述季度业务一个季度只能操作一次。

6.1.2.5 下原材料订单

在上一步中，企业收到了供应商的原材料。现在是向原材料供应商订购下一季度或者以后数个季度所需原材料的时间。模拟企业需根据生产计划计算所需原材料的品种、数量与领用时间，在所需原材料的后面输入数量（须为正整数），并“确定认购”，完成订购原材料的任务。需要注意的是，确认订购后不可

退订；当然，公司也可以不下任何采购订单。另外，下原材料订单不需要支付现金。

6.1.2.6 购买或租用厂房

厂房可购买也可租用。“购买厂房”允许多次操作，但无论购买还是租用，每个公司最多只可使用4个厂房；如果决定购买厂房，需要立即一次性全额支付费用，如果决定租用厂房，租金立即支付，确认操作后可立即得到厂房。租用厂房以年为单位，如果到期没有选择“租转买”或“退租”，系统自动做续租处理，租金在“当季结束”时和“行政管理费”一并扣除。

6.1.2.7 更新生产/完工入库

经营模拟系统自动在每个季度更新生产。每更新一次，表示又加工了一个季度。如果产品已完成，它将被移到成品库中，并且可供交货，应及时办理入库并登记手续。

6.1.2.8 新建/在建/转产/出售生产线

(1)投资新建生产线

模拟企业应当对新生产线的类型、建设时间、投资额、安装厂房和计划生产的产品类型等进行周密计划。具体操作时，首先选择新投资建设的生产线安装的厂房；其次选择并确认新生产线的类型；再次选择计划生产产品的类型，即产品品种；最后确认投资建设。

(2)在建生产线

对在建的新生产线，公司可以选择继续投资建设，也可以选择暂停新生产线的投资建设。当然，暂停新生产线的投资建设，会使整体的生产线完工时间延长。如果公司决定继续投资建设新生产线，确认后系统将自动扣减投资资金。如果公司未对在建生产线进行投资确认，则经营模拟系统默认为暂停该生产线的建设。需要注意的是，是否继续投资建设新生产线，每个公司每个季度只能操作一次。该项功能关闭后，必须到下一个季度才能继续投资建设在建生产线。

(3)生产线转产

已经建成但没有在产品的生产线，可以转产生产其他产品。每一条生产线都可以生产任何产品，但是一旦决定并开始生产某种产品，就只能生产该产品。如果某条生产线需要停止原定产品的生产转而生产其他产品，则需要进行转产改造。新建成的生产线，尚未开始生产计划确定的产品，需要转产生产其他产品的，同样需要办理转产手续。有的生产线转产需要时间和费用，生产线变更费用在变更期间支付，变更周期到期后的下一期可生产新的产品。转产操作可以重复进行，即同一季度可以同时对多条符合条件的生产线进行转产处理。

(4)出售生产线

已经建成但没有在产品的闲置生产线以及处于转产中的生产线都可以出售。出售的生产线的价款等于该生产线的残值,出售当期可收到现金,如果该生产线的净值高于残值,则差额部分系统自动计入当年利润表。如果有多条生产线需要出售,则可重复操作上述步骤。

6.1.2.9 开始下一批生产

每条生产线都能生产所有产品,但是某一条生产线在某一时期内只能加工某一种产品。每一条生产线上只能生产一批(或一个单位)某一种产品,永远不可能在同一条生产线上同时生产两个(批)或以上的产品。某一生产线如果已经确定生产某一种产品,则在一定时期内,该生产线只能生产这一种产品,如果需要变更生产另一种产品,则需要考虑设备调整的时间和调整费用。只有完全空置的生产线才能从原材料库领取原材料,开始生产新产品。

6.1.2.10 更新应收款/应收款收现

各个模拟企业在按订单销售产品或者出售厂房等获取应收款项时,须及时登记有关应收账款的金额与账期,以便正确计算本期到期应收款的具体金额。点击应收款更新后所有应收款账期减1,当为0时,即为收款现金额。经营模拟系统提示本期到期的应收款金额。

需要注意的是,应收款更新业务操作完成后,系统提示关闭应收款更新业务之前的各项业务操作权限,各模拟企业不能返回修改之前已经确认的各项业务操作。同时,经营模拟系统自动开启后续操作任务按钮,如按订单交货、产品开发和厂房处理等业务处理权限。

6.1.2.11 按订单交货

经营模拟系统会自动列示各个模拟企业尚未交货的全部订单。如确定某张订单需要交货,可以单击该订单对应的“确认交货”按钮。此时系统将自动检测产成品仓库中该产品库存是否足够(提示:一张订单要一次交付全部产品,不能分批交货),交单时间是否过期,通过检查并满足条件的订单才能实现销售。企业交货后,根据销售订单上载明的收款账期,各个模拟企业将获得现金或者收取货款的权利,经营模拟系统会自动记录并增加应收款或现金。对于超过交货期仍未交货的订单,则本年内该订单不允许再交货,系统自动收回逾期未交的全部订单,并在年底扣缴违约金。

6.1.2.12 产品研发投资

按照规定,未获得新产品生产资格前,企业不得生产该产品。新产品开发每个季度只能操作一次,系统自动列示各个模拟企业尚未开发完成的全部新产品。根据新产品开发规则规定的开发时间与每期投资额,各个模拟企业可自行确定是否开发、是否继续投资尚在开发中的新产品。对确认开发或继续投资的新产品,系统自动扣减投资资金。如果模拟企业没有对在研的新产品进行继续投资,则经营模拟系统默认为暂停该产品资格的研发,产品资格的研发时间将会延长。

6.1.2.13 厂房出售(买转租)/退租/租转买

(1)厂房出售(买转租)

无生产线的自有厂房可以立即出售,已安装生产线的自有厂房可先售再租;租入的厂房可以续租、退租或者转为购买等。厂房不计提折旧,不升值也不贬值,出售自有厂房可得到与原价等值的4Q 应收款。

(2)租入厂房的处理

租入时间离上次支付租金已满一年的租用厂房,如果厂房内已安装生产线,可选择续租或购买,支付相应现金;如果厂房内没有安装生产线,可选择续租或购买,也可退租并删除厂房;离上次支付租金已满一年的在租厂房,如果不执行本操作,系统视为续租,并在"当季结束"时自动扣缴该厂房租金。

6.1.3 年末工作任务

年末工作任务也属于本年第 4 季度所要完成的任务。与其他季度业务不同的是,划归年末任务的季度业务只能在第 4 季度操作,年内其他季度不能操作处理这些业务。也就是说,只能在每年第 4 季度操作处理的业务属于年末业务,每个年度只能操作一次。各个模拟企业的经营管理者要把握好机会,进行科学决策,按时办理年末各项业务,一旦错过某些年末业务的办理时间,则必须等到下一年年末时才能再次获得机会。

6.1.3.1 新市场开拓

经营模拟系统自动列示尚未取得准入资格的全部市场,公司在此时决定是否实施年初关于开拓新市场的决策,或是否继续投资正在开拓的新市场。一般可选择一个或多个需要开拓或者继续投资的新市场。对于已经确认开拓或者继续投资的新市场,系统自动扣缴市场开拓费。"市场开拓投资"业务只能在每个年度的第 4 季度操作一次;第 4 季度结束时系统自动检测新市场是否完成开拓。市场开拓完成,获得市场准入资格的次年,企业才可在此市场上投入广告宣传费用,争取客户订单。

6.1.3.2 ISO 认证投资

经营模拟系统自动列示尚未取得认证资格的 ISO 项目,模拟企业的经营者可在此时选择一个或同时选择两个 ISO 项目,决定是否投资研发 ISO 认证,或者是否继续投资正在研发的 ISO 认证。对于已经确认研发的 ISO 项目,系统自动扣缴研发费。"ISO 认证投资"业务只能在每个年度的第 4 季度操作一次;第 4 季度结束时系统自动检测是否完成研发。

6.1.3.3 当季结束

每一季度经营完成需要单击"当季结束",以确认当前季度经营结束;此时,经营模拟系统自动扣缴管理费(10K/季)及厂房租金,并检测产品开发完成情况。

应当注意的是,第4季度末,也就是每一个经营年度的年末,需要进行"当年结束"操作。当年结束时,除自动扣缴管理费(10K/季)及厂房租金,并检测产品开发完成情况外,系统将自动完成其他年末业务,例如:"支付应付税""支付长贷利息""更新长期贷款/长期贷款还款""支付设备维护费""计提折旧""违约扣款""新市场开拓/ISO认证投资"等任务。相关业务全部操作处理完毕后,一个会计年度经营业务即全部完成。

6.1.3.4 编制会计报表

及时、正确编制年度会计报表,是各模拟企业必须完成的一项工作。各模拟企业完成全年所有业务后,需要根据相关会计记录,按顺序编制综合费用表、年度利润表以及年度资产负债表,详见表6-2至表6-5。各模拟企业应当在限定的时间内完成会计报表的编制工作。

表6-2 综合费用表及利润表

综合费用表		利润表	
项　目	金　额	项　目	金　额
管理费		销售收入	
广告费		直接成本	
设备维护费		毛利	
损失		综合费用	
转产费		折旧前利润	
厂房租金		折旧	
新市场开拓		支付利息前利润	
ISO资格认证		财务费用	
产品研发		税前利润	
信息费		所得税	
合计		年度净利润	

综合费用表中的各项数据均为经营当年实际投入的资金额,没有投入的为0。其中,"损失"包括库存折价、生产线变卖、紧急采购、订单违约计入该项。利润表中的数据来源分析详见表6-3。

表 6-3 利润表数据来源分析

利润表		
项目	行	数据来源
销售收入	1	当年按照订单正常交货的销售额合计(违约的订单不计入,也无须考虑交货后是否收到货款的问题)
直接成本	2	当年正常交货订单中的产品直接成本合计(即交货产品的直接成本,不是生产中所花费的加工费)
毛利	3	第 1 行数据至第 2 行数据
综合费用	4	综合费用表的总和
折旧前利润	5	第 3 行数据至第 4 行数据
折旧	6	按照生产线折旧规则确定
支付利息前利润	7	第 5 行数据至第 6 行数据
财务费用	8	长短贷款、贴现等支付的利息
税前利润	9	第 7 行数据——财务费用
所得税	10	第 9 行数据的 25% 向下取整
年度净利润	11	第 9 行数据至第 10 行数据

表 6-4 资产负债表

项 目	金 额	项 目	金 额
现金		长期负债	
应收款		短期负债	
在制品		—	
产成品		—	
原材料		—	
流动资产合计		负债合计	
厂房		股东资本	
生产线		利润留存	
在建工程		年度净利润	
固定资产合计		所有者权益合计	
资产总计		负债和所有者权益总计	

表6－5 资产负债表编制数据来源

资产	数据来源	负债与权益	数据来源
流动资产：		负债：	
现金	盘点现金库中的现金	长期负债	盘点长期负债
应收款	盘点应收账款	短期负债	盘点短期负债
在制品	盘点生产线上的在制品	—	
产成品	盘点成品库中的成品	—	
原材料	盘点原料库中的原料	—	
流动资产合计	以上五项之和	负债合计	以上两项之和
固定资产：		所有者权益：	
厂房	厂房购买投资额之和	股东资本	股东不增资的情况下为初始资金
生产线	生产线净值(生产线投资总额扣除折旧)	利润留存	上一年利润留存＋上一年年度净利
在建工程	在建设备累计投资额	年度净利润	利润表中的净利润
固定资产合计	以上三项之和	所有者权益合计	以上三项之和
资产总计	流动资产＋固定资产合计	负债与所有者权益合计	负债＋权益合计

6.2 特殊运行任务

特殊运行任务是指不受正常流程运行顺序的限制，当需要时就可以随时操作的任务，主要有如下七项：

6.2.1.1 厂房贴现

厂房贴现业务可在任意时间操作；执行“厂房贴现”操作，经营模拟系统将自动对出售自有厂房获得的全部价款一次性按4Q贴现期贴现。

出售无生产线的自有厂房，能够得到与厂房原价等值的4Q应收款，“厂房贴现”可获得4Q贴现期贴现的现金；出售已有生产线的自有厂房，系统将对该厂房自动转租。因此，执行“厂房贴现”时，只能得到全部应收款按4Q贴现期贴现的净额再扣除其租金后剩余的现金。

6.2.1.2 紧急采购

公司在生产下一批产品时，如果原料库中没有备足生产该产品的原材料，可以选择停工待料，也可以选择紧急采购原材料。停工待料损失的是时间，紧急采购则需要支付比正常购买原材料更高的价格。公司销售产品时，如果产成品库中没有足够的拟交货订单上载明产品的数量，可以选择违约受罚，也可以选择紧急采购产成品。违约受罚损失的不仅仅是罚款，还可能使公司信誉受损，市场地位不保；当然，紧急采购则需要付出比生产该产品更高的成本。

6.2.1.3 出售库存

对于仓库积压的原材料与产成品，企业可以选择继续压库，也可以选择立即出售，以盘活流动资产。出售库存积压的原材料与产成品，出售单价由原材料采购成本或者产品生产成本按系统参数设定的折扣率计算确定。

6.2.1.4 贴现

贴现即尚未到期的应收款项贴现，贴现可在任何时间操作，但是需要区别贴限期。贴限期即应收款的剩余账期，不同贴限期的应收款，贴现息不同（详见相关规则），贴限期越长，贴现利息越高。

6.2.1.5 经营信息收集

其他模拟企业的经营信息，是各个模拟企业制定决策的重要依据。模拟经营过程中，获取其他模拟企业的经营信息是需要支付一定的代价的。经营信息收集可在任何时间操作，支付信息费后，可在规定的时间内任意查看其他企业的经营信息。

6.2.1.6 订单信息

每年年初在订货会上获取的订单，系统将自动记录并更新每一张订单的相关信息与状态。各公司在经营过程中，可以随时查看本公司的订单数量、每一张订单所载明的相关信息与订单状态。

6.2.1.7 破产检测

各个公司在模拟经营过程中，凡是执行某些关键业务的操作，如广告投放完毕、当季（年）开始、当季（年）结束、更新原料库等业务操作后，系统将自动检测每一家公司是否达到破产规则限定的条件。所谓破产的条件，一是系统自动检测已有现金加上最大贴现及出售所有库存及厂房贴现，是否足够本次支出，如果不够，则破产退出系统；二是当年结束，若所有者权益总额为负值，达到破产条件的公司，系统提示退出模拟经营系统。

7　沙盘模拟经营成果分析

7.1　经营成果的评价与分析

7.1.1　沙盘模拟实验成果的评价

沙盘模拟实验结束后，在评价各组实验成果时，不能仅采用利润指标进行评价。采用利润指标进行评价虽有一定的道理，但如果仅仅依赖利润指标来断定经营的成功与失败显得不够全面、说服力不足。因为，毕竟一个利润指标不能完全体现企业未来的成长性和发展性。

沙盘模拟实验的“精髓”在于让学生深刻体验并理解企业运营中“产、供、销、人、财、物”之间的逻辑关系，从而延伸到对企业成长性、现金流安全性、资产投入与未来效益、局部运作与全局战略、团队之间合作等知识和理念的认识。若过度关注暂时性的利润，无疑会使沙盘模拟实验这一新型的教学模式陷于片面侧重短期盈利的境地。那么，应该如何比较公正地对沙盘模拟实验结果进行评价呢？利润肯定是一个关键因素，各组盈利的多与少是沙盘经营综合决策的客观结果。而综合考虑企业的未来发展应该是另一个关键因素。企业的固定资产（生产线、厂房等）、现金流状况（应收款、应付款、当前现金）、市场份额（总市场占有率、各个分市场占有率）、ISO 认证、产品开发等因素均应当综合考虑。结合企业实际工作，本书将经营成果的评价框架总结为图 7－1。

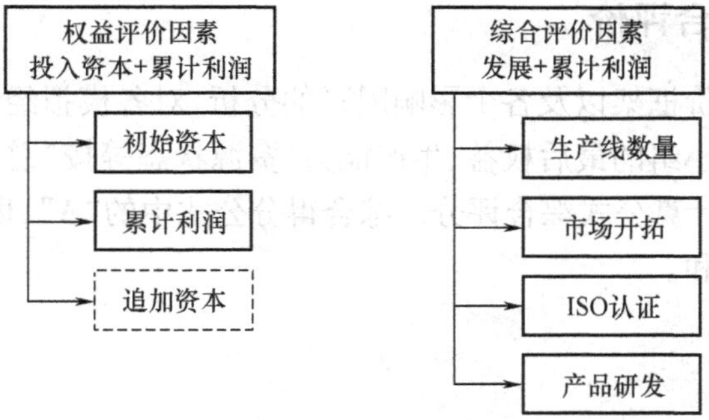

图 7－1　经营成果评价框架图

7.1.2 权益评价因素分析

沙盘中各企业的权益结构很简单：

所有者权益 = 股东资本 + 利润

利润是利润留存(以前年度未分配利润)与当年净利润之和。当然,利润越大,意味着赚钱越多。

股东资本是企业经营之初所有股东的投入资金。但在实验当中,有些小组由于决策失误,导致资不抵债(权益为负)且现金流断流时,出于实验的延续性考虑,需要对其进行股东资本追加。此时该小组股东资本 = 原始股东资本 + 追加股东资本,追加了股东资本后,权益增大。此时如果还按照权益去计算积分,显然对于未追加资本的小组而言是很不公平的。

7.1.3 综合评价因素分析

对各小组的综合因素评价,是建立在假设以后年度继续经营的基础之上的。如果下年度需要继续经营,那么必然考虑企业未来的发展潜力,要综合评价企业已存在的各种有形资产与无形资产。

生产线数量决定了生产能力。生产线越多、越先进,企业未来的产能越大。

市场开拓数量可以认为是一种投资回报。未来市场宽广,拿订单易于达到最大可销量,降低库存。而且可以更好地定位于价格高的市场,加快资金周转,降低广告费用,盈利能力强。

ISO 认证可以认为是一种投资回报。未来有 ISO 认证需求的订单一般价格和应收款期限等条件都比较优惠,广告成本小,盈利能力强。

产品开发种类。可以认为产品开发是一种投资回报,产品市场选择宽广,拿订单易于达到最大可销量,降低库存,而且可以更好地定位于价格高、毛利大的产品,加大毛利率,降低广告费用分摊比例,盈利能力强。

7.1.4 综合评价

根据上述评价框架以及各个影响因素的分析,对各模拟经营企业业绩的最终评价将根据各小组的最后权益、生产能力、资源状态等按"总分 = 最终权益 × (1 + A/100)"的计算公式综合评分。综合得分公式中的"A",即如表 7 - 1 所示各项得分分数之和。

表 7-1 潜力分数表

项目	综合发展潜力系数	项目	综合发展潜力系数
半自动线	+5(条)	ISO14000	+15
自动线	+8(条)	P1 产品开发	+5
柔性线	+10(条)	P2 产品开发	+8
本地市场开发	+5	P3 产品开发	+10
区域市场开发	+5	P4 产品开发	+15
国内市场开发	+8	P5 产品开发	+15
亚洲市场开发	+10	大厂房	+10
国际市场开发	+10	中厂房	+8
ISO9000	+10	小厂房	+5

7.2 成本(费用)效益分析

沙盘模拟实验在评价各组实验成果时,可以进行综合的积分评价。这种评价虽然可以展现小组的整体经营业绩,但若经营不善,挖掘其主要原因时,如果仅仅依赖一个积分指标,就显得不够全面,说服力不足。

沙盘模拟实验的精髓在于让学生深刻体验并理解企业运营中"产、供、销、人、财、物"之间的逻辑关系,从而延伸到对费用、效益、开源节流、决策、战略、流程和团队合作等方面知识的认识。以企业经营利润为例,利润是各项费用成本分摊的综合结果,若不能透彻地剖析各项费用成本分摊的得失,进而量化地度量出每个流程环节的绩效并随时指导企业管理改进的方向,无疑会使沙盘模拟实验教学陷于"盲人摸象"的境地。那么,如何才能避免出现这种情况呢?运用成本效益分析方法,针对某项具体成本费用支出,运用一定的方法,计算出每种方案的成本(费用)和收益,并依据一定的原则,选择出最优的决策方案,将是一个有效的途径。

7.2.1 成本(费用)效益分析法概述

所谓的成本(费用)效益分析就是将经营中可能发生的成本与效益归纳起来,利用数量分析方法来计算成本和效益的比值,从而判断某个方案是否可行的一种方法。成本(费用)效益分析的关键是计算各项费用的成本分摊评价指标,如图 7-2 所示。结合沙盘模拟实验的需要,对成本(费用)可以从以下两个方面进行分析：

7.2.1.1 成本(费用)的投资效益

成本(费用)投资效益的基本计算公式为：

费用效益 = 收益(销售额、产能、毛利等) ÷ 该项费用

这一指标反映的是单位费用投资(1K)带来的销售额是多少。比如，广告费用效益表示 1K 广告投资产生的销售额。效益越大，表示投资回报越大。

7.2.1.2 成本(费用)的成本分摊

成本(费用)成本分摊的基本计算公式为：

费用成本分摊 = 该项费用 ÷ 收益(销售额、产能、毛利等)

这一指标是上一个指标的倒数，其反映的是在单位销售额当中，该项费用所占的成本比率。比如，广告费用成本分摊比率为 0.23 时，说明在 1K 销售额当中，广告成本占 23%，分摊越小，成本越低。

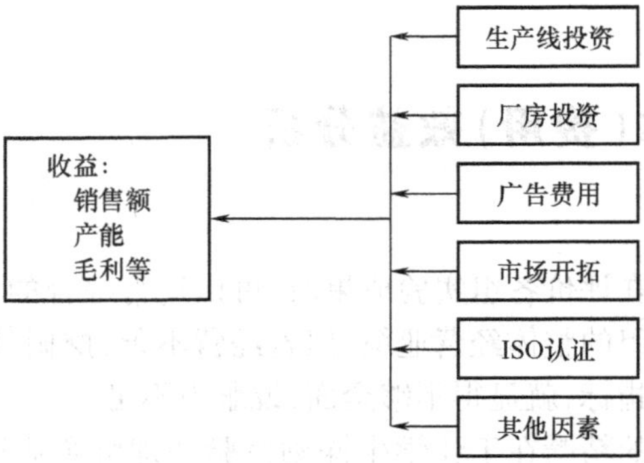

图 7-2 成本(费用)效益分析法框架

7.2.2 投资效益分析

如何进行投资？在沙盘实验之初，很多学生不清楚从哪些角度进行规划，常常陷于盲目、冲动的状态中，设备买了又卖掉、大量投入研发但中途资金断流造成搁置从而形成“半吊子工程”等。从资金使用规划的角度出发，有几个必须考虑的要素：生产线投资、厂房投资、产品研发投资、广告投资、市场开拓与 ISO 认证投资。

7.2.2.1 生产线投资效益分析

生产线投资主要考虑投资回收期以及厂房占用等因素。

(1)投资回收期分析

投资回收期就是使累计的经济效益等于最初的投资费用所需的时间。投资回收期的计算过程，综合反映了维修成本分摊、折旧成本分摊等因素。以生

产P2产品为例，假设P2产品平均售价为70K/个，资金成本按长期贷款利率10%计算，其他数据按运行规则规定，则各类型生产线投资回收期分析如表7－2所示。

表7－2 生产线投资回收期分析

生产线类型	购置费（K）	残值（K）	维修费（K/年）	资金成本（8%，K）	年产出（个）	平均单价（K）	单位成本（K）	毛利（K）	回收期（年）
手工线	35	5	5	2.8	1.33	70	35	46.55	0.77
半自动线	50	10	10	4	2	70	35	70	0.71
全自动线	150	30	20	12	4	70	35	140	1.11
柔性线	200	40	20	16	4	70	35	140	1.54

从表7－2的分析结果可以看出：

投资柔性生产线，资金回收期最长，虽然不受产品品种限制，但价格昂贵，绝对不宜多建。

半自动生产线投资回收期最短，在资金有限的情况下是比较好的选择。

手工生产线投资回收期也较短，但需要考虑是否能适应未来急剧膨胀的市场需求。

全自动生产线应当最为理想，但必须考虑转产时会限制竞单选择的因素。

（2）厂房占用分析

从厂房占用角度分析，根据沙盘模拟实验规则，最多可以建4个厂房，最大生产线数量为16条：安装全自动生产线或柔性生产线最高可以达到64个/年的产能，安装半自动生产线最多达到32个，但厂房租金或资金成本是相同的。

经过分析之后，可以很清楚地得出结论，投资全自动生产线是最理想的选择，但企业必须准确地进行产品定位，避免频繁转产。

7.2.2.2 厂房投资效益分析

沙盘模拟实验过程中，许多小组认为买厂房不如租厂房。理由是如购买大厂房需要440K，而租厂房的租金只有44K/年，6年的总租金也只有264K。出现这一错误观点的原因是不清楚什么是资产或什么是费用，混淆了费用与资产。根据沙盘模拟实验规则，厂房是不提折旧的，购买厂房只是资产形态发生了改变，从货币资金转变成为固定资产而已，对于利润没有影响。即便厂房购买是使用长期贷款，440K贷款每年利息只有36K，6年的财务费用是216K，比租金还少。经过分析之后，可以很清楚地得出结论，充分融资购买厂房可以大大降低经营成本。

但要注意的是,购买厂房会导致现金占用,其他经营资金将减少,需要根据经营战略进一步考虑模拟经营企业的营业资金状况。

7.2.2.3 产品研发效益分析

在模拟沙盘实验中经常出现许多小组早早地就研发完成P2、P3产品,甚至有的小组很快把P4、P5产品也研发完成了,但由于市场需求不足导致了研发资金的不合理占用。对于产品的研发投入,必须根据产品的市场需求,合理安排。进行产品研发需要避免出现以下四种现象:

第一,产品研发战略不清晰,产品定位不准,要么过早投资研发造成不合理资金占用,要么投入过迟达不到盈利必需的销售量,结果造成研发成本过高。

第二,对主打产品思考不清晰,资源使用过于分散,受产能局限、产品生命周期等影响,造成每个产品的经营都形同"鸡肋",研发成本过高。

第三,由于P4产品的生产需要P1作为原材料,P5产品的生产需要P2作为原材料,所以,制定产品组合战略时务必考虑P1、P4或者P2、P5产品。

第四,P3产品作为一个中端产品,可以采用单一产品策略,也可以与其他产品组合在一起。在沙盘模拟实验中,有单独采用P3产品战略的,也有采用P1、P3、P4或者P2、P3、P5产品组合战略的。前三年选择P3产品战略的较多,当然这需要根据竞争对手的情况进行调整。

7.2.2.4 广告费用效益分析

广告费用效益优劣的评价原则应当是用最小的广告投入,拿到价格适当、满足可销售量的销售订单。广告效益不好的原因大致可以从以下三个方面考虑:

(1)市场定位不清晰

最简单的原因就是没有进入毛利大、数量大的市场,订单量不足,结果是销售额过小,造成相对广告成本过高。

(2)产品定位不清晰

有限的生产能力没有定位在毛利大的产品上,低端产品过多造成广告成本过高。

(3)对竞争对手分析不足

竞争对手的情况会影响自己的广告费用投入策略,缺乏理性的对策会造成优势订单流失,或者成为盲目的标王,导致广告成本过高。

7.2.2.5 市场开拓与ISO认证费用效益分析

市场开拓与ISO认证费用效益不好的分析思路大致与广告费用的情况相同。

7.2.2.6 财务费用效益分析

提高财务费用效益的思路应当是前瞻的融资规划、实时的资金链控制。财务费用效益不好的原因主要有以下两个：

(1)融资策略失当

各种贷款中利息最低的是短期贷款。如果对资金链没有规划意识，过多地进行长期贷款，财务成本势必很高。

(2)现金流控制失当

现金流诊断是沙盘模拟经营中判别计划可行性的唯一标准。如果缺乏现金流控制意识，未理解企业血脉的重要意义，特别是没有进行全年计划的可行性判断，在出现现金流危机时过多地使用贴现，会造成很大的财务成本。

7.2.2.7 行政管理费用效益分析

提升行政管理费用成本效益的思路是扩大销售规模。行政管理费用效益不佳的原因只有一个：销售额太低。因为各企业的行政管理费用是相同的，每年40K，销售额高自然分摊比例小。一个企业“做大做强”的口号是有次序关系的。企业做大了，各项固定成本的分摊比率自然降低。

7.3 本量利分析

沙盘模拟经营中，在市场定位与产品定位等战略决策上，往往要分析究竟研发哪个产品，比如研发P2还是P4；同时还要分析什么时间研发合适，是第二年还是第三年研发。但依据究竟是什么呢？对企业经营的影响是什么呢？如果仅仅以利润指标为依据进行评价就显得不够全面、说服力不足。许多沙盘模拟企业出现经营不善时，往往将原因归结为广告投资失误、订单太少、销售额太低或没有及时贷款等，往往忽略战略决策中的产品定位问题，而产品定位决策失误可能恰恰是经营失败的最关键因素。根据经营实践，进行各产品的本量利分析，是进行产品定位的一个重要方法。

7.3.1 本量利分析概述

7.3.1.1 本量利分析的定义

本量利分析是成本、业务量和利润三者依存关系分析的简称，它是指在对成本性质分析的基础上，运用数学模型和图形，对成本、利润、业务量与单价等因素之间的依存关系进行具体的分析，研究其变动的规律性，以便为企业进行经营决策和目标控制提供有效信息的一种方法。

本量利分析，以成本和数量的关系研究为基础，它们通常被称为成本性态研究。所谓成本性态，是指成本总额对业务量的依存关系。业务量是指企业的生产经营活动水平的标志量。它可以是产出量，也可以是投入量；可以是实物度量、时间度量，也可以是货币度量。当业务量变化后，各项成本有不同的性态，大体上可以分为三种：固定成本、变动成本和混合成本。固定成本是不受业务量影响的成本；变动成本是随业务量增长而正比例增长的成本；混合成本介于固定成本和变动成本之间，可以将其分解为固定成本和变动成本两个部分。

7.3.1.2 本量利分析的前提条件

在现实经济生活中，成本、销售数量、价格和利润之间的关系非常复杂。例如：成本与业务量之间可能呈线性关系，也可能呈非线性关系；销售收入与销售量之间也不一定是线性关系，因为售价可能发生变动。为了建立本量利分析理论，必须对上述复杂的关系做一些基本假设。

（1）相关范围和线性关系假设

由于本量利分析是在成本性态分析的基础上发展起来的，所以成本性态分析的基本假设也就成为本量利分析的基本假设，也就是在相关范围内，固定成本总额保持不变，变动成本总额随业务量变化成正比例变化。前者用数学模型表示就是 $y = a$，后者用数学模型表示就是 $y = bx$，所以，总成本与业务量呈线性关系，即 $y = a + bx$。相应的，假设售价也在相关范围内保持不变，这样，销售收入与销售量之间也呈线性关系，用数学模型表示就是以售价为斜率的直线 $y = px$（p 为销售单价）。这样，在相关范围内，成本与销售收入均分别表现为直线。

（2）品种结构稳定假设

这种假设是指在一个生产和销售多种产品的企业里，每种产品的销售收入占总销售收入的比重不会发生变化。但在现实经济生活中，企业很难始终按照一个固定的品种结构销售产品，如果销售产品的品种结构发生较大变动，必然导致利润与原来品种结构不变假设下预计的利润有很大差别。而有了这种假定，就可以使企业管理人员关注价格、成本和业务量对营业利润的影响。

（3）产销平衡假设

产销平衡是企业生产出来的产品总是可以销售出去，能够实现生产量等于销售量。在这一假设下，本量利分析中的“量”就是指销售量而不是生产量。进一步说，在销售价格不变时，这个量就是指销售收入。但在实际经济生活中，可能生产量不等于销售量，这时产量因素就会对本期利润产生影响。

正因为本量利分析建立在上述假设基础上，所以一般只适用于短期分析。在实际工作中应用本量利分析原理时，必须从动态的角度分析企业生产经营条件、销售价格、品种结构和产销平衡等因素的实际变动情况，调整分析结论。

7.3.1.3 相关计算公式

利润 = 销售收入 - 总成本

= 单价 × 销量 - 变动成本 - 固定成本

= 单价 × 销量 - 单位变动成本 × 销量 - 固定成本

上述公式是明确表达本量利之间数量关系的基本公式，它含有5个相互联系的变量，给定其中4个，便可求出另一个变量的值。

边际贡献 = 销售收入 - 变动成本

单位边际贡献 = 单价 - 单位变动成本

边际贡献率 = 边际贡献/销售收入 × 100%

= (单位边际贡献 × 销售)/(单价 × 销量) × 100%

= 单位边际贡献/单价 × 100%

当涉及多个产品时，则可以使用加权平均边际贡献率进行计算。

盈亏临界点是指企业收入和成本相等的经营状态，即边际贡献等于固定成本时企业所处的既不盈利也不亏损的状态。

盈亏临界点销售量 = 固定成本/(单价 - 单位变动成本)

= 固定成本/单位边际贡献

盈亏临界点销售额 = 固定成本/边际贡献率

盈亏临界点作业率 = 盈亏临界点销售量/正常销售量 × 100%

安全边际是指正常销售额超过盈亏临界点销售额的差额，它表明销售额下降多少企业仍不致亏损；安全边际率是指安全边际与正常销售额(或当年实际订货额)的比值。

安全边际 = 正常销售额 - 盈亏临界点销售额

安全边际率率 = 安全边际/正常销售额(实际订货额) × 100%

安全边际和安全边际率的数值越大，企业发生亏损的可能性越小，企业就越安全。

7.3.2 本量利分析在沙盘模拟实验中的应用

本量利分析在ERP沙盘模拟实验中具有较强的实用价值，各小组在进行模拟企业经营时，往往凭主观臆断做出经营决策，没有结合系统所给出的市场预测资料和企业目前的资产状况进行指标分析，从而导致企业经营陷入被动的局面。例如：在进行广告投入时，不能确定所能给出的最大广告投入量；在广告投入计划实现利润后，却不清楚各个细分市场获得订单的数量。而借助于本量利分析工具，对数据做出分析后，将可以获得这些信息。

例7-1：假设某组在经营的第3个年度拥有5条生产线，其中有3条全自动生产线(在第2年建设完工)，2条半自动生产线(在第1年建设完工)。

相关费用为：管理费10K，广告费50K，生产线的设备维护费80K，开拓市场费用30K，P3产品的研发费用40K，利息费用17K。

另外,P1 产品的单位变动成本为 25K(1 个原料 R1、1 个原料 R3 和 5K 的加工费用),平均售价为 50K;P2 产品的单位变动成本为 35K(1 个原料 R2、1 个原料 R4 和 5K 的加工费用),平均售价为 70K;P3 产品的单位变动成本为 45K(1 个原料 R1、1 个原料 R3、1 个原料 R4 和 5K 的加工费用),平均售价为 95K;P4 产品的单位变动成本为 60K(1 个原料 P1、1 个原料 R1、1 个原料 R3 和 10K 的加工费用),平均售价为 130K;P5 产品的单位变动成本为 70K(1 个原料 P2、1 个原料 R1、1 个原料 R4 和 10K 的加工费用),平均售价为 150K。

对此,如何进行本量利的分析呢?从提供的资料来看,本量利分析所需要的销售收入和变动成本的数据都是很具体的,关键是如何确定分析所需要的固定成本数据。该案例的固定成本包括三个部分:固定产品成本、固定销售费用和固定管理费用。固定产品成本由生产线的折旧进行归集,固定销售费用则由综合管理费用明细表中的广告费和市场准入开拓两项组成,除这两项之外的综合管理费用则组成了固定管理费用的数据。

计算分析如下:

单位边际贡献:P1 = 50 - 25 = 25(K)

P2 = 70 - 35 = 35(K)

P3 = 95 - 45 = 50(K)

P4 = 130 - 60 = 70(K)

P5 = 150 - 70 = 80(K)

固定产品成本 = 全自动生产线折旧额 + 半自动生产线折旧额 = 30 × 3 + 10 × 2 = 110(K)

固定销售费用 = 广告费 + 市场开拓费 = 50 + 30 = 80(K)

固定管理费用 = 管理费 + 维修费 + 产品研发费 + 利息 = 40 + 80 + 40 + 17 = 177(K)

单种产品盈亏点销量:P1 = (110 + 80 + 177)/25 = 15(个)(向上取整)

P2 = (110 + 80 + 177)/35 = 11(个)

P3 = (110 + 80 + 177)/50 = 8(个)

P4 = (110 + 80 + 177)/70 = 6(个)

P5 = (110 + 80 + 177)/80 = 5(个)

单种产品盈亏点作业率:P1 = 15/16 = 93.75%

P2 = 11/16 = 68.75%

P3 = 8/16 = 50%

P4 = 6/16 = 37.5%

P5 = 5/16 = 31.25%

从单位产品的盈亏分析可以看出,由于 P1 产品盈利能力较弱,所以需要盈亏点销量较大,这就要求有加大的市场容量。但根据市场预测分析,除国际市场外,P1 产品市场需求在逐年下降。同时,由于产品盈亏点销量占当期最大产能的 93.75%,未来保持盈利增长的空间有限。

P4 和 P5 两种产品盈利能力较强,但 P5 产品研发周期长,投入市场较晚,显然不能作为前期的主打产品。P3 产品是第 2 ~5 年市场的主导产品,应当尽早投入研发并及时进入市场。但 P3 产品的经营需要对竞争对手进行深入分析,如果 5 ~6 个组都在经营 P3 产品,按照预测的市场总订单需求计算,这个产品要赚钱是很困难的,因为经营 P3 产品的各组年平均获得订单数量很难超过 6 个。如此激烈竞争的广告费用将导致固定成本大大增加。

P5 产品盈利能力相对较强,市场需求量前期较小,因此是否研发需要分析竞争对手的情况。一般来看,后期竞争对手都经营 P5 产品时,要想盈利将非常困难。

8 ERP沙盘模拟技巧

8.1 对抗前准备

8.1.1 规则技巧分析

ERP沙盘模拟是一种"游戏式"的学习,既然是游戏就有其游戏规则,读懂并理解沙盘模拟规则是参与竞争的基础,在不断实验过程中领悟并总结一些规则技巧,便于在竞争中获取优势。下面就部分核心规则相关技巧进行分析,其他规则的技巧将在相关部分中进行分析。

8.1.1.1 融资规则技巧分析

融资是企业发展的基础,融资是采用长贷还是短贷,还是长短贷相结合;贷款时机也是很关键的,是第1年贷款还是第2年贷款需要认真思考。这些分析将在8.1.3中有详细阐述,下面是对具体规则相关技巧的分析。

(1)贷款金额

根据规则,贷款利息采用四舍五入进行取整,可以采用这条规则选择合适的金额以少付贷款利息。长贷利率是8%,选择贷款18K、31K、43K、56K、68K、81K等金额比较划算。短贷利率是5%,选择贷款29K、49K、69K、89K等金额比较划算。在贷款时考虑具体金额,选择适合少付贷款利息的金额,使贷款的效益达到最大化。

(2)短期贷款

根据规则,最后一年运营结束时,不要求归还还没有到期的各类贷款,短期贷款的还款方式为到期一次还本付息。在最后一年一定要进行贷款,因为这项贷款不需要还本付息,可以利用贷款增强公司综合发展潜力。

8.1.1.2 厂房及生产线规则技巧分析

(1)厂房的选择

根据厂房总数不能超过4个的规定,且大厂房最大容量为4条生产线、中厂房为3条、小厂房为2条,如果第1年只建3条生产线最好选用中厂房,只建

2 条生产线就选用小厂房,这样厂房的利用率较高且所付出的单条生产线的建设费更低。厂房选择时需要考虑第 1 年建生产线的条数以便选择厂房的类型,以免浪费。根据规则可知,最多可以建 4 个大厂房,最多 16 条生产线,可以预测经营 6 年本公司最多建立的生产线数量,以便选择合适的厂房类型。例如:预测最多建立 12 条生产线,那就尽量选择 4 个中厂房,这样有利于降低单位生产线的厂房资金成本。

(2)生产线的选择

根据规则,生产线建成当年需要交纳维修费,建成下一年需要进行折旧,因此建议于第 2 年第 1 季度完成生产线,以便节约费用。如选择第 1 年就建成自动线并开始生产,这样会提前扣除一年的折旧,且多扣除一年的维修费。一条自动线折旧是 30,维修费是 20,合计是 50。经营第 1 年,以利润最高的 P3 产品来说也就 60 左右,即使是销售出 P3 产品也就获利 40。这显然是不合理的,而且这还是在抢满单的情况下。

8.1.1.3 产品研发规则技巧分析

根据产品研发规则,P4 产品由 P1、R2、R3 三部分组成,P5 产品由 P2、R1、R4 三部分组成,所以在产品研发组合上主要有 P1 + P4,P2 + P5,P3 这三种产品组合策略,当然也可以采用 P1 + P3 + P4,P2 + P3 + P5 等产品组合。但不管如何选择,要选择 P4 就需要先选择 P1,选择 P5 就需要先选择 P2。对经营一个公司来说,产品策略应该非常明确,不能所有产品都进行研发,特别是前两年公司发展资金紧张的时候。

8.1.1.4 竞拍规则技巧分析

在公司经营的第 3 年与第 6 年会有一个竞拍会的环节。有些模拟公司在订货会抢满单之后会对竞拍失去兴趣。其实不然。竞拍会一定要参加,根据以往沙盘模拟实验的经验来看,分数较高的公司一般都在第 3 年及第 6 年参加了竞拍会,获取了较好的收益。

(1)竞拍公式分析

得分 = 100 + (5 - 交货期) × 2 + 应收款期 - 8 × 订单总价/(该产品直接成本 × 数量)

假设得分为 y,交货期为 a,应收款期为 b,订单总价为 c,该产品直接成本 × 数量为 d,而该产品直接成本是已知的,数量也是给定的,这里以某模拟公司为例,产品直接成本为 45,假设数量为 3,那么表达式为:

$$y = 100 + (5 - a) \times 2 + b - 8c/135$$

$$\partial y/\partial a = -2$$

$$\partial y/\partial b = 1$$

$$\partial y/\partial c = -8/135$$

从上式中可知,b 的波动方向和 y 同方向变化,也就是表示应收款期波动和得分正相关；a,c 波动方向和 y 反方向变化，也就是表示交货期和订单总价的波动和得分负相关。

从这些等式中可以看出如下两方面的特点：

第一，交货期越短总得分越高，应收款期越长得分越高。同时可以发现，应收款期引起得分波动的剧烈程度要小于交货期，那么就表明在保持其他条件不变的情况下，缩短交货期一个单位的得分要高于延长应收款期一个单位的得分。

第二，订单总价越低越好。因为 $d>1$ 恒成立，$-8/135$ 的绝对值小于 1，表明缩小订单总价一个单位导致分数波动的剧烈程度均小于缩短交货期一个单位和延长应收款期导致分数波动的剧烈程度要小。可是这里有一个问题：交货期数值和应收款期根据实验数值只有 1、2、3、4 四个季度供选择，也就是最大的波动单位数也就是 3，可是订单总价的波动单位数往往要大得多，数十、数百个单位地变动，所以订单最后对得分的影响还要根据实际情况进行分析。

(2)竞拍换单分析

假设某公司的订货会的订单价格是 Z，而竞拍会出现一个与该产品数量等同的订单。其实可以尝试一下竞拍。再看价格，订单的违约费用是 20%，成功竞拍一单扣除 10，所以竞拍价格 $X>1.2Z+10$。如果考虑账期的问题，还要看每个季度需贴现多少，为 Y。所以 $X>1.2Z+Y+10$。

8.1.1.5 总成绩规则技巧分析

总成绩 = 所有者权益 ×（1 + 企业综合发展潜力/100）

设总成绩为 z，所有者权益为 x，企业综合发展潜力为 y，此时公式的表达式变成 $z=x(1+0.01y)$

$$\partial z/\partial x=1+0.01y$$

$$\partial z/\partial y=0.01x$$

（注：∂x 表示假定 y 不变的情况下 x 的波动程度；∂y 表示假定 x 不变的情况下 y 的波动程度）

对 $1+0.01y$ 和 $0.01x$ 做大小比较：

当 $x-y>100$ 时，这种情况表示的就是 y 比 x 波动更剧烈的情况，同时表示的也是企业综合发展潜力波动比所有者权益波动更剧烈的情况。

当 $x-y=100$ 时，这种情况表示的就是 y 和 x 波动效果一样的情况，同时表示的也是企业综合发展潜力波动和所有者权益波动效果一样。

当 $x-y<100$ 时，这种情况表示的就是 x 比 y 波动更剧烈的情况，同时表示的也是所有者权益波动比企业综合发展潜力波动更剧烈的情况。

然而，在实验过程中，大多数时间会遇到第一种情况 ，也就是所有者权益比企业综合发展潜力高 100 以上，此时应更关注企业综合发展潜力，它的改变对分数影响最大。

8.1.2 市场分析

市场分析是在确定经营战略之前必须进行的工作，在 ERP 沙盘模拟系统中有本地、区域、国内、亚洲和国际五个市场。不同市场对不同产品的需求均不同，同一产品在不同市场的售价也不一样，即使同一市场，不同年份的需求和产品售价也并不完全相同。因此有必要对各个市场进行详细的分析。

本地市场是最基本的市场，也是企业创建之初必争之地。前三年 P1、P2 产品价格上涨，在第 4 年之后价格下滑。开拓本地市场可以为企业积累大量的资金，缓解企业面临的现金流紧张局面，为企业的持续发展奠定基础。此外，本地市场的开发费用较低（10K）、开拓时间较短（1 年），这也是本地市场相对于国内、亚洲等市场的一个优势。综上所述，建议在第 1 年年末即开拓本地市场。

区域市场是与本地市场基本类似的市场，该市场开拓期短（1 年）、开发费用较低（10K），前三年产品的售价较高，但在第 4 年后逐渐下降。区域市场的一个特点是对 P2 产品的需求量较大，而对 P1 产品的需求量相对较小。因此，若企业生产 P2 产品，那么开拓区域市场就显得非常有必要。即使不生产 P2 产品，也建议开拓区域市场，因为在模拟经营的第 2 年中，企业可以在本地和区域两个市场销售产品，不仅可以有效解决产品积压的问题，还可以帮助企业争取市场老大的地位。

国内市场的成型时期与 P3 产品的开始期较为接近，同时对 P2 产品有着较为稳定的需求。随着市场对产品新技术的逐渐认同，该市场对 P3 产品的需求持续快速上涨，其价格也一直保持在较高的水准。因此，若生产 P3 产品，开拓国内市场是明智的选择。

亚洲市场的开拓期较长（3 年），该市场的特点之一是对产品的新技术较为敏感，因此在模拟经营的后几年中，P3 和 P4 以及 P5 产品的需求量会持续增加；另外一个特点是对产品的质量要求较高，不少订单都要求企业通过 ISO9000 或 ISO14000 的认证。因此，若模拟经营的年限较长（6 年或 8 年）则建议开拓；若模拟经营的年限较短（4 年），则可根据企业的经营策略考虑开拓或者不开拓这一市场。

国际市场是开拓周期最长的市场（4 年）。因此，若模拟经营的年限较短（4 年），则完全没有必要开拓此市场，若经营的年限较长（如 6 年）则可以考虑。该市场的特点是 P2、P3、P4、P5 产品的售价不高，但是 P1 产品的售价却有着明显的回升，要想争得此市场，至少要保留一条 P1 产品生产线。

总体而言，企业一般需要开发三个及以上的市场，并且应该尽早开发，以便于开发效益最大化。当然，若企业的现金面临困境，也可以暂时停止开发，待现金足够后再继续进行开发。

8.1.3 资金预算

资金是企业运行的血脉，一旦企业的现金流中断，那么企业就将破产，因此，如何进行有效的资金预算，是企业在经营过程中必须做出的一项重要决策。而要做好资金预算，最好的方式就是编制现金预算。

在编制现金预算时，应当注意如下四方面的问题：

第一，明确贷款的权限，选择合理的贷款方式。贷款额度与企业的所有者权益是密切相关的，由于企业的所有者权益是动态变化的，企业的贷款额度也随之动态变化。因此，在进行贷款决策时，必须用发展的眼光看待问题，避免出现因所有者权益不高导致无法贷款，并最终出现现金流中断的致命局面。贷款额度和所有者权益的关系是：长期贷款 + 短期贷款 ≤ 所有者权益的 80%。

长期贷款和短期贷款的利息不同，长期贷款的利息是 8%，按年计算，最长可以贷 5 年，若第 1 年申请长期贷款，第 1 年年末开始偿还利息；短期贷款的利息是 5%，只能贷款 1 年，到期后连本带利一起归还。因此，企业要充分利用短贷的灵活性，根据企业资金的需要，分期短贷，这样可以减轻企业的还款压力。同时，长贷和短贷是分开计算利息的，短贷的利息低，但是一个企业要有所突破，仅靠短贷根本无法维持，最好的方法就是长短贷相结合。

第二，预计各季度的现金流入。企业的现金收入主要来自于产品销售后收到的现金。在沙盘模拟中，产品销售后一般不会直接拿到现金，而是应收款。企业应该根据产品下线情况并结合订单情况，明确每个季度的产品销售收入以及对应的账期，从而明确每个季度有多少应收款到期、收到多少现金。

第三，根据企业的开发或投资规划，确定每个季度开发或投资的现金流出。企业的开发或投资规划草案可以在编制现金预算之前做出，也可以结合编制现金预算同时做出。如果事先已经编制了开发或投资预案，则应当测算出所需要的现金，并通过编制现金预算表来测算是否在资金许可的范围内。

第四，根据企业的生产计划，确定各个季度需要为生产产品所付出的现金。在每一年年初选单结束后，企业即可明确当年所需要生产的产品数量、生产的时间、需要投入的原材料费用和加工费用。企业应该为此进行核算并测算生产所需的现金是否在资金许可的范围之内。

8.1.4 方案准备

在模拟经营过程中存在着若干事先不可控的因素，因此，在进行模拟经营之前需要准备多种方案。具体而言，可以考虑如下三种方案：

8.1.4.1 市场领先型

市场领先型，即实施大规模的生产与销售，并且用高额广告投入确保产品的销售量,保证前期企业的现金流充足,在起跑线上领先为后期的发展做好铺垫。采取该方案的企业应该从开场做起,最大限度地利用权益贷款,封锁本地市场最大利润销售线,利用长期和短期贷款大力发展生产,走高科技路线,对每一个市场都施加巨大压力,当竞争对手喘不过气来也开始贷款时,利用他们的过渡期抢占市场,继续封锁销售路线,迫使竞争对手无法偿还高息而走向破产。此战术不可做任何保留,短期和长期双向贷款为的就是"广告+科技+市场+生产线"能最早成型。不过需要指出的是,该方案存在着较大的风险,因为要实施大规模的生产与销售,巨额贷款在所难免,但由此而产生的利息将对企业的所有者权益带来相当大的压力,一旦企业无法在前期实现足够的销售量,则无法获得足够的现金,企业就很有可能破产。

8.1.4.2 市场跟随型

市场跟随型,即采取较为保险的方案,把竞争的重点集中在企业的平稳经营上,在保证企业不破产的基础之上进行适度的生产与销售,等机会在竞争激烈化后收拾残局。这样的企业一般不会破产,也不会拿到第一。此方案的关键在于一个"稳"字,即经营过程中一切按部就班,广告投入、产能扩大都是循序渐进,逐步实现,稳扎稳打。采取此种方案需要把握好两点:一是在产能上要努力跟随市场领先者的开发节奏,同时努力降低成本,在每次开拓新市场时均采用低广告策略,规避风险,稳健经营,在双方两败俱伤时立即占领市场;二是要利用好时机,因为时机是稍纵即逝的,对竞争对手一定要仔细分析。

8.1.4.3 忍辱负重型

造成企业选择忍辱负重型方案的可能性比较多,如有的企业在模拟经营的前期发展不顺畅而被迫贷款转型,利用占据新开发的市场来翻盘,有的企业只研制 P1 产品,尽量省钱,在国际市场开放后一鼓作气垄断 P1 产品市场,争取最大销售额,有的企业直接跳过 P2 产品的研制,从 P1 向 P3 产品转型,用新产品抢新市场份额,更有甚者在前三年争取最小的成本,后期纯用 P4 产品获取市场最大毛利而翻盘。采取此种方案的企业在前两年的举动较为特别,不发展新产品但增加生产线,或者不抢市场份额而利用贷款增加生产线,走高科技路线。

8.2 对抗中决策

8.2.1 原材料订购

原材料是企业正常生产的前提条件,而过多的原材料又会占用现金,给企业的运营带来更大的资金压力。因此,在沙盘模拟运营中,采购总监必须制定科学合理的采购计划,准时、准确地采购原材料。在采购原材料的过程中需要注意如下三方面的问题:

第一,准确计算原材料需求。在沙盘模拟运营中,原材料采购的最佳状况是零库存,也就是原材料入库后马上投入生产。这就要求采购总监准确计算原材料需求并下订单。由于生产 P1、P2、P3、P4 和 P5 产品的原材料需求各不相同,因此必须根据企业的生产计划准确地计算出原材料需求计划,并考虑订购提前期,确定每一季的原材料订购需求。

第二,准确计算原材料采购费用。采购总监应根据每一季的原材料订购需求,确定每一季原材料入库时所需支付的原材料采购费用,并及时将采购费用数据提交给财务总监,便于财务总监编制现金预算,及时安排资金。

第三,灵活应对企业生产计划的调整。在沙盘模拟经营过程中,企业有可能为了提升利润,主动进行转产(如在模拟经营的后期,将生产 P1 产品的生产线转为生产 P2 产品),也有可能因为选单中未选到合适的订单而被迫转产。转产将会引发生产计划的调整,进而调整原材料订购计划。因此,在沙盘模拟运营中,生产总监和采购总监必须灵活应对企业生产计划的调整,预先进行原材料的订购,避免出现订购不及时或者订购错误而给企业带来损失。

8.2.2 产能核算

产能核算是沙盘模拟运营中一项非常重要的工作,企业只有将产品生产出来,才有可能销售产品并获取利润,企业也只有准确地核算出每个季度的产能,才能在参加订货会时准确地选单。

在产能核算时需要注意如下两方面的问题:

第一,准确地计算出每一条生产线每个季度的生产情况。生产总监应该在每一年的年初准确地编制产品生产计划,计算出企业在一年中可以完工的产品数量,并考虑转产的情况。比如,企业拥有 4 条生产线,2 条自动线生产 P1 产品,1 条自动线生产 P2 产品,1 条柔性线生产 P2 产品,那么该企业一年的产能正常情况下是 8 个 P1 和 8 个 P2 产品,但如果考虑柔性线转产的话,该企业的产能还可以是 10 个 P1 和 6 个 P2 产品、9 个 P1 和 7 个 P2 产品。生产总监需要在年初将企业各种可能的产能核算出来,便于在选单时灵活应对。同时,在选单后,生产总监还应根据实际情况确定最终的产能,将原材料需求提供给采购总监,便于采购总监及时下原材料订单。

第二,准确计算每一季度所需要的生产加工费用。任何产品在生产过程中都需要不一样的加工费用,生产总监应该在年初即确定每一季度总的加工费用并提交给财务总监,便于财务总监编制现金预算,并合理安排资金。

8.2.3 广告投放

广告投放是决定企业经营能否成功最为关键的因素。科学合理的广告投放，不仅可以使企业选到合适的订单，还可以为企业节省资金，提高资金的使用效率。广告投放不合理会给企业带来不小的损失：若广告投放过多，会造成资金的浪费；若广告投放过少，会使企业无法选到合适和足够数量的订单，造成产品积压。

企业在广告投放时，需要就投放广告的市场、投放广告的产品以及各自的投放额等问题进行决策，一般应注意如下三方面的问题：

第一，安全第一。企业在投放广告时，必须先认真地进行市场分析，根据市场需求有目的地投放广告，不能盲目投放而给企业造成资金浪费。由于第 1 年资金比较充裕，且第 1 年广告是 6 年的基础，确定了企业前期的发展，所以不少企业在第一次投放广告时都存在着一定的非理性行为，造成广告额投放过多的问题。广告额投放过多会导致企业现金流出过多，从而产生一系列的问题，如果第一次广告额投放过多，企业在第 2 年很有可能面临资金紧张的局面，企业将不得不推迟产品开发、停工生产线，从而导致利润减少、所有者权益减少，并最终造成在经营对抗中落败。

第二，综合考虑多种因素。企业在投放广告时，应全方位考虑影响选单的各种因素。企业在决定广告投放策略时，需要事先了解每个市场对产品的需求情况和订单情况、竞争对手可能的广告投放策略、市场竞争的激烈程度、企业当前状况、企业生产能力、原材料订购情况以及企业的重点市场等。只有在综合考虑多种因素的基础之上，才有可能做出正确的广告投放策略。

第三，争取效益最大化。企业所投放的广告费用是一项较大的支出，选单的规则是 10K ~ 29K 最多有一次选单机会，30K ~ 49K 最多有两次选单机会，50K ~ 69K 最多有三次选单机会。因此，企业在进行广告投放决策时，要尽可能争取广告投入效益最大化，即企业在投放广告时要尽可能使投放的广告产生效益。比如，企业拥有本地、区域、国内三个市场，当年能生产 8 个 P2 产品，如果预计每个市场有 6 ~ 7 张订单，而进入三个市场的企业均为 8 家，那么企业在三个市场的广告投放基本是 10K ~ 29K，这样，在每个市场拿到一张订单的可能性比较大。

8.2.4 选单与交单

企业科学合理的广告投放可为选单奠定良好的基础，但为了选到合适的订单，企业在参加订货会时必须随机应变，并注意如下两方面的问题：

第一，明确企业每个季度的生产和产品库存情况。由于不同的订单有不同的交货期要求，甚至部分订单要求在第 1 季交货，一般情况下，对交货期要求苛刻的订单价格会更高一些，因此，企业应该明确每个季度的生产和产品库存情况,在保证可以交货的前提下选择对交货期有特殊要求的订单。

第二,配合企业的现金状况选单。企业在选单时,经常面临的一个状况是在订单之间做出选择,这时必须考虑企业的现金状况。比如,有两张都是 3 个 P2 产品的订单,一张价格是 180K,账期是 2Q,交货期是 4Q;另一张价格是 200K,账期是 4Q,交货期也是 4Q。那么企业该如何选择呢?一般而言,若是企业的现金较多、资金运转问题不大,应该选择账期较长但总价较高的订单;若企业的现金较为紧张,则应选择账期较短但总价较低的订单。

企业在选单时已经明确了按订单交货的时间,大多数订单的交货期为 4Q,允许提前交货,但不允许延后交货。由于企业在每年的前三季都生产产品,因此有的订单可以提前交货。那么哪些订单应该提前交货?如果企业可以做到合理交单,就可以避免由于贴现等行为而产生的不必要的财务费用。企业在确定交单顺序时,需要做好如下两项工作:

其一,根据企业现金的状况,按账期确定交单顺序。由于不同订单有着不同的账期,先交单和后交单会影响到企业的现金回笼状况。如果企业的现金状况较好,短期内不会断流,那么一般选择先交账期较长的订单,后交账期较短的订单;若企业现金流较为紧张,为减少贴现而造成的财务费用,企业应该先交账期较短的订单,后交账期较长的订单;若企业资金极为紧张,基本靠贴现才能保证现金不断流,则应先交账期较长的订单。

其二,将订单的数量进行有效组合。在一般情况下,企业在每一季都是尽可能地将所有产品按订单交货。但如果是订货量大的订单,则可以有多种选择。如企业在第 1 季已经有 2 个 P2 产品下线,第 2 季还可以生产 2 个 P2 产品,企业有 2 张订单,一张是 2 个 P2 产品,一张是 4 个 P2 产品,那么企业可以考虑第 1 季暂时不交货,待第 2 季 2 个产品下线后再交 4 个 P2 产品的订单,这样便能提前 1 季收到数额较大的现金。

8.3 对抗战略

俗话说:“凡事预则立,不预则废”。同样,在 ERP 沙盘模拟实验前也要有一整套战略成型于心,这样方能使经营团队临危不乱,镇定自若,在变幻莫测的市场竞争中占据优势。

8.3.1 力压群雄——霸王战略

8.3.1.1 战略介绍

在企业模拟运营初期,筹到大量资金用于扩大产能,保证产能第一,以高广告战略将生产产品全部销售,保证前期有足够的现金流用于扩建新的厂房与生产线,进一步增加产能;同时,随着产品开发的节奏,由最开始的P1、P2产品市场占领,向着利润更高的P3、P4、P5产品市场迈进,更快地完成产品更新的过渡,在竞争中始终保持主流产品销售量和综合销售量第一。后期继续利用前期很好的现金流,以高广告战略保证不出现大的失误,保持权益最高,稳扎稳打,使对手望尘莫及,难以超越,最终夺得头筹。

8.3.1.2 运作要点

实施霸王战略有两个关键点:一是资本运作,使企业有充足的资金用于产能扩大,并能抵御巨大的还款压力,使资金运转正常,所以实施这一战略对财务总监的要求很高;二是精确的产能测算与生产成本预算,如何安排企业产能、扩大产品开发的节奏,如何实现零库存,如何进行产品组合与市场开发,对这些问题的处理将决定企业最终的成败。

8.3.1.3 评述

采取霸王战略的团队要有相当的魄力,要像当年霸王项羽那样,敢于破釜沉舟,而谨小慎微者则不宜采用。此战略的劣势在于,如果资金或广告在某一环节出现失误,则会令企业陷入十分艰难的处境,过大的还款压力可能将致企业破产,像霸王那样自刎于乌江,所以实施这一战略风险很高。

8.3.2 忍辱负重——越王战略

8.3.2.1 战略介绍

实践越王战略者通常是有很大的产能潜力,但由于期初广告运作失误,导致所有者权益过低,处于劣势地位。所以在第2年、第3年不得不靠P1、P2产品维持运营,只能延缓产品开发计划,积蓄力量,度过危险期。在第3年时,看准时机推出P3或P4、P5产品,配以精确的广告战略,出其不意地攻占对手们的薄弱市场,同时出售残余产能。在对手没有准备的时候,用高广告进入对手市场,一口气出售所有产品,在下一年拥有对手无法比拟的现金流,大量扩线扩产能追赶甚至超越对手,最终称霸市场。

8.3.2.2 运作要点

越王战略制胜有两个关键点:一是广告运作,因为企业前期的发展不够好,所以现金有限,必须用最少的广告获得最大的收益,因此要采取精确广告战略,一定要仔细分析对手情况,找到其在市场中的薄弱环节,以最小的代价夺得市场,降低成本;二是现金测算,因为要“出奇兵”(P3或P4、P5产品),但这些产品对现金要求很高,所以现金测算必须准确,现金断流尚在其次,若是因完不成订单而遭罚,那将前功尽弃,功亏一篑。

8.3.2.3 评述

越王战略不是一种主动的战略，大多是在经营不利的情况下采取的，所以团队成员要有很强的忍耐力与决断力，不为眼前一时的困境所压倒，并学会“好钢用在刀刃上”，节约开支，降低成本，先求企业生存，再求夺占市场。

8.3.3 见风使舵——渔翁战略

8.3.3.1 战略介绍

当市场上有两家实力相当的企业争夺第一时，渔翁战略就派上用场了。要在产能上努力跟随前两家的开发节奏，同时努力降低成本，在每次新市场开拓时均采用低广告战略，规避风险、稳健经营，在前两家的争夺而致两败俱伤时立即占领市场。

8.3.3.2 运作要点

渔翁战略有两个关键点：一是在于一个“稳”字，即经营过程中一切均按部就班，广告投入、产能扩大都是循序渐进，逐步实现，稳扎稳打；二是要利用好时机，因为时机是稍纵即逝的，抓住时机就奠定了稳健经营的基础。

8.3.3.3 评述

渔翁战略在企业模拟运营中是常用的，但要成功一定要做好充分准备，只有这样才能在机会来临时及时抓住机会，从而使对手无法超越。

9 ERP沙盘模拟案例

俗话说“商场如战场”。企业经营面对的是一个没有硝烟的战场，充满着竞争与挑战。在资源与规则相同的条件下，经营者运用自己的策略、方法，使企业不断发展壮大。但是，也有可能由于经营者的策略与方法不妥当，导致企业经营困难，甚至破产。因此，经营者在经营中要小心谨慎，否则，走错一步就很有可能造成全盘皆输。成功与失败不是永远的，只有尽可能地减少失误才能更接近成功。在决策中，犯错误是在所难免的，要学会总结，减少失误。本章基于这样的目的，将对一个真实的案例进行分析。

9.1 案例基本情况介绍

9.1.1 案例赛简介

本案例选自2016年浙江省首届大学生企业经营沙盘模拟竞赛中某个赛区的比赛。参加这次比赛的有20个组，根据抽签将20个组依次分为C01～C20公司。本章选取8个公司进行案例分析。

9.1.2 案例赛的基本规则

9.1.2.1 生产线

表9-1是生产线规则：

表9-1 生产线规则

生产线类型	购买价格（K）	安装周期（季）	生产周期（季）	总转产费用（K）	转产周期（季）	维修费（K/年）	残值（K）	分值
手工线	35	无	3	0	0	5	5	0
半自动线	50	1	2	20	1	10	10	5
自动线	150	3	1	20	1	20	30	8
柔性线	200	4	1	0	0	20	40	10

规则说明：

不论何时出售生产线，从生产线净值中取出相当于残值的部分计入现金，净值与残值之差计入损失。

只有空置的并且已经建成的生产线可转产。

当年建成的生产线、转产中生产线都要交纳维修费。

折旧采用平均年限法，建成第 1 年不进行折旧。

生产线不允许在不同厂房间移动。

手工线不需要购置费，不需要安装周期，该类生产线不计小分。

9.1.2.2 折旧(平均年限法)

表 9－2 是折旧规则：

表 9－2 折旧规则 单位：K

生产线类型	购置费	残值	建成第 1 年	建成第 2 年	建成第 3 年	建成第 4 年	建成第 5 年
手工线	35	10	0	10	10	10	
半自动线	50	10	0	10	10	10	10
自动线	150	30	0	30	30	30	30
柔性线	200	40	0	40	40	40	40

当年建成生产线当年不提折旧，当净值等于残值时生产线不再计提折旧，但可以继续使用。

9.1.2.3 融资

表 9－3 是融资规则：

表 9－3 融资规则

贷款类型	贷款时间	贷款额度	年息	还款方式
长期贷款	每年年初	所有长贷和短贷之和不能超过上年权益的 0.8 倍	8%	年初付息，到期还本
短期贷款	每季度初		5%	到期一次还本付息
资金贴现	任何时间	视应收款额	5%（1 季，2 季），10%（3 季，4 季）	变现时贴息，可对 1、2 季应收联合贴现(3、4 季同理)
库存拍卖	原材料八折，成品按成本价			

应当注意的是，长短贷均不得小于 10K；长贷利息的计算是，所有不同年份长贷加总再乘以利率，然后四舍五入计算利息；短贷利息按每笔短贷分别计算。

9.1.2.4 厂房

表 9－4 是厂房规则：

表 9－4 厂房规则

厂房类型	买价(K)	租金(K/年)	售价(K)	生产线容量(条)	
大厂房	440	44	440	4	厂房出售得到 4 个账期的应收款,紧急情况下可厂房贴现(4 季贴现),直接得到现金,如厂房中有生产线,同时要扣租金
中厂房	300	30	300	3	
小厂房	180	18	180	2	

每季均可租用或购买厂房,租满一年的厂房在满年的季度(如第 2 季租的,则在以后各年第 2 季为满年,可进行处理),需要用“厂房处理”进行“租转买”或“退租”(当厂房中没有任何生产线时)的处理,如果未加处理,则原来租用的厂房的季度,下一年的同一季度扣除利息;厂房不计提折旧;生产线不允许在不同厂房间移动。

厂房使用可以任意组合,但总数不能超过 4 个;如租 4 个小厂房或买 4 个大厂房或租 1 个大厂房买 3 个中厂房。

9.1.2.5 市场准入

表 9－5 是市场准入规则:

表 9－5 市场准入规则

市场类型	开发费(K/年)	时间(年)	
本地	10	1	开发费用按开发时间在年末平均支付,不允许加速投资,但可中断投资;市场开发完成后,领取相应的市场准入证
区域	10	1	
国内	10	2	
亚洲	10	3	
国际	10	4	

规则说明:

开发费按开发时间在年末平均支付,不允许加速投资。

市场开发完成后,领取相应的市场准入证。

无须交纳维护费,若中途停止使用,也拥有资格并在以后年份可继续使用。市场开发只有在第 4 季度才可以进行。

9.1.2.6 资格认证

表 9－6 是资格认证规则:

表 9－6 资格认证规则

认证类型	ISO9000	ISO14000	
认证时间(年)	2	3	开发费用按开发时间在年末平均支付,不允许加速投资,但可中断投资;ISO 开发完成后,获得相应的认证
认证费用(K/年)	10	10	

规则说明：

无须交纳维护费，若中途停止使用，也拥有资格并在以后年份可继续使用。ISO 认证只有在第 4 季度才可以进行。

9.1.2.7 产品

表 9－7 是产品规则：

表 9－7 产品规则

产品类型	开发费用（K/季）	开发周期（季）	加工费（K/个）	直接成本（K/个）	产品组成
P1	10	2	5	25	R1＋R3
P2	10	3	5	35	R2＋R4
P3	10	4	5	45	R1＋R3＋R4
P4	11	5	10	60	P1＋R2＋R3（注意需要中间品 P1）
P5	12	6	10	70	P2＋R1＋R4（注意需要中间品 P2）

9.1.2.8 原材料

表 9－8 是原材料规则：

表 9－8 原材料规则

原材料类型	购买价格（K/个）	提前期（季）
R1	5	1
R2	10	1
R3	15	2
R4	20	2

9.1.2.9 紧急采购

规则说明：

付款即到货，原材料价格为直接成本的 2 倍，成品价格为直接成本的 3 倍。

紧急采购原材料和产品时直接扣除现金。上报报表时，成本仍然按照标准成本记录，紧急采购多付出的成本计入费用表损失项。

9.1.2.10 取整规则（均精确或四舍五入到个位整数）

规则说明：

违约金扣除——四舍五入（每张单分开计算）。

库存拍卖所得现金——四舍五入。

贴现费用——向上取整。
扣税——四舍五入。
长短贷利息——四舍五入。

9.1.2.11 重要参数

图 9－1 是重要参数：

违约金比例:	20.00 %	贷款额比例:	80 %
产品折价率:	100.00 %	原料折价率:	80.00 %
长贷利率:	8.00 %	短贷利率:	5.00 %
1、2季贴现率:	5.00 %	3、4季贴现率:	10.00 %
管理费:	10 K	报表填错扣分:	50
情报费:	1 K	所得税率:	25.00 %
长贷年限:	5 年	最小得单广告费:	10 K
原料紧急采购倍数:	2 倍	产品紧急采购倍数:	3 倍
选单时间:	50 秒	首位选单补时:	20 秒
市场同开数量:	2	市场老大:	无
竞单时间:	90 秒	竞单同竞数:	3

图 9－1 重要参数

应当注意的是，初始资金为 980K。

9.2 市场分析

该案例的市场分析如表 9－9、表 9－10 所示。

表 9－9 市场价格分析 单位：K

序号	年度	产品类型	本地	区域	国内	亚洲	国际
1	第 2 年	P1	49.58	49.09	0	0	0
2	第 2 年	P2	64	68	0	0	0
3	第 2 年	P3	82	80	0	0	0
4	第 3 年	P1	46.35	49.29	49.81	0	0

续表

序号	年度	产品类型	本地	区域	国内	亚洲	国际
5	第3年	P2	77.42	78.57	80.32	0	0
6	第3年	P3	83.33	81.25	82.17	0	0
7	第3年	P4	0	118.64	127.37	0	0
8	第4年	P1	44.91	47.78	43.21	40.98	0
9	第4年	P2	82.2	74.52	80.33	66.57	0
10	第4年	P3	88.85	84.5	82.27	87.5	0
11	第4年	P4	133.46	130	133.68	133.12	0
12	第5年	P1	40.71	48.5	43.59	39.23	57.34
13	第5年	P2	74.75	62.76	69.33	64.83	71.58
14	第5年	P3	88	89.38	83.08	89.69	87.92
15	第5年	P4	135.41	131	132.5	130.83	134.8
16	第6年	P1	39.03	47.65	39.38	40.33	58.29
17	第6年	P2	63.96	62.57	62.82	66.5	72.71
18	第6年	P3	83.45	87.65	85.13	89.23	84.12
19	第6年	P4	135.56	136.15	132	138.67	134.24

表 9-10　市场需求量统计

序号	年度	产品类型	本地	区域	国内	亚洲	国际
1	第2年	P1	72	33	0	0	0
2	第2年	P2	30	40	0	0	0
3	第2年	P3	20	17	0	0	0
4	第3年	P1	63	28	54	0	0
5	第3年	P2	31	28	31	0	0
6	第3年	P3	21	24	23	0	0
7	第3年	P4	0	22	19	0	0
8	第4年	P1	55	27	53	51	0
9	第4年	P2	41	31	30	35	0
10	第4年	P3	26	20	22	20	0
11	第4年	P4	26	26	19	16	0
12	第5年	P1	42	20	39	39	64
13	第5年	P2	40	29	30	29	38

续表

序号	年度	产品类型	本地	区域	国内	亚洲	国际
14	第5年	P3	30	32	26	32	24
15	第5年	P4	37	30	28	24	25
16	第6年	P1	31	17	32	30	70
17	第6年	P2	48	35	39	40	48
18	第6年	P3	58	34	39	39	34
19	第6年	P4	45	39	35	30	33

第一,本地市场与区域市场将会持续发展,对低端产品的需求可能要下降,伴随着需求的减少,低端产品的价格很有可能走低。后几年,随着高端产品的成熟,市场对P3、P4产品的需求将会逐渐增大,由于客户质量意识不断提高,后几年可能对产品的ISO9000和ISO14000认证有更多的需求。但是在第3年的时候,本地市场对P4产品无需求,而区域市场对P4产品有需求。

第二,因P1产品带有较明显的地域色彩,估计国内市场对P1产品不会有持久的需求。但P2产品因更适合于国内市场,估计需求一直会比较平稳。随着客户对产品的逐渐认同,估计对P3、P4产品的需求会不断增加,价格也会有细微的变化。当然,对高价值的产品来说,客户一定会更注重产品的质量认证。

第三,亚洲市场一向波动较大,所以对产品的需求可能起伏较大。但是P1、P2产品价格比较平稳,P3、P4产品价格在不断上升。另外,这个市场的消费者很看重产品的质量,所以,没有ISO9000和ISO14000认证的产品可能很难销售。

第四,产品进入国际市场需要一个较长的时期。有迹象表明,对P1产品已经十分认同,市场需求相当多。市场对高端产品会很谨慎地接受,需求相对比较少。当然,国际市场的客户也会关注具有ISO认证的产品。

9.3 各模拟公司运营情况对比

各模拟公司第1年的相关财务报表,如表9-11至表9-13所示。

表9-11 第1年综合费用表 单位:K

项目 \ 公司	C1	C2	C3	C4	C5	C6	C7	C8	C9	C10
管理费	40	40	40	40	40	40	40	40	40	40

续表

公司 项目	C1	C2	C3	C4	C5	C6	C7	C8	C9	C10
广告费	0	0	0	0	0	0	0	0	0	0
设备维护费	0	0	0	0	0	0	0	0	0	0
损失	0	0	0	0	0	0	0	0	0	0
转产费	0	0	0	0	0	0	0	0	0	0
厂房租金	44	44	44	44	44	44	44	44	44	44
新市场开拓	50	50	50	50	50	50	50	50	50	50
ISO 资格证	20	20	20	20	20	20	20	20	20	20
产品研发	40	40	64	50	78	40	72	78	70	90
情报费	2	0	0	0	0	0	0	0	0	0
合计	196	194	218	204	232	194	226	232	224	244

公司 项目	C11	C12	C13	C14	C15	C16	C17	C18	C19	C20
管理费	40	40	40	40	40	40	40	40	40	40
广告费	0	0	0	0	0	0	0	0	0	0
设备维护费	0	0	0	0	0	80	0	0	0	0
损失	0	0	0	0	0	0	0	0	0	0
转产费	0	0	0	0	0	0	0	0	0	0
厂房租金	44	44	44	44	44	44	44	44	44	44
新市场开拓	50	50	50	50	50	50	50	50	50	50
ISO 资格证	20	20	20	20	20	20	20	20	20	20
产品研发	40	31	60	30	78	54	30	104	50	60
情报费	0	0	0	0	0	0	0	0	0	0
合计	194	185	214	184	232	288	184	258	204	214

表 9-12　第 1 年利润表　　单位:K

公司 项目	C1	C2	C3	C4	C5	C6	C7	C8	C9	C10
销售收入	0	0	0	0	0	0	0	0	0	0
——直接成本	0	0	0	0	0	0	0	0	0	0
毛利	0	0	0	0	0	0	0	0	0	0

续表

项目＼公司	C1	C2	C3	C4	C5	C6	C7	C8	C9	C10
——综合费用	196	194	218	204	232	194	226	232	224	244
折旧前利润	-196	-194	-218	-204	-232	-194	-226	-232	-224	-244
——折旧	0	0	0	0	0	0	0	0	0	0
支付利息前利润	-196	-194	-218	-204	-232	-194	-226	-232	-224	-244
——财务费用	0	0	0	0	63	63	0	0	0	0
税前利润	-196	-194	-218	-204	-295	-257	-226	-232	-224	-244
——所得税	0	0	0	0	0	0	0	0	0	0
年度净利润	-196	-194	-218	-204	-295	-257	-226	-232	-224	-244

项目＼公司	C11	C12	C13	C14	C15	C16	C17	C18	C19	C20
销售收入	0	0	0	0	0	0	0	0	0	0
——直接成本	0	0	0	0	0	0	0	0	0	0
毛利	0	0	0	0	0	0	0	0	0	0
——综合费用	194	185	214	184	232	288	184	258	204	214
折旧前利润	-194	-185	-214	-184	-232	-288	-184	-258	-204	-214
——折旧	0	0	0	0	0	0	0	0	0	0
支付利息前利润	-194	-185	-214	-184	-232	-288	-184	-258	-204	-214
——财务费用	0	0	24	0	0	0	0	0	0	0
税前利润	-194	-185	-238	-184	-232	-288	-184	-258	-204	-214
——所得税	0	0	0	0	0	0	0	0	0	0
年度净利润	-194	-185	-238	-184	-232	-288	-184	-258	-204	-214

表 9-13　第 1 年资产负债表　　单位：K

项目＼公司	C1	C2	C3	C4	C5	C6	C7	C8	C9	C10
现金	291	286	91	334	719	907	232	195	156	190
应收款	0	0	0	0	0	0	0	0	0	0
在制品	0	0	0	0	0	0	0	0	0	0
产成品	0	0	0	0	0	0	0	0	0	0
原材料	0	0	0	0	0	0	0	0	0	0

续表

项目＼公司	C1	C2	C3	C4	C5	C6	C7	C8	C9	C10
流动资产合计	291	286	91	334	719	907	232	195	156	190
厂房	0	0	0	0	0	0	0	0	0	0
生产线	0	0	0	0	0	0	0	0	0	0
在建工程	600	600	800	600	750	600	700	800	800	700
固定资产合计	600	600	800	600	750	600	700	800	800	700
资产总计	891	886	891	934	1 469	1 507	932	995	956	890
长期负债	0	0	0	0	784	784	0	0	0	0
短期负债	107	100	129	158	0	0	178	247	200	154
负债合计	107	100	129	158	784	784	178	247	200	154
股东资本	980	980	980	980	980	980	980	980	980	980
利润留存	0	0	0	0	0	0	0	0	0	0
年度净利润	-196	-194	-218	-204	-295	-257	-226	-232	-224	-244
所有者权益合计	784	786	762	776	685	723	754	748	756	736
负债和所有者权益总计	891	886	891	934	1 469	1 507	932	995	956	890

项目＼公司	C11	C12	C13	C14	C15	C16	C17	C18	C19	C20
现金	255	195	392	196	166	230	196	151	192	135
应收款	0	0	0	0	0	0	0	0	0	0
在制品	0	0	0	0	0	140	0	0	0	0
产成品	0	0	0	0	0	0	0	0	0	0
原材料	0	0	0	0	0	0	0	0	0	0
流动资产合计	255	195	392	196	166	370	196	151	192	135
厂房	0	0	0	0	0	0	0	0	0	0
生产线	0	0	0	0	0	600	0	0	0	0
在建工程	600	600	650	600	800	0	600	700	700	800
固定资产合计	600	600	650	600	800	600	600	700	700	800
资产总计	855	795	1 042	796	966	970	796	851	892	935
长期负债	0	0	300	0	0	0	0	0	0	0

续表

项目 \ 公司	C11	C12	C13	C14	C15	C16	C17	C18	C19	C20
短期负债	69	0	0	0	218	278	0	129	116	169
负债合计	69	0	300	0	218	278	0	129	116	169
股东资本	980	980	980	980	980	980	980	980	980	980
利润留存	0	0	0	0	0	0	0	0	0	0
年度净利润	-194	-185	-238	-184	-232	-288	-184	-258	-204	-214
所有者权益合计	786	795	742	796	748	692	796	722	776	766
负债和所有者权益总计	855	795	1 042	796	966	970	796	851	892	935

各模拟公司第2年广告投放情况及财务报表，如表9-14至表9-17所示。

表9-14　第2年广告投放表　　单位：K

项目 \ 公司	C1	C2	C3	C4	C5	C6	C7	C8	C9	C10
广告费	279	278	45	94	150	293	189	154	140	129
项目 \ 公司	**C11**	**C12**	**C13**	**C14**	**C15**	**C16**	**C17**	**C18**	**C19**	**C20**
广告费	229	62	106	120	114	152	80	98	152	97

表9-15　第2年综合费用表　　单位：K

项目 \ 公司	C1	C2	C3	C4	C5	C6	C7	C8	C9	C10
管理费	40	40	40	40	40	40	40	40	40	40
广告费	279	278	45	94	150	293	189	154	140	129
设备维护费	80	80	80	60	80	80	80	80	80	80
损失	0	0	0	0	0	0	0	0	0	70
转产费	0	0	0	0	0	0	0	0	0	0
厂房租金	44	44	44	44	44	44	44	44	44	44
新市场开拓	30	30	30	30	30	30	30	30	0	30
ISO 资格证	20	20	20	20	20	20	20	20	20	20

续表

公司 项目	C1	C2	C3	C4	C5	C6	C7	C8	C9	C10
产品研发	0	0	41	92	24	0	33	24	36	11
情报费	0	0	0	0	0	0	0	0	0	0
合计	493	492	300	380	388	507	436	392	360	424

公司 项目	C11	C12	C13	C14	C15	C16	C17	C18	C19	C20
管理费	40	40	40	40	40	40	40	40	40	40
广告费	229	62	106	120	114	152	80	98	152	97
设备维护费	80	80	80	80	80	80	80	80	80	80
损失	0	0	0	0	0	0	0	0	50	0
转产费	0	0	0	0	0	0	40	0	0	0
厂房租金	44	88	44	44	44	44	44	44	44	44
新市场开拓	30	30	30	30	30	30	30	30	30	30
ISO 资格证	20	20	20	20	20	20	20	20	20	20
产品研发	0	33	0	0	64	0	20	35	10	30
情报费	0	0	0	0	0	0	0	0	0	0
合计	443	353	320	334	392	366	354	347	426	341

表 9－16　第 2 年利润表　　单位：K

公司 项目	C1	C2	C3	C4	C5	C6	C7	C8	C9	C10
销售收入	908	713	716	531	768	816	741	1 012	380	939
——直接成本	405	315	300	225	315	360	310	420	160	395
毛利	503	398	416	306	453	456	431	592	220	544
——综合费用	493	492	300	380	388	507	436	392	360	424
折旧前利润	10	－94	116	－74	65	－51	－5	200	－140	120
——折旧	0	0	0	0	0	0	0	0	0	0
支付利息前利润	10	－94	116	－74	65	－51	－5	200	－140	120
——财务费用	67	10	12	22	71	99	58	26	10	14
税前利润	－57	－104	104	－96	－6	－150	－63	174	－150	106

续表

项目＼公司	C1	C2	C3	C4	C5	C6	C7	C8	C9	C10
——所得税	0	0	0	0	0	0	0	0	0	0
年度净利润	-57	-104	104	-96	-6	-150	-63	174	-150	106

项目＼公司	C11	C12	C13	C14	C15	C16	C17	C18	C19	C20
销售收入	516	256	374	819	1 017	1 000	324	782	511	757
——直接成本	225	100	150	350	420	420	140	330	215	300
毛利	291	156	224	469	597	580	184	452	296	457
——综合费用	443	353	320	334	392	366	354	347	426	341
折旧前利润	-152	-197	-96	135	205	214	-170	105	-130	116
——折旧	0	0	0	0	0	120	0	0	0	0
支付利息前利润	-152	-197	-96	135	205	94	-170	105	-130	116
——财务费用	3	0	24	0	21	13	51	15	15	8
税前利润	-155	-197	-120	135	184	81	-221	90	-145	108
——所得税	0	0	0	0	0	0	0	0	0	0
年度净利润	-155	-197	-120	135	184	81	-221	90	-145	108

表9-17 第2年资产负债表 单位:K

项目＼公司	C1	C2	C3	C4	C5	C6	C7	C8	C9	C10
现金	7	16	46	150	9	397	3	8	230	0
应收款	430	289	426	231	459	0	421	572	0	610
在制品	180	180	190	95	245	180	170	140	0	120
产成品	135	225	0	60	0	180	0	0	0	0
原材料	0	0	0	0	0	0	0	0	180	0
流动资产合计	752	710	662	536	713	757	594	720	410	730
厂房	0	0	0	0	0	0	0	0	0	0
生产线	600	600	800	600	750	600	700	800	800	700
在建工程	0	0	0	0	0	0	0	0	0	0
固定资产合计	600	600	800	600	750	600	700	800	800	700
资产总计	1 352	1 310	1 462	1 136	1 463	1 357	1 294	1 520	1 210	1 430

续表

项目＼公司	C1	C2	C3	C4	C5	C6	C7	C8	C9	C10
长期负债	518	0	0	0	784	784	425	22	0	0
短期负债	107	628	596	456	0	0	178	576	604	588
负债合计	625	628	596	456	784	784	603	598	604	588
股东资本	980	980	980	980	980	980	980	980	980	980
利润留存	-196	-194	-218	-204	-295	-257	-226	-232	-224	-244
年度净利润	-57	-104	104	-96	-6	-150	-63	174	-150	106
所有者权益合计	727	682	866	680	679	573	691	922	606	842
负债和所有者权益总计	1 352	1 310	1 462	1 136	1 463	1 357	1 294	1 520	1 210	1 430

项目＼公司	C11	C12	C13	C14	C15	C16	C17	C18	C19	C20
现金	211	218	131	181	3	529	401	126	10	49
应收款	312	256	0	576	585	0	0	392	91	497
在制品	0	100	120	140	140	140	120	170	180	140
产成品	135	0	210	70	0	140	50	0	270	0
原材料	0	0	0	0	0	0	40	0	0	0
流动资产合计	658	574	461	967	728	809	611	688	551	686
厂房	0	0	0	0	0	0	0	0	0	0
生产线	600	600	650	600	800	480	600	700	700	800
在建工程	0	300	0	0	0	0	0	0	0	0
固定资产合计	600	900	650	600	800	480	600	700	700	800
资产总计	1 258	1 474	1 111	1 567	1 528	1 289	1 211	1 388	1 251	1 486
长期负债	0	0	300	0	0	0	636	0	0	0
短期负债	627	636	189	636	596	516	0	576	620	612
负债合计	627	636	489	636	596	516	636	576	620	612
股东资本	980	1 220	980	980	980	980	980	980	980	980
利润留存	-194	-185	-238	-184	-232	-288	-184	-258	-204	-214
年度净利	-155	-197	-120	135	184	81	-221	90	-145	108
所有者权益合计	631	838	622	931	932	773	575	812	631	874
负债和所有者权益总计	1 258	1 474	1 111	1 567	1 528	1 289	1 211	1 388	1 251	1 486

各模拟公司第 3 年广告投放情况及财务报表,如表 9－18 至表 9－21 所示。

表 9－18　第 3 年广告投放表　　单位:K

项目＼公司	C1	C2	C3	C4	C5	C6	C7	C8	C9	C10
广告费	259	252	92	88	72	160	108	119	12	75
项目＼公司	C11	C12	C13	C14	C15	C16	C17	C18	C19	C20
广告费	204	110	95	130	232	222	163	103	100	150

表 9－19　第 3 年综合费用表　　单位:K

项目＼公司	C1	C2	C3	C4	C5	C6	C7	C8	C9	C10
管理费	40	40	40	40	40	40	40	40	40	40
广告费	259	252	92	88	72	160	108	119	12	75
设备维护费	80	80	80	60	80	80	80	80	40	80
损失	0	0	0	0	0	0	0	0	348	0
转产费	0	0	0	0	0	0	0	0	0	0
厂房租金	62	44	88	44	44	74	62	62	44	62
新市场开拓	20	20	20	20	20	20	20	20	10	20
ISO 资格证	10	10	10	10	10	10	10	10	10	10
产品研发	0	46	0	35	0	10	0	0	0	44
情报费	0	0	0	0	0	0	0	0	0	0
合计	471	492	330	297	266	394	320	331	504	331
项目＼公司	C11	C12	C13	C14	C15	C16	C17	C18	C19	C20
管理费	40	30	40	40	40	40	40	40	0	40
广告费	204	110	95	130	232	222	163	103	100	150
设备维护费	80	0	80	80	80	90	80	80	0	80
损失	8	0	0	0	2	50	0	0	0	0
转产费	0	0	0	0	0	0	0	0	0	0
厂房租金	44	88	44	74	44	106	44	44	0	88
新市场开拓	20	0	20	20	20	20	20	20	0	20
ISO 资格证	10	0	10	10	10	10	10	10	0	10

续表

项目 \ 公司	C11	C12	C13	C14	C15	C16	C17	C18	C19	C20
产品研发	0	11	0	40	0	48	24	0	0	0
情报费	0	0	0	0	0	0	0	0	0	0
合计	406	239	289	394	428	586	381	297	100	388

表 9－20　第 3 年利润表　　单位：K

项目 \ 公司	C1	C2	C3	C4	C5	C6	C7	C8	C9	C10
销售收入	1 608	1 514	1 179	936	1 050	1 763	1 158	1 365	336	971
——直接成本	720	675	480	390	420	855	480	560	140	405
毛利	888	839	699	546	630	908	678	805	196	566
——综合费用	471	492	330	297	266	394	320	331	504	331
折旧前利润	417	347	369	249	364	514	358	474	－308	235
——折旧	120	120	160	120	150	120	140	160	80	140
支付利息前利润	297	227	209	129	214	394	218	314	－388	95
——财务费用	114	76	54	44	88	123	83	81	36	45
税前利润	183	151	155	85	126	271	135	233	－424	50
——所得税	0	0	10	0	0	0	0	44	0	0
年度净利润	183	151	145	85	126	271	135	189	－424	50

项目 \ 公司	C11	C12	C13	C14	C15	C16	C17	C18	C19	C20
销售收入	1 036	430	1 144	1 345	1 058	1 939	1 201	1 152	0	1 377
——直接成本	450	150	485	560	420	770	495	480	0	560
毛利	586	280	659	785	638	1 169	706	672	0	817
——综合费用	406	239	289	394	428	586	381	297	100	388
折旧前利润	180	41	370	391	210	583	325	375	－100	429
——折旧	120	0	130	120	160	120	120	140	0	160
支付利息前利润	60	41	240	271	50	463	205	235	－100	269
——财务费用	88	23	56	43	54	103	51	51	6	85
税前利润	－28	18	184	228	－4	360	154	184	－106	184
——所得税	0	0	0	45	0	38	0	4	0	20
年度净利润	－28	18	184	183	－4	322	154	180	－106	164

表 9－21 第 3 年资产负债表 单位:K

项目＼公司	C1	C2	C3	C4	C5	C6	C7	C8	C9	C10
现金	13	218	85	102	604	68	4	3	256	300
应收款	473	500	488	336	0	555	544	765	0	180
在制品	180	180	140	105	245	180	170	140	70	120
产成品	45	0	50	70	140	45	0	0	0	105
原材料	0	0	0	0	0	0	0	0	20	0
流动资产合计	711	898	763	613	989	848	718	908	346	705
厂房	0	0	0	0	0	0	0	0	0	0
生产线	480	480	640	480	600	480	560	640	320	560
在建工程	300	0	300	150	0	300	100	300	0	300
固定资产合计	780	480	940	630	600	780	660	940	320	860
资产总计	1 491	1 378	1 703	1 243	1 589	1 628	1 378	1 848	666	1 565
长期负债	518	0	0	62	784	784	425	161	0	85
短期负债	63	545	692	416	0	0	127	576	484	588
负债合计	581	545	692	478	784	784	552	737	484	673
股东资本	980	980	980	980	980	980	980	980	980	980
利润留存	－253	－298	－114	－300	－301	－407	－289	－58	－374	－138
年度净利润	183	151	145	85	126	271	135	189	－424	50
所有者权益合计	910	833	1 011	765	805	844	826	1 111	182	892
负债和所有者权益总计	1 491	1 378	1 703	1 243	1 589	1 628	1 378	1 848	666	1 565

项目＼公司	C11	C12	C13	C14	C15	C16	C17	C18	C19	C20
现金	16	196	243	251	334	1	235	188	265	21
应收款	431	0	295	467	336	590	495	720	0	443
在制品	180	280	120	140	180	140	120	170	180	180
产成品	0	0	90	70	180	0	35	0	0	0
原材料	0	0	0	0	0	0	0	0	0	0
流动资产合计	627	476	748	928	1 030	731	885	1 078	445	644
厂房	0	0	0	0	0	0	0	0	0	0
生产线	480	1 050	520	480	640	430	480	560	700	640

续表

项目＼公司	C11	C12	C13	C14	C15	C16	C17	C18	C19	C20
在建工程	0	0	0	450	0	550	0	0	0	450
固定资产合计	480	1 050	520	930	640	980	480	560	700	1090
资产总计	1 107	1 526	1 268	1 858	1 670	1 711	1 365	1 638	1 145	1 734
长期负债	0	0	300	0	106	0	636	0	0	0
短期负债	504	670	162	744	636	616	0	646	620	696
负债合计	504	670	462	744	742	616	636	646	620	696
股东资本	980	1 220	980	980	980	980	980	980	980	980
利润留存	-349	-382	-358	-49	-48	-207	-405	-168	-349	-106
年度净利润	-28	18	184	183	-4	322	154	180	-106	164
所有者权益合计	603	856	806	1 114	928	1 095	729	992	525	1 038
负债和所有者权益总计	1 107	1 526	1 268	1 858	1 670	1 711	1 365	1 638	1 145	1 734

各模拟公司第4年广告投放情况及财务报表，如表9－22至表9－25所示。

表9－22　第4年广告投放表　　单位：K

项目＼公司	C1	C2	C3	C4	C5	C6	C7	C8	C9
广告费	326	218	122	72	121	180	65	171	30
项目＼公司	C10	C11	C13	C14	C15	C16	C17	C18	C20
广告费	144	183	52	269	226	242	110	49	217

表9－23　第4年综合费用表　　单位：K

项目＼公司	C1	C2	C3	C4	C5	C6	C7	C8	C9
管理费	40	40	40	40	40	40	40	40	30
广告费	326	218	122	72	121	180	65	171	30
设备维护费	120	80	120	60	140	140	100	120	0
损失	0	0	0	124	0	0	0	0	4
转产费	0	0	0	0	0	0	0	0	0

续表

项目 \ 公司	C1	C2	C3	C4	C5	C6	C7	C8	C9
厂房租金	92	88	88	44	88	74	106	92	44
新市场开拓	10	10	10	0	10	10	10	10	0
ISO 资格证	0	0	0	0	0	0	0	0	0
产品研发	44	0	40	0	21	10	24	0	0
情报费	0	0	0	0	0	0	0	0	0
合计	632	436	420	340	420	454	345	433	108

项目 \ 公司	C10	C11	C13	C14	C15	C16	C17	C18	C20
管理费	40	40	40	40	40	40	40	40	40
广告费	144	183	52	269	226	242	110	49	217
设备维护费	120	80	80	140	80	150	80	80	140
损失	120	0	0	0	0	210	0	0	0
转产费	0	0	0	0	0	0	0	0	0
厂房租金	62	44	62	74	88	106	88	88	88
新市场开拓	10	10	10	10	10	10	10	10	10
ISO 资格证	0	0	0	0	0	0	0	0	0
产品研发	0	0	0	0	0	0	48	0	24
情报费	0	0	0	0	0	0	0	0	0
合计	496	357	244	533	444	758	376	267	519

表 9－24 第 4 年利润表 单位:K

项目 \ 公司	C1	C2	C3	C4	C5	C6	C7	C8	C9
销售收入	2 336	1 550	1 533	0	1 723	1 615	1 141	1 294	354
——直接成本	1 035	675	625	0	700	710	485	525	140
毛利	1 301	875	908	0	1 023	905	656	769	214
——综合费用	632	436	420	340	420	454	345	433	108
折旧前利润	669	439	488	－340	603	451	311	336	106
——折旧	120	120	160	120	150	120	140	160	0

续表

项目＼公司	C1	C2	C3	C4	C5	C6	C7	C8	C9
支付利息前利润	549	319	328	-460	453	331	171	176	106
——财务费用	174	121	63	44	102	151	53	156	27
税前利润	375	198	265	-504	351	180	118	20	79
——所得税	76	13	66	0	44	11	0	5	0
年度净利润	299	185	199	-504	307	169	118	15	79

项目＼公司	C10	C11	C13	C14	C15	C16	C17	C18	C20
销售收入	1 955	1 531	823	2 097	1 972	2 329	888	1 130	2 055
——直接成本	805	675	365	865	860	945	375	480	885
毛利	1 150	856	458	1 232	1 112	1 384	513	650	1 170
——综合费用	496	357	244	533	444	758	376	267	519
折旧前利润	654	499	214	699	668	626	137	383	651
——折旧	140	120	130	120	160	140	120	140	160
支付利息前利润	514	379	84	579	508	486	17	243	491
——财务费用	79	92	47	62	78	147	52	62	161
税前利润	435	287	37	517	430	339	-35	181	330
——所得税	87	0	0	129	95	85	0	45	83
年度净利润	348	287	37	388	335	254	-35	136	247

表 9-25　第 4 年资产负债表　　单位:K

项目＼公司	C1	C2	C3	C4	C5	C6	C7	C8	C9
现金	25	7	76	29	88	17	321	369	125
应收款	632	492	546	0	408	510	285	110	0
在制品	270	180	190	140	350	255	195	350	0
产成品	0	45	125	140	0	205	25	105	0
原材料	0	0	0	25	0	0	0	0	20
流动资产合计	927	724	937	334	846	987	826	934	145
厂房	0	0	0	0	0	0	0	0	0
生产线	660	360	780	360	900	810	570	780	320

续表

项目＼公司	C1	C2	C3	C4	C5	C6	C7	C8	C9
在建工程	350	600	300	0	150	0	200	300	0
固定资产合计	1 010	960	1 080	360	1 050	810	770	1 080	320
资产总计	1 937	1 684	2 017	694	1 896	1 797	1 596	2 014	465
长期负债	665	121	31	196	784	784	425	312	0
短期负债	63	545	776	237	0	0	227	576	204
负债合计	728	666	807	433	784	784	652	888	204
股东资本	980	980	980	980	980	980	980	980	980
利润留存	−70	−147	31	−215	−175	−136	−154	131	−798
年度净利润	299	185	199	−504	307	169	118	15	79
所有者权益合计	1 209	1 018	1 210	261	1 112	1 013	944	1 126	261
负债和所有者权益总计	1 937	1 684	2 017	694	1 896	1 797	1 596	2 014	465

项目＼公司	C10	C11	C13	C14	C15	C16	C17	C18	C20
现金	288	252	280	8	11	14	326	71	129
应收款	705	315	220	1 130	774	901	224	610	561
在制品	240	180	120	275	140	420	120	170	285
产成品	0	45	115	170	0	0	0	0	105
原材料	0	0	0	0	0	0	0	0	0
流动资产合计	1 233	792	735	1 583	925	1 335	670	851	1 080
厂房	0	0	0	0	0	0	0	0	0
生产线	720	360	390	810	480	790	360	420	930
在建工程	0	0	200	0	600	100	300	650	150
固定资产合计	720	360	590	810	1 080	890	660	1 070	1 080
资产总计	1 953	1 152	1 325	2 393	2 005	2 225	1 330	1 921	2 160
长期负债	85	0	482	0	106	213	636	0	131
短期负债	628	262	0	891	636	663	0	793	696
负债合计	713	262	482	891	742	876	636	793	827
股东资本	980	980	980	980	980	980	980	980	1 028
利润留存	−88	−377	−174	134	−52	115	−251	12	58

续表

项目＼公司	C10	C11	C13	C14	C15	C16	C17	C18	C20
年度净利润	348	287	37	388	335	254	-35	136	247
所有者权益合计	1 240	890	843	1 502	1 263	1 349	694	1 128	1 333
负债和所有者权益总计	1 953	1 152	1 325	2 393	2 005	2 225	1 330	1 921	2 160

说明：由于 C12、C19 公司在第 4 年破产，所以上述表中没有统计这两个公司的财务数据。

各模拟公司第 5 年广告投放情况及财务报表，如表 9－26 至表 9－29 所示。

表 9－26　第 5 年广告投放表　　单位：K

项目＼公司	C1	C2	C3	C4	C5	C6	C7	C8	C10
广告费	305	195	170	19	123	223	40	243	105

项目＼公司	C11	C13	C14	C15	C16	C17	C18	C20
广告费	249	57	298	289	202	98	207	347

表 9－27　第 5 年综合费用表　　单位：K

项目＼公司	C1	C2	C3	C4	C5	C6	C7	C8	C10
管理费	40	40	40	40	40	40	40	40	40
广告费	305	195	170	19	123	223	40	243	105
设备维护费	180	160	160	60	160	140	160	160	160
损失	0	0	70	5	0	0	0	0	0
转产费	0	0	0	0	0	0	0	0	0
厂房租金	136	88	132	44	88	74	106	136	106
新市场开拓	0	0	0	10	0	0	0	0	0
ISO 资格证	0	0	0	0	0	0	0	0	0
产品研发	58	22	36	10	42	58	58	32	36
情报费	0	0	0	0	0	0	0	0	0
合计	719	505	608	188	453	535	404	611	447

续表

项目＼公司	C11	C13	C14	C15	C16	C17	C18	C20
管理费	40	40	40	40	40	40	40	40
广告费	249	57	298	289	202	98	207	347
设备维护费	80	120	140	160	160	120	160	160
损失	0	0	0	0	40	0	0	0
转产费	0	0	0	0	0	0	0	0
厂房租金	44	62	118	132	194	88	88	176
新市场开拓	0	0	0	0	0	0	0	0
ISO 资格证	0	0	0	0	0	0	0	0
产品研发	91	11	68	21	11	0	0	58
情报费	0	0	0	0	0	0	0	0
合计	504	290	664	642	647	346	495	781

表 9－28　第 5 年利润表　　单位：K

项目＼公司	C1	C2	C3	C4	C5	C6	C7	C8	C10
销售收入	2 712	2 174	2 790	525	2 591	2 401	1 553	2 541	1 570
——直接成本	1 195	945	1 150	210	1 050	1 045	660	1 050	655
毛利	1 517	1 229	1 640	315	1 541	1 356	893	1 491	915
——综合费用	719	505	608	188	453	535	404	611	447
折旧前利润	798	724	1 032	127	1 088	821	489	880	468
——折旧	180	120	220	120	240	210	170	220	200
支付利息前利润	618	604	812	7	848	611	319	660	268
——财务费用	243	175	123	50	137	132	91	167	61
税前利润	375	429	689	－43	711	479	228	493	207
——所得税	94	107	172	0	178	120	48	123	52
年度净利润	281	322	517	－43	533	359	180	370	155

项目＼公司	C11	C13	C14	C15	C16	C17	C18	C20
销售收入	1 628	1 133	3 008	2 659	2 682	1 162	1 623	3 233
——直接成本	720	480	1 270	1 140	1 085	480	690	1 380

续表

项目＼公司	C11	C13	C14	C15	C16	C17	C18	C20
毛利	908	653	1 738	1 519	1 597	682	933	1853
——综合费用	504	290	664	642	647	346	495	781
折旧前利润	404	363	1 074	877	950	336	438	1 072
——折旧	120	130	210	160	220	120	140	250
支付利息前利润	284	233	864	717	730	216	298	822
——财务费用	48	56	113	151	159	92	97	210
税前利润	236	177	751	566	571	124	201	612
——所得税	37	10	188	142	143	0	50	153
年度净利润	199	167	563	424	428	124	151	459

表 9－29　第 5 年资产负债表　　单位：K

项目＼公司	C1	C2	C3	C4	C5	C6	C7	C8	C10
现金	5	16	12	139	35	8	15	211	319
应收款	377	578	912	0	485	355	649	495	705
在制品	385	360	310	35	420	255	340	280	290
产成品	160	360	0	0	0	180	25	0	35
原材料	0	0	0	0	0	0	0	0	0
流动资产合计	927	1 314	1 234	174	940	798	1 029	986	1 349
厂房	0	0	0	0	0	0	0	0	0
生产线	930	840	860	240	810	600	850	860	820
在建工程	600	0	600	0	0	0	0	750	300
固定资产合计	1 530	840	1 460	240	810	600	850	1 610	1 120
资产总计	2 457	2 154	2 694	414	1 750	1 398	1 879	2 596	2 469
长期负债	889	269	31	196	105	26	425	324	85
短期负债	78	545	936	0	0	0	330	576	907
负债合计	967	814	967	196	105	26	755	900	992
股东资本	980	980	980	980	980	980	980	1 180	1 062
利润留存	229	38	230	－719	132	33	－36	146	260

续表

项目＼公司	C1	C2	C3	C4	C5	C6	C7	C8	C10
年度净利润	281	322	517	-43	533	359	180	370	155
所有者权益合计	1 490	1 340	1 727	218	1 645	1 372	1 124	1 696	1 477
负债和所有者权益总计	2 457	2 154	2 694	414	1 750	1 398	1 879	2 596	2 469

项目＼公司	C11	C13	C14	C15	C16	C17	C18	C20
现金	301	119	635	17	9	198	241	387
应收款	1 011	245	1 156	992	850	10	929	511
在制品	180	210	275	360	420	70	345	330
产成品	45	250	0	0	0	0	0	0
原材料	0	0	0	0	0	0	0	0
流动资产合计	1 537	824	2 066	1 369	1 279	278	1 515	1 228
厂房	0	0	0	0	0	0	0	0
生产线	240	560	600	920	670	540	930	830
在建工程	0	0	600	400	900	0	0	800
固定资产合计	240	560	1 000	1 320	1 570	540	930	1 630
资产总计	1 777	1 384	3 266	2 689	2 849	818	2 445	2 858
长期负债	450	374	0	206	416	0	109	131
短期负债	238	0	1 201	796	656	0	793	935
负债合计	688	374	1 201	1 002	1 072	0	902	1 066
股东资本	980	980	980	980	980	980	1 244	1 028
利润留存	-90	-137	522	283	369	-286	148	305
年度净利润	199	167	563	424	428	124	151	459
所有者权益合计	1 089	1 010	2 065	1 687	1 777	818	1 543	1 792
负债和所有者权益总计	1 777	1 384	3 266	2 689	2 849	818	2 445	2 858

说明：由于 C9、C12、C19 公司在第 5 年破产，所以上述表中没有统计这三个公司的财务数据。

各模拟公司第 6 年广告投放情况及财务报表，如表 9 - 30 至表 9 - 33 所示。

表9-30　第6年广告投放表　　单位:K

项目＼公司	C1	C2	C3	C4	C5	C6	C7	C8	C10
广告费	191	445	292	19	203	276	129	320	178

项目＼公司	C11	C13	C14	C15	C16	C17	C18	C20
广告费	299	95	410	305	257	30	159	484

表9-31　第6年综合费用表　　单位:K

项目＼公司	C1	C2	C3	C4	C5	C6	C7	C8	C10
管理费	40	40	40	40	40	40	40	40	40
广告费	191	445	292	19	203	276	129	320	178
设备维护费	260	240	280	60	320	270	220	260	240
损失	0	0	58	0	0	45	0	0	0
转产费	0	0	0	0	0	0	0	0	0
厂房租金	88	88	176	44	132	162	106	136	106
新市场开拓	0	0	0	0	0	0	0	0	0
ISO资格证	0	0	0	0	0	0	0	0	0
产品研发	20	109	36	30	52	99	30	83	36
情报费	0	0	0	0	0	0	0	0	0
合计	599	922	882	193	747	892	525	839	600

项目＼公司	C11	C13	C14	C15	C16	C17	C18	C20
管理费	40	40	40	40	40	40	40	40
广告费	299	95	410	305	257	30	159	484
设备维护费	80	170	260	280	320	140	160	300
损失	0	0	0	0	210	0	104	0
转产费	0	0	0	0	0	0	0	0
厂房租金	0	88	44	132	132	88	132	88
新市场开拓	0	0	0	0	0	0	0	0
ISO资格证	0	0	0	0	0	0	0	0
产品研发	86	74	79	54	104	0	78	45
情报费	0	0	0	0	0	0	0	0
合计	505	467	833	811	1063	298	673	957

表 9-32 第 6 年利润表 单位:K

项目＼公司	C1	C2	C3	C4	C5	C6	C7	C8	C10
销售收入	2 891	4 027	3 775	85	2 743	2 976	2 850	3 790	2 730
——直接成本	1 430	1 800	1 540	35	1 120	1 275	1 160	1 575	1 220
毛利	1 461	2 227	2 235	50	1 623	1 701	1 690	2 215	1 510
——综合费用	599	922	882	193	747	892	525	839	600
折旧前利润	862	1305	1353	-143	876	809	1165	1376	910
——折旧	270	240	280	120	270	210	260	280	260
支付利息前利润	592	1 065	1 073	-263	606	599	905	1 096	650
——财务费用	223	301	185	16	229	139	166	174	211
税前利润	369	764	888	-279	377	460	739	922	439
——所得税	92	191	222	0	94	115	185	231	110
年度净利润	277	573	666	-279	283	345	554	691	329

项目＼公司	C11	C13	C14	C15	C16	C17	C18	C20
销售收入	1 734	1 793	3 529	3 255	4 046	346	2 080	3 437
——直接成本	765	790	1 515	1 360	1 680	140	905	1 520
毛利	969	1 003	2 014	1 895	2 366	206	1 175	1 917
——综合费用	505	467	833	811	1 063	298	673	957
折旧前利润	464	536	1 181	1 084	1 303	-92	502	960
——折旧	120	190	210	280	130	180	270	280
支付利息前利润	344	346	971	804	1 173	-272	232	680
——财务费用	77	70	143	260	315	0	91	235
税前利润	267	276	828	544	858	-272	141	445
——所得税	67	69	207	136	215	0	35	111
年度净利润	200	207	621	408	643	-272	106	334

表 9-33 第 6 年资产负债表 单位:K

项目＼公司	C1	C2	C3	C4	C5	C6	C7	C8	C10
现金	51	29	16	15	16	27	28	4	11
应收款	640	196	598	0	168	177	354	2 387	416

续表

项目＼公司	C1	C2	C3	C4	C5	C6	C7	C8	C10
在制品	0	0	0	0	0	0	0	0	0
产成品	0	0	0	0	0	0	0	0	0
原材料	10	0	20	0	0	0	0	0	0
流动资产合计	701	225	634	15	184	204	382	2391	427
厂房	480	1 760	1 760	0	1 320	1 320	880	0	1 500
生产线	1 260	1 000	1 380	120	1 740	1 290	890	1 330	1 060
在建工程	0	0	0	0	0	0	0	0	0
固定资产合计	1 740	2 760	3 140	120	3 060	2 610	1 770	1 330	2 560
资产总计	2 441	2 985	3 774	135	3 244	2 814	2 152	3 721	2 987
长期负债	371	289	31	196	1 316	26	0	302	274
短期负债	303	783	1 350	0	0	1071	474	1 032	907
负债合计	674	1 072	1 381	196	1 316	1 097	474	1 334	1 181
股东资本	980	980	980	980	980	980	980	1 180	1 062
利润留存	510	360	747	−762	665	392	144	516	415
年度净利润	277	573	666	−279	283	345	554	691	329
所有者权益合计	1 767	1 913	2 393	−61	1 928	1 717	1 678	2 387	1 806
负债和所有者权益总计	2 441	2 985	3 774	135	3 244	2 814	2 152	3 721	2 987

项目＼公司	C11	C13	C14	C15	C16	C17	C18	C20
现金	103	101	14	7	86	249	33	16
应收款	808	424	1514	237	155	346	1 220	423
在制品	0	0	0	0	0	0	0	0
产成品	0	210	0	0	0	0	0	0
原材料	0	0	0	0	0	140	170	0
流动资产合计	911	735	1 528	244	241	735	1 423	439
厂房	1 060	620	1 620	1 760	1 760	0	0	1 320
生产线	120	670	1 190	1 440	1 840	460	660	1 750
在建工程	0	0	0	0	0	0	800	50

续表

项目 \ 公司	C11	C13	C14	C15	C16	C17	C18	C20
固定资产合计	1 180	1 290	2 810	3 200	3 600	460	1 460	3 120
资产总计	2 091	2 025	4 338	3 444	3 841	1 195	2 883	3 559
长期负债	450	808	0	206	583	0	109	206
短期负债	352	0	1 652	1 143	838	649	1 125	1 227
负债合计	802	808	1 652	1 349	1 421	649	1 234	1 433
股东资本	980	980	980	980	980	980	1 244	1 028
利润留存	109	30	1 085	707	797	-162	299	764
年度净利润	200	207	621	408	643	-272	106	334
所有者权益合计	1 289	1 217	2 686	2 095	2 420	546	1 649	2 126
负债和所有者权益总计	2 091	2 025	4 338	3 444	3 841	1 195	2 883	3 559

9.4 典型模拟公司运营策略分析

下面对 7 个典型模拟公司进行运营策略的分析。

9.4.1 C2 公司

C2 公司最终的所有者权益水平在参赛公司中属于中等,但其所有者权益是从后 3 年开始上升的,前期运营情况并不理想(见表 9-34 至表 9-38)。

表 9-34 C2 公司各年利润表 单位:K

项目 \ 年度	第 1 年	第 2 年	第 3 年	第 4 年	第 5 年	第 6 年
销售收入	0	713	1 179	1 550	2 174	4 027
直接成本	0	315	480	675	1 195	1 800
毛利	0	398	699	875	1 517	227
综合费用	196	492	330	436	719	922
折旧前利润	-196	-94	369	439	798	1 305

续表

年度 项目	第1年	第2年	第3年	第4年	第5年	第6年
折旧	0	0	160	120	180	240
支付利息前利润	-196	-94	209	319	618	1 065
财务费用	0	10	54	121	243	301
税前利润	-196	-104	155	198	375	764
所得税	0	0	10	13	94	191
年度净利润	-196	-104	145	185	281	573

表 9-35　C2 公司各年资产负债表　　单位：K

年度 项目	第1年	第2年	第3年	第4年	第5年	第6年
现金	291	16	218	7	16	29
应收款	0	289	500	492	578	196
在制品	0	180	180	180	360	0
产成品	0	225	0	45	360	0
原材料	0	0	0	0	0	0
流动资产合计	291	710	898	724	1 314	225
厂房	0	0	0	0	0	1 760
机器设备	0	600	480	360	840	1 000
在建工程	600	0	0	600	0	0
固定资产合计	600	600	480	960	840	2 760
资产总计	891	1 310	1 378	1 684	2 154	2 985
长期贷款	0	0	0	121	269	289
短期贷款	107	628	545	545	545	783
负债合计	107	628	545	666	814	1 072
股东资本	980	980	980	980	980	980
利润留存	0	-194	-114	-147	38	360
年度净利润	-196	-104	145	185	322	573
所有者权益合计	784	682	1 011	1 018	1 340	1 913
负债和所有者权益总计	891	1 310	1 703	1 684	2 154	2 985

表 9－36　C2 公司第 2、3 年订单列表

订单编号	市场类型	产品类型	数量（张）	总价（K）	状态	得单年份	ISO	交货期	账期	交货时间
D2051	本地	P3	3	309	已交单	第 2 年	—	3 季	3 季	第 2 年 3 季
D2057	区域	P3	4	404	已交单	第 2 年	—	2 季	1 季	第 2 年 2 季
D3140	本地	P3	1	105	违约	第 3 年	ISO9000	1 季	2 季	—
D3145	本地	P3	4	408	已交单	第 3 年	—	3 季	1 季	第 3 年 3 季
D3151	区域	P3	3	306	已交单	第 3 年	ISO9000	2 季	2 季	第 3 年 1 季
D3157	国内	P3	3	300	已交单	第 3 年	—	2 季	2 季	第 3 年 2 季
D3161	国内	P3	5	500	已交单	第 3 年	—	4 季	3 季	第 3 年 4 季

表 9－37　C2 公司第 4、5 年订单列表

订单编号	市场类型	产品类型	数量（张）	总价（K）	状态	得单年份	ISO	交货期	账期	交货时间
D4262	本地	P3	3	312	已交单	第 4 年	ISO9000	3 季	3 季	第 4 年 3 季
D4273	区域	P3	4	412	已交单	第 4 年	—	3 季	2 季	第 4 年 1 季
D4283	国内	P3	3	306	已交单	第 4 年	ISO9000	3 季	2 季	第 4 年 2 季
D4296	亚洲	P3	5	520	已交单	第 4 年	ISO9000	4 季	3 季	第 4 年 4 季
D5438	本地	P3	4	416	已交单	第 5 年	ISO9000	1 季	2 季	第 5 年 1 季
D5439	本地	P3	4	416	已交单	第 5 年	ISO14000	2 季	3 季	第 5 年 2 季
D5443	区域	P3	1	105	已交单	第 5 年	—	3 季	3 季	第 5 年 3 季
D5446	区域	P3	3	309	已交单	第 5 年	ISO9000	3 季	2 季	第 5 年 3 季
D5462	国内	P3	4	408	已交单	第 5 年	ISO9000	3 季	2 季	第 5 年 3 季
D5466	亚洲	P3	1	105	已交单	第 5 年	ISO9000 ISO14000	1 季	2 季	第 5 年 1 季
D5472	亚洲	P3	3	312	已交单	第 5 年	ISO9000 ISO14000	3 季	2 季	第 5 年 2 季
D5479	国际	P3	1	103	已交单	第 5 年	ISO9000 ISO14000	2 季	2 季	第 5 年 2 季

表 9－38　C2 公司第 6 年订单列表

订单编号	市场类型	产品类型	数量（张）	总价（K）	状态	得单年份	ISO	交货期	账期	交货时间
J6024	本地	P3	2	90	已交单	第 6 年	ISO14000	1 季	4 季	第 6 年 1 季
J6025	国内	P3	1	45	已交单	第 6 年	ISO14000	1 季	4 季	第 6 年 1 季

续表

订单编号	市场类型	产品类型	数量（张）	总价（K）	状态	得单年份	ISO	交货期	账期	交货时间
J6027	国际	P3	2	90	已交单	第6年	ISO9000 ISO14000	1季	4季	第6年1季
D6643	本地	P3	1	104	已交单	第6年	ISO9000 ISO14000	2季	2季	第6年2季
D6651	本地	P3	4	408	已交单	第6年	ISO9000 ISO14000	2季	2季	第6年2季
D6660	区域	P3	4	408	已交单	第6年	—	1季	3季	第6年1季
D6671	国内	P3	3	300	已交单	第6年	ISO9000	3季	3季	第6年3季
D6675	国内	P3	5	520	已交单	第6年	—	4季	1季	第6年4季
D6681	亚洲	P3	2	210	已交单	第6年	ISO9000	1季	3季	第6年1季
D6686	亚洲	P3	4	404	已交单	第6年	ISO14000	1季	3季	第6年1季
D6690	国际	P3	1	105	已交单	第6年	ISO9000	1季	2季	第6年1季
D6691	国际	P3	1	102	已交单	第6年	ISO9000	2季	2季	第6年2季
D6694	国际	P3	2	200	已交单	第6年	—	2季	3季	第6年2季
D6695	国际	P3	3	306	已交单	第6年	ISO9000	3季	2季	第6年3季
D6701	国际	P3	5	510	已交单	第6年	ISO9000 ISO14000	4季	1季	第6年4季

第一，该公司在第2年的订货会上因选错订单导致交不了货而违约。经营开始就出现这种失误，无疑是致命的。有时起手就已经注定了结局。该公司建了4条P3产品的自动生产线，压力很大，自动生产线意味着没有回头路。

第二，P3产品的市场前期处理好了一般都有较高的权益，从生产线也看得出该公司是明白这个道理的，但第一次投入了将近300K的广告，而抢到的订单并不如意，最终性价比并不是很高。

第三，该公司从建立自动生产线开始，前期就注定是紧盯P3产品的，所以可以看到该公司的广告费一直算是高的，可是前期的发展已出现畸形。这导致该公司在原本应扩线的第3年竟然未扩线，一步错导致步步错，产能从第3年开始落后，便很难追得上了。虽然在第4年得以补救，但销售好的公司在第4年已经又铺线了，导致一直落后于第一梯队。

第四，一方面是产能的问题，另一方面是高额的广告费。P3产品市场的竞争激烈，想抢占市场份额必须靠高额的广告投入，但此公司没有分清孰重孰轻，不会选择性地放弃，没有主攻某一个市场的想法，这确实是一大遗憾。在后期的生产中原本可以进攻其他市场，但该公司一直选择 P3 产品市场，虽然广告投入多，但是经营后期其他公司基本都会来抢占 P3 产品市场。

表 9－39 C2 公司产品研发投资表 单位：K

项目	年度／产品类型	第 1 年	第 2 年	第 3 年	第 4 年	第 5 年	第 6 年
产品研发	P1						20
	P2			20			10
	P3	40					
	P4					22	33
	P5			24			48

表 9－40 C2 公司各年生产线数量统计表 单位：条

年/季度／生产线类型	第 1 年		第 2 年				第 3 年				第 4 年				第 5 年				第 6 年			
	3	4	1	2	3	4	1	2	3	4	1	2	3	4	1	2	3	4	1	2	3	4
手工线																						
半自动线																						8
自动线			4	4	4	4	4	4	4	4	4	4	4	4	8	8	8	8	8	8	8	8
柔性线																						
合计			4	4	4	4	4	4	4	4	4	4	4	4	8	8	8	8	8	8	8	16

C2 公司破釜沉舟的精神令人敬畏，但最后的比拼却相当激烈。高额的广告费，是其前期致命的失误，加之错失时机的生产线扩展，结果仅是堪堪中等而已。尽管该公司前 4 年的所有者权益不高，但是凭借后两年较大的收入，使所有者权益得以提升。

9.4.2 C3 公司

总体来看，C3 公司运营情况良好（见表 9－41、表 9－42）。

表 9－41 C3 公司各年利润表 单位：K

项目／年度	第 1 年	第 2 年	第 3 年	第 4 年	第 5 年	第 6 年
销售收入	0	716	1 179	1 533	2 790	3 775
直接成本	0	300	480	625	1 150	1 540

续表

项目 \ 年度	第 1 年	第 2 年	第 3 年	第 4 年	第 5 年	第 6 年
毛利	0	416	699	908	1 640	2 235
综合费用	218	300	330	420	608	882
折旧前利润	-218	116	369	488	1 032	1 353
折旧	0	0	160	160	220	280
支付利息前利润	-218	116	209	328	812	1 073
财务费用	0	12	54	63	123	185
税前利润	-218	104	155	265	689	888
所得税	0	0	10	66	172	222
年度净利润	-218	104	145	199	517	666

表 9-42　C3 公司各年资产负债表　　单位:K

项目 \ 年度	第 1 年	第 2 年	第 3 年	第 4 年	第 5 年	第 6 年
现金	91	46	85	76	12	16
应收款	0	426	488	546	912	598
在制品	0	190	140	190	310	0
产成品	0	0	50	125	0	0
原材料	0	0	0	0	0	20
流动资产合计	91	662	763	937	1 234	634
厂房	0	0	0	0	0	1 760
机器设备	0	800	640	780	860	1 380
在建工程	800	0	300	300	600	0
固定资产合计	800	800	940	1 080	1 460	3 140
资产总计	891	1 462	1 703	2 017	2 694	3 774
长期贷款	0	0	0	31	31	31
短期贷款	129	596	692	776	936	1 350
负债合计	129	596	692	807	967	1 381
股东资本	980	980	980	980	980	980
利润留存	0	-218	-114	31	230	747
年度净利润	-218	104	145	199	517	666
所有者权益合计	762	866	1 011	1 210	1 727	2 393
负债和所有者权益总计	891	1 462	1 703	2 017	2 694	3 774

从表 9－41、表 9－42 可以看出，该公司除了第 1 年没有订单无法盈利以外，其他各年都能盈利，并且在第 5 年几乎做到了销售额翻一番的业绩。下面结合前面提供的资料，对该公司的筹资、投资、生产等策略进行分析，希望经营者从该公司的经营中吸取成功的经验和失败的教训。

9.4.2.1 筹资策略

从表 9－43 中可以看出，该公司在前 3 年都没有进行长期贷款，而是在第 4 年才长贷 31K，这样就可以不用担心 5 年长贷到期时归还本息的尴尬局面，使得自身有充足的资金流转。并且该公司大量使用短贷，相比长贷而言，支付利息更少，在保证资金流转不出现问题的前提下，这种做法显然比长贷更有优势。

表 9－43　C3 公司各年举债筹资表　　单位：K

贷款类型＼年度		第 1 年	第 2 年	第 3 年	第 4 年	第 5 年	第 6 年
长期贷款	借入	0	0	0	31	31	31
短期贷款	借入	129	596	692	776	936	1 350

9.4.2.2 无形资产投资策略

无形资产投资包括产品研发、市场开拓和 ISO 资格认证，该公司的无形资产投资策略如表 9－44 所示。

表 9－44　C3 公司各年无形资产投资表　　单位：K

项目＼年度		第 1 年	第 2 年	第 3 年	第 4 年	第 5 年	第 6 年
产品研发	P1	20					
	P2		30				
	P3				40		
	P4	44	11				
	P5					24	48
市场开拓	本地	10					
	区域	10					
	国内	10	10				
	亚洲	10	10	10			
	国际	10	10	10	10		
ISO 认证	ISO9000	10	10				
	ISO14000	10	10	10			

很明显，该公司将 P1、P4 作为主要产品，同时在第 2 年研发出 P2 产品作为补充，在第 4 年研发 P3 产品，最后补充 P5 产品的研发作为最后的加分项，在产品研发方面的投资相当理智，通过各种产品的混合生产充分利用资源。

对 5 个市场以及 ISO 认证的投资上，C3 公司与其他公司基本一致，跟进市场，保证有足够的订单来源，ISO 认证也能让企业的接单不受限制。

9.4.2.3 固定资产投资策略

固定资产投资包括厂房和生产线的投资。

厂房：从综合费用表和资产负债表可以看出，该公司第 1 年租用了一个大厂房，第 3 年租用了一个大厂房，第 5 年又租用了一个大厂房，第 6 年年初再租用一个大厂房，并在最后一年有充足的资金后将 4 个厂房全部由租转买，将 4 个厂房变为固定资产。

生产线：从资产负债表中固定资产和在建工程的变化情况，可以分析出该公司生产线的购置情况，如表 9 -45 所示。

表 9 -45 C3 公司各年生产线数量统计表 单位：条

年/季度 生产线类型	第 1 年		第 2 年				第 3 年				第 4 年				第 5 年				第 6 年			
	3	4	1	2	3	4	1	2	3	4	1	2	3	4	1	2	3	4	1	2	3	4
手工线																						
自动线											2	2	2	2	4	4	4	4	8	8	8	8
半自动线																				4	4	4
柔性线			4	4	4	4	4	4	4	4	4	4	4	4	4	4	4	4	4	4	4	4
合计			4	4	4	4	4	4	4	4	6	6	6	6	8	8	8	8	12	16	16	16

从生产线的投资不难看出该公司的发展，是如何从小做到大的。该公司第 4 年才拥有新的生产线，从扩建角度来说并不是一个很快的进度。前期利用柔性线的灵活性合理分配产能，后期考虑到资金问题选用自动线，并在最后一年铺满生产线，作为最后的收尾。

9.4.2.4 市场营销策略

在前面的数据中很明显地看出，该公司是以 P1、P4 为主要产品并实现销售的。下面通过订单进行分析（见表 9 -46）。

由表 9 -46 可见，C3 公司这两年的订单并不是很理想，产能没有被充分利用，第 2 年只销售了 5 个产品，并且 P4 产品在前期利润也不是很高，即使在第 3 年竞单 P1、选单 P2 也没能挽回这部分损失，导致该公司第 3 年不能扩充足够的生产线。

表 9-46 C3 公司第 2、3 年订单列表

订单编号	市场类型	产品类型	数量（张）	总价（K）	状态	得单年份	ISO	账期	交货期	交货时间
J3001	本地	P1	2	50	已交单	第 3 年	ISO9000	4 季	现金	第 3 年 4 季
D2060	本地	P4	2	290	已交单	第 2 年	—	3 季	1 季	第 2 年 3 季
D2063	本地	P4	1	142	已交单	第 2 年	—	3 季	3 季	第 2 年 3 季
D2065	区域	P4	2	284	已交单	第 2 年	—	4 季	2 季	第 2 年 4 季
D3108	本地	P2	2	174	已交单	第 3 年	ISO9000	1 季	1 季	第 3 年 1 季
D3162	本地	P4	1	145	已交单	第 3 年	ISO9000	1 季	1 季	第 3 年 1 季
D3166	本地	P4	4	568	已交单	第 3 年	—	3 季	2 季	第 3 年 3 季
D3172	国内	P4	1	142	已交单	第 3 年	ISO9000	1 季	2 季	第 3 年 1 季

该公司第 4 年补充了新的生产线，产能得到提升，订单也有所增加。可能是意识到 P4 产品的利润不够高抑或是市场竞争太激烈，该公司开始侧重于其他产品的生产，及时地调整企业生产重心，避开激烈的竞争，随机应变，这可能也是该公司能够在前期不占优势的情况下能够取得好成绩的原因之一（见表 9-47）。

表 9-47 C3 公司第 4、5 年订单列表

订单编号	市场类型	产品类型	数量（张）	总价（K）	状态	得单年份	ISO	账期	交货期	交货时间
D4234	本地	P2	4	352	已交单	第 4 年	—	1 季	1 季	第 4 年 1 季
D4239	国内	P2	1	85	已交单	第 4 年	ISO14000	2 季	1 季	第 4 年 2 季
D4253	亚洲	P2	3	258	已交单	第 4 年	ISO9000	4 季	2 季	第 4 年 4 季
D4252	亚洲	P2	3	270	已交单	第 4 年	—	2 季	1 季	第 4 年 2 季
D4311	区域	P4	4	568	已交单	第 4 年	ISO14000	4 季	1 季	第 4 年 4 季
D5385	国际	P1	1	72	已交单	第 5 年	ISO9000	2 季	2 季	第 5 年 1 季
D5395	国际	P1	5	350	已交单	第 5 年	ISO14000	4 季	1 季	第 5 年 1 季
D5400	本地	P2	3	255	已交单	第 5 年	—	4 季	2 季	第 5 年 4 季
D5409	国内	P2	4	336	已交单	第 5 年	—	3 季	1 季	第 5 年 1 季
D5427	国际	P2	4	348	已交单	第 5 年	ISO9000	4 季	2 季	第 5 年 3 季
D5457	国内	P3	3	300	已交单	第 5 年	ISO9000 ISO14000	2 季	1 季	第 5 年 2 季
D5469	亚洲	P3	2	200	已交单	第 5 年	ISO14000	3 季	3 季	第 5 年 3 季
D5481	国际	P3	2	204	已交单	第 5 年	ISO14000	3 季	3 季	第 5 年 3 季
D5507	区域	P4	5	725	已交单	第 5 年	ISO9000	4 季	1 季	第 5 年 4 季

最后一年也是很重要的一年。最后一年该公司又重新拾起了 P4 产品。这一年 P4 产品的利润还是很可观的,美中不足的是有一单违约了,可能是在选单时对自身产能的预估出现失误,这种失误一定要避免,在企业经营的前期若是出现这种失误是非常致命的。除此之外,还要有一定的市场把握,了解何时生产何种产品能够带来最大的利益。该公司最后获得第二名,也是实至名归(见表 9-48)。

表 9-48　C3 公司第 6 年订单列表

订单编号	市场类型	产品类型	数量(张)	总价(K)	状态	得单年份	ISO	账期	交货期	交货时间
J6028	亚洲	P4	2	120	已交单	第 6 年	ISO9000	1 季	现金	第 6 年 1 季
D6604	国际	P1	1	72	已交单	第 6 年	ISO14000	1 季	1 季	第 6 年 1 季
D6615	国际	P1	5	360	已交单	第 6 年	—	4 季	3 季	第 6 年 4 季
D6618	本地	P2	2	162	已交单	第 6 年	—	3 季	1 季	第 6 年 3 季
D6624	国内	P2	3	243	已交单	第 6 年	—	3 季	1 季	第 6 年 2 季
D6631	亚洲	P2	4	336	已交单	第 6 年	—	1 季	2 季	第 6 年 1 季
D6636	国际	P2	2	164	已交单	第 6 年	ISO14000	3 季	1 季	第 6 年 3 季
D6676	国内	P3	5	510	已交单	第 6 年	ISO14000	3 季	2 季	第 6 年 3 季
D6703	本地	P4	1	143	已交单	第 6 年	ISO9000	2 季	3 季	第 6 年 2 季
D6711	本地	P4	5	700	已交单	第 6 年	ISO9000 ISO14000	4 季	2 季	第 6 年 4 季
D6714	区域	P4	2	288	违约	第 6 年	—	2 季	2 季	—
D6719	区域	P4	5	725	已交单	第 6 年	ISO9000	4 季	2 季	第 6 年 4 季

9.4.3　C7 公司

根据第 6 年资产负债表的数据显示,C7 公司是没有破产的公司中所有者权益最低的。根据前面利润表提供的数据,分析该公司 6 年的收益情况,如表 9-49、表 9-50 所示。

表 9-49　C7 公司各年利润表　　单位:K

年度 / 项目	第 1 年	第 2 年	第 3 年	第 4 年	第 5 年	第 6 年
销售收入	0	741	1 158	1 141	1 553	2 850
直接成本	0	310	480	485	660	1 160
毛利	0	431	678	656	893	1 690

续表

项目 \ 年度	第1年	第2年	第3年	第4年	第5年	第6年
综合费用	226	436	320	345	404	525
折旧前利润	-226	-5	358	311	489	1 165
折旧	0	0	140	140	170	260
支付利息前利润	-226	-5	218	171	319	905
财务费用	0	58	83	53	91	166
税前利润	-226	-63	135	118	228	739
所得税	0	0	0	0	48	185
年度净利润	-226	-63	135	118	180	554

表9-50 C7公司各年资产负债表 单位:K

项目 \ 年度	第1年	第2年	第3年	第4年	第5年	第6年
现金	232	3	4	321	15	28
应收款	0	421	544	285	649	354
在制品	0	170	170	195	340	0
产成品	0	0	0	25	25	0
原材料	0	0	0	0	0	0
流动资产合计	232	594	718	826	1 029	382
厂房	0	0	0	0	0	880
生产线	0	700	560	570	850	890
在建工程	700	0	100	200	0	0
固定资产合计	700	700	660	770	850	1 770
资产总计	932	1 294	1 378	1 596	1 879	2 152
长期贷款	0	425	425	425	425	0
短期贷款	178	178	127	227	330	474
负债合计	178	603	552	652	755	474
股东资本	980	980	980	980	980	980
利润留存	0	-226	-289	-154	-36	144
年度净利润	-226	-63	135	118	180	554
所有者权益合计	754	691	826	944	1 124	1 678
负债和所有者权益总计	932	1 294	1 378	1 596	1 879	2 152

从表 9 - 49 和表 9 - 50 中可以看出，该公司在第 2 年销售收入和毛利都很少且综合费用偏高，净利润为负。而且第 3 年和第 4 年的销售收入也并没有很大的提高，致使最后两年的所有者权益与其他公司有很大差距。

结合前面提供的资料，下面对该公司的筹资、投资、生产等策略进行分析，希望经营者从该公司的经营中吸取成功的经验和失败的教训。

9.4.3.1 筹资策略

企业要进行各种开发和投资，必须有资金做保证。在该案例中，由于前两年市场较小、产品种类较少，销售产品取得的收入相对比较少。在这种情况下，企业要进行无形资产和固定资产投资，扩大产能，必须想办法筹集资金。在经营过程中，该公司采用的筹资方式主要有三种：长期贷款、短期贷款和贴现。从表 9 - 51 中可以看出该公司的举债筹资情况。

表 9 - 51 C7 公司各年举债筹资表 单位：K

贷款类型 \ 年度		第 1 年	第 2 年	第 3 年	第 4 年	第 5 年	第 6 年
长期贷款	借入	0	425	425	425	425	0
短期贷款	借入	178	178	127	227	330	474

从表 9 - 51 中可以看出，该公司在第 1 年没有进行长期贷款，反而是进行了短期贷款。第 2 年由于所有者权益的下降以及采用短贷，使其贷款额度下降，因此该公司进行了最大额度的长期贷款，并开始进行短期贷款循环。之后，企业通过循环借入短期借款，较好地解决了资金的困难。那么，该公司的筹资策略是否科学合理呢？

企业经营的起步阶段是最困难的，面临着资金紧张、市场较小、产品单一等问题。要解决市场、产品、生产线投资等问题都需要资金。但为什么该公司在第 1 年没有借入长期贷款而是借入适当的短期贷款呢？因为长期贷款的期限是 5 年，如果第 1 年借入长期贷款，则在第 6 年年初就要归还本息。这是一笔很大的资金，若此时公司无力偿还长期贷款的本息，企业将会破产。因此，该公司避免了这种情况的发生，选择了第 1 年适当短期贷款，第 2 年最大限度借入长期贷款。虽然资金还会有些紧张，但是通过循环借入短期贷款和贴现，解决了流动资金不足的问题，基本保证了资金的需要。所以该公司的筹资策略是比较合理的。

9.4.3.2 无形资产投资策略

无形资产投资包括产品研发、市场开拓和 ISO 资格认证，该公司的无形资产投资策略如表 9 - 52 所示。

表 9－52 C7 公司各年无形资产投资表 单位:K

项目	年度	第 1 年	第 2 年	第 3 年	第 4 年	第 5 年	第 6 年
产品研发	P1	20					
	P2	30					
	P3					10	30
	P4	22	33				
	P5				24	48	
市场开拓	本地	10					
	区域	10					
	国内	10	10				
	亚洲	10	10	10			
	国际	10	10	10	10		
ISO 认证	ISO9000	10	10				
	ISO14000	10	10	10			

产品研发:从表 9－52 中可以明显看出,该公司主要生产销售 P1、P2 和 P4 产品。第 1 年投入 20K 研发 P1 产品,投入 30K 研发 P2 产品,投入 22K 研发了两季的 P4 产品,P1 与 P2 产品在第 1 年完成研发,第 2 年就可以进行生产销售,而 P4 产品则在第 2 年第 3 季研发完成,于第 4 季投入生产。P3、P5 产品在第 5 年才进行研发。由于该公司第 2 年到第 6 年主要生产的是 P1、P4 产品,并且 P1 产品利润不高,P4 产品的利润相对于其他高端产品偏低,因此该公司的收入与利润较低,从而在一定程度上影响了所有者权益的增长。

市场开拓:从该公司的市场开拓投资可以看出,该公司对全部的市场都进行了开拓,并且每年投资不间断。在流动资金正常的情况下,尽可能地开拓市场是一种比较好的策略。因为后期产量很高,如果市场太过“拥挤”,很可能会因拿不到订单、无法销售而造成产品积压。但是市场开拓要根据企业自身情况进行投资。

ISO 认证:该公司分别在第 2 年年末和第 3 年年末就已经将 ISO9000 和 ISO14000 开发完成。一般情况下,从第 3 年开始,订单需要 ISO 认证的比例有所上升。如果在第 2 年年末就将认证开发完成,在选单上会占有一定的优势。

9.4.3.3 固定资产投资策略

固定资产投资包括厂房和生产线的投资。

厂房:从综合费用表和资产负债表可以看出,该公司第 1 年租用了一个大厂房,直到第 3 年又租用了一个小厂房,第 4 年租用了一个大厂房,第 6 年租用了一个大厂房,同时把两个大厂房租转买。在资金紧张的情况下,租用厂房能减缓资金紧张的压力,能充分有效地利用资金。当资金充足的时候,将厂房租转买,能提高净利润,提高所有者权益。该公司采用的厂房投资策略还是较为科学合理的,但租用小厂房会导致生产线数量受到限制从而影响产能,远不如租用大厂房的产能。

生产线:从资产负债表中固定资产和在建工程的变化情况,可以分析出该公司生产线的购置情况,如表 9 – 53 所示。

表 9 – 53　C7 公司各年生产线数量统计表　　单位:条

生产线类型＼年/季度	第 1 年		第 2 年				第 3 年				第 4 年				第 5 年				第 6 年			
	3	4	1	2	3	4	1	2	3	4	1	2	3	4	1	2	3	4	1	2	3	4
手工线																						
半自动线																				6	6	6
自动线			2	2	2	2	2	2	2	2	2	3	3	3	4	4	5	6	6	6	6	6
柔性线			2	2	2	2	2	2	2	2	2	2	2	2	2	2	2	2	2	2	2	2
合计			4	4	4	4	4	4	4	4	4	5	5	5	6	6	7	8	8	14	14	14

从该公司生产线的投资情况来看,在第 1 年投资建造了 2 条自动线和 2 条柔性线。第 2 年第 1 季,柔性线与自动线建造完成,此时拥有 4 条生产线。直到第 3 年第 3 季,该公司新租一个小厂房,投资建造了 1 条自动线,并于第 4 年第 2 季又投资建造了 1 条自动线,到第 5 年第 1 季,此时共有 6 条生产线在进行生产。由于第 4 年与之前相比有了较多应收款,因此该公司又在第 4 年第 4 季和第 5 年第 1 季相继扩建了 1 条自动线。最后,由于前期处理不佳导致资金有限,因此该公司只能在第 6 年第 1 季扩建了 6 条半自动线。该公司前期生产线的建设没有盲目地一哄而上,较好地缓解了资金的压力;后期,市场需求增加,加大了生产线的投资,增加了产能。但是该公司由于第 2 年、第 3 年有产品积压,导致第 3 年第 3 季才能勉强扩建 1 条生产线,产能不能有效扩大,延缓了企业的发展。

生产线的投资时间与产品开发同步,可以防止出现停工待产的情况。比如,第 1 年建造了 2 条自动线和 2 条柔性线,第 2 年第 1 季度就可以建造完成,而 P1、P2 产品也在第 2 年研发完成,第 2 年第 1 季度就可以投入生产。这样,产品研发完成的时间与生产线的完工时间同步,可防止两者脱节出现停工待产的情况。该公司在这方面做得还是不错的。

9.4.3.4 市场营销策略

根据无形资产投资表,可以分析出该公司以销售 P1、P4 产品为主,目标市场为全部的市场。第 1 年主要是投资、开发,第 2、3、4 年生产、销售和发展,第 5 年扩建生产线并研发 P3、P4 产品,第 6 年全力销售 P1、P2、P3 产品。这 6 年,可以说 C7 公司是在曲折中度过的。

企业产品要实现销售,必须借助一定的营销策略。在沙盘模拟企业中,企业的营销策略主要是围绕广告策略进行的,成功的广告策略应当是以较少的广告投入实现较多的产品销售。下面是 C7 公司各年的销售情况分析。

第 1 年,从资产负债表与生产线数量统计表中可以看出,该公司租用了一个大厂房同时建造自动线与柔性线。由此可以看出,该公司计划在第 2 年以 2 条自动线和 2 条柔性线作为主要生产线。柔性线转产无须转产时间和费用,灵活性强,决策者可以根据企业的需要进行选择。

第 2 年,从该公司的广告投放情况与产能情况可以看出,该公司的广告投放较为合理,所得订单达到了预期产能,没有造成产品积压,这一点处理得很好。表 9 - 54 所示为该公司第 2 年获得订单的情况,该公司拿到了 3 张订单,10 个产品,P2 的产能是 6 个,而 P1 的产能也是 6 个,但由于下一年生产 P4 需要 P1 作为原材料,因此该公司在这一年出售了所有的产品。但由于 P1 和 P2 产品的利润低,导致年度净利润为负,再次使得所有者权益下降,第 3 年能贷款的最大额度减小,流动资金变得更为紧张。

表 9 - 54 C7 公司第 2 年订单列表

订单编号	市场类型	产品类型	数量(张)	总价(K)	状态	得单年份	ISO	交货期	账期	交货时间
D2024	区域	P1	4	252	已交单	第 2 年	—	3 季	2 季	第 2 年 3 季
D2043	区域	P2	3	246	已交单	第 2 年	—	4 季	3 季	第 2 年 3 季
D2033	本地	P2	3	243	已交单	第 2 年	—	4 季	3 季	第 2 年 4 季

第 3 年,该公司的广告投放较为合理,选单名次都比较靠前,在选单上有一定的优势,并在竞拍会上拍得了 2 张 P4 产品的订单。该公司获得了 4 张订单,一共 8 个 P4 产品,但由于 P4 使用 P1 作为原材料,所以总共有 16 个产品,如表 9 - 55 所示。说明该公司已经将积压的产品与第 2 年第 4 季到第 3 年第 3 季生产的所有产品全部出售,销售收入和利润都有一定程度的提高。由于第 2 年的利润很低,第 2 年没有扩建生产线,产能仍然比较低。不过,相对来说,该公司在第 3 年的经营还是比较成功的,所有者权益有所提升。

表 9-55　C7 公司第 3 年订单列表

订单编号	市场类型	产品类型	数量（张）	总价（K）	状态	得单年份	ISO	交货期	账期	交货时间
D3168	区域	P4	2	290	已交单	第 3 年	ISO9000	1 季	2 季	第 3 年 1 季
D3164	本地	P4	2	284	已交单	第 3 年	—	2 季	2 季	第 3 年 2 季
D3176	国内	P4	2	286	已交单	第 3 年	ISO9000	3 季	2 季	第 3 年 3 季
J3011	区域	P4	2	120	已交单	第 3 年	ISO9000	4 季	2 季	第 3 年 4 季

第 4 年，目标市场已经增加到 4 个，市场需求量加大，该公司的广告投入比较合理，P1 市场有部分公司撤出，此时该公司开始出售 P1 产品，可以用较低的广告费投入获得订单，减少了竞争压力。但由于该公司在第 2 年没有扩建生产线，到第 3 年第 3 季才勉强扩建了 1 条自动线，导致产能偏低，订单信息如表 9-56 所示。虽然出售了较多产品，但其中 5 个 P1 产品所带来的利润是很低的；另外，由于扩建生产线以及贴现等费用支出，导致这一年的年度净利润相较上一年反而下降了。

表 9-56　C7 公司第 4 年订单列表

订单编号	市场类型	产品类型	数量（张）	总价（K）	状态	得单年份	ISO	交货期	账期	交货时间
D4299	本地	P4	2	280	已交单	第 4 年	ISO9000 ISO14000	2 季	2 季	第 4 年 1 季
D4307	区域	P4	2	288	已交单	第 4 年	ISO9000 ISO14000	3 季	1 季	第 4 年 2 季
D4321	亚洲	P4	2	288	已交单	第 4 年	ISO9000	3 季	1 季	第 4 年 3 季
D4205	本地	P1	5	285	已交单	第 4 年	ISO9000	4 季	2 季	第 4 年 4 季

第 5 年，目标市场全部开拓完成，虽然市场需求增加了，但是各公司的产能都提高了不少，相对来说，市场依旧是拥挤的。该公司的广告投放依然较好，虽然订单数量不多，但还是近乎抢满了产品，该公司的订单情况如表 9-57 所示。与此同时，该公司还扩建了生产线，对 P3、P5 产品的研发形成了一系列的费用。由于这一年吸取了上一年的经验，全部出售 P4 产品使得销售利润大幅度提高，虽然费用有所增加，但依然使得第 5 年的净利润增加、所有者权益上升。

表 9－57 C7 公司第 5 年订单列表

订单编号	市场类型	产品类型	数量（张）	总价（K）	状态	得单年份	ISO	交货期	账期	交货时间
D5493	本地	P4	2	284	已交单	第 5 年	ISO9000 ISO14000	2 季	2 季	第 5 年 1 季
D5509	国内	P4	1	140	已交单	第 5 年	ISO14000	2 季	3 季	第 5 年 2 季
D5503	区域	P4	3	429	已交单	第 5 年	ISO9000 ISO14000	3 季	2 季	第 5 年 3 季
D5525	亚洲	P4	5	700	已交单	第 5 年	ISO14000	4 季	1 季	第 5 年 4 季

第 6 年，也是最后一年，该公司保持了上一年的做法，在投放广告上处理得依然较好，而且在最后一年还有竞单会。面对如此大量的产品积压，他们只能再次出售一部分 P1 产品应对 P4 产品产能的过剩。从表 9－58 可以看出，该公司在第 6 年拿到了较多的订单，并利用上一年新建的生产线与本年直接购买的租赁线完成了所有订单任务。本年的销售收入比前 5 年都要多，净利润达到 560K。尽管所有者权益一下子提高了很多，但由于前期与其他公司差距较大，所以最后的经营成果仍然无法超过其他未破产的公司。

表 9－58 C7 公司第 6 年订单列表

订单编号	市场类型	产品类型	数量（张）	总价（K）	状态	得单年份	ISO	交货期	账期	交货时间
J6029	亚洲	P4	3	180	已交单	第 6 年	ISO14000	1 季	2 季	第 6 年 1 季
D6728	亚洲	P4	1	145	已交单	第 6 年	ISO9000	1 季	1 季	第 6 年 1 季
D6709	本地	P4	4	580	已交单	第 6 年	ISO9000	2 季	1 季	第 6 年 2 季
D6718	区域	P4	4	572	已交单	第 6 年	ISO9000	3 季	2 季	第 6 年 3 季
D6603	国内	P1	5	275	已交单	第 6 年	—	4 季	2 季	第 6 年 4 季
D6611	国际	P1	3	207	已交单	第 6 年	ISO9000 ISO14000	4 季	2 季	第 6 年 4 季
D6727	国内	P4	4	560	已交单	第 6 年	ISO9000	4 季	2 季	第 6 年 4 季

9.4.4 C8 公司

C8 公司是 8 个公司中经营得比较好的公司之一。该公司合理预算资金，适时研发产品和大胆开拓市场,及时扩大产能,通过科学的营销策略,及时销售产品,增加收入,增加利润,取得了比较好的市场效果,最后取得了成功。

还是先看一下该公司的销售收入、毛利与净利润情况,如表 9-59、表 9-60 所示。

表 9-59　C8 公司各年利润表　　单位:K

项目 \ 年度	第 1 年	第 2 年	第 3 年	第 4 年	第 5 年	第 6 年
销售收入	0	850	1 680	2 980	2 640	4 119
直接成本	0	360	660	1 110	1 040	1 670
毛利	0	490	1 020	1 870	1 600	2 449
综合费用	165	455	488	894	873	1 277
折旧前利润	-165	35	532	976	727	1 172
折旧	0	30	130	130	10	0
支付利息前利润	-165	5	402	846	717	1 172
财务费用	0	6	203	141	193	373
税前利润	-165	-1	199	705	524	799
所得税	0	0	8	176	131	200
年度净利润	-165	-1	191	529	393	599

表 9-60　C8 公司各年资产负债表　　单位:K

项目 \ 年度	第 1 年	第 2 年	第 3 年	第 4 年	第 5 年	第 6 年
现金	168	4	0	90	175	16
应收款	0	820	1 290	2 280	1 800	3 171
在制品	60	310	350	490	200	0
产成品	0	0	0	0	0	0
原材料	0	0	0	0	0	0
流动资产合计	228	1 134	1 640	2 860	2 175	3 187
厂房	180	180	0	180	1 060	1 500
机器设备	105	425	295	165	5	2 300
在建工程	0	0	0	0	1 900	0

续表

项目 \ 年度	第1年	第2年	第3年	第4年	第5年	第6年
固定资产合计	285	605	295	345	2 965	3 800
资产总计	513	1 739	1 935	3 205	5 140	6 987
长期贷款	0	434	434	844	1 434	2 613
短期贷款	78	871	868	1 031	2 028	2 028
特别贷款	0	0	0	0	0	0
所得税	0	0	8	176	131	200
负债合计	78	1 305	1 310	2 051	3 593	4 841
股东资本	600	600	600	600	600	600
利润留存	0	-165	-166	25	554	947
年度净利润	-165	-1	191	529	393	599
所有者权益合计	435	434	625	1 154	1 547	2 146
负债和所有者权益总计	513	1 739	1 935	3 205	5 140	6 987

从表9-59和表9-60可以看出,该公司的销售收入很高,并且增长迅速。尽管第2年净利润为负数,但是第3年企业的销售收入和毛利迅速增加并开始盈利。第4年,企业的销售收入、毛利、净利润都有大幅度增长,说明企业发展十分顺利。下面分析该公司的投资与筹资情况。

从表9-61可以看出,该公司第1年全力研发P1、P2产品,对所有的市场进行了开拓,并预计在第3年完成对P4产品的研发。由此可以看出,该公司前期以P1、P2产品为过渡,待P4产品研发完成,就以销售P2、P4产品为主,以销售P1产品为辅。该公司产品的研发与销售思路十分明确,目标市场全部开拓,在产品研发策略上做得很不错,值得其他公司学习借鉴。

表9-61 C8公司各年无形资产投资表 单位:K

项目 \ 年度		第1年	第2年	第3年	第4年	第5年	第6年
产品研发	P1	20					
	P2	30					
	P3					40	
	P4	10	40				

续表

项目＼年度		第1年	第2年	第3年	第4年	第5年	第6年
市场开拓	本地	10					
	区域	10					
	国内	10	10				
	亚洲	10	10	10			
	国际	10	10	10	10		
ISO 认证	ISO9000		10	10			
	ISO140000		15	15			

从表 9-62 可见，该公司为了使产品开发完成后迅速投入生产，第 1 年第 3 季度，在购买的小厂房内建造了 3 条手工线，将完成研发的 P1 产品直接投入生产，其目的在于尽早实现产能和市场的最大化，为企业后期的发展、提升综合竞争力创造了有利条件。该公司前期以发展手工线为主，13 条手工线的产能也是比较大的。第 4 年开始扩建生产线，进一步扩大了产能。

表 9-62　C8 公司各年生产线数量统计表　　　　单位：条

生产线类型＼年/季度	第1年		第2年				第3年				第4年				第5年				第6年			
	3	4	1	2	3	4	1	2	3	4	1	2	3	4	1	2	3	4	1	2	3	4
手工线	3	3	13	13	13	13	13	13	13	13	13	13	13	13	6	6	1	1				
自动线																				5	5	6
柔性线																			7	7	7	7
租赁线											5	5	5	5	5	5	5	5	5	5	5	5
合计	3	3	13	13	13	13	13	13	13	13	18	18	18	18	11	11	6	6	12	17	17	18

由表 9-63 可见，该公司贷款策略与其他公司有所不同。该公司短期贷款从第 1 年开始，长期贷款从第 2 年开始。因为第 2 年净利润为负数，所有者权益降低，使得第 3 年贷款减少，之后每年的长期贷款和短期贷款都逐年增加。长期贷款与短期贷款同时进行，有利于减小流动资金的压力，这是为什么呢？因为短期贷款每年都要归还本息，若流动资金不足，就要通过贴现来归还短期贷款的本息，这样一来就增加了费用。而长期贷款不需要归还本金，但利率要比短期贷款高，所以不能完全依靠长期贷款举债。可见，长贷与短贷两者结合才是最好的筹资方法。当然，这还需要根据企业的实际情况做出决策。

表 9－63 C8 公司各年举债筹资表 单位:K

贷款类型＼年度		第 1 年	第 2 年	第 3 年	第 4 年	第 5 年	第 6 年
长期贷款	借入		434	434	844	1 434	2 613
短期贷款	借入	78	871	868	1 031	2 028	2 028

C8 公司的经营策略又是怎样的呢？下面分析该公司各年的经营策略。

第 1 年,该公司研发了 P1、P2 产品,同时也研发了一个季度的 P4 产品。由此可以看出,该公司要以经营 P2、P4 产品为主。生产 P4 产品需要有 P1 产品,因此 P1 产品是必须研发的。并且,该公司在第 3 季就将 P1 产品投入生产,目的是增大产能。而厂房是购买的,并没有影响所有者权益。这种策略较为合理、科学。

第 2 年,该公司销售收入与利润都比较高,但是净利润却为负数,是什么原因造成的呢？从利润表中不难发现,第 2 年的综合费用也是比较高的,这主要是因为该公司在第 2 年租用了两个大厂房,研发了 P4 产品。所以,综合费用高是在所难免的,净利润为负数也是很正常的。前期的投资能为后期带来效益才是最重要的,不能以某一年的净利润来判断成败,要有长远的眼光才能带来更大的效益。

第 3 年,该公司的销售收入增加了将近一倍,毛利更是超过了一倍,这巨大的收益是靠第 2 年打好基础得来的。该公司的所有者权益一下子超过了原始水平,为第 4 年获得更多的贷款提供了空间,有利于第 4 年的生产、扩建。值得关注的是,该公司为了减轻资金压力,将第 1 年购买的厂房进行了贴现。厂房也是一种资源,在资金短缺时要懂得充分利用,这也是值得其他公司学习的地方。

第 4 年,由于第 3 年的顺利发展,使第 4 年有足够的资金扩建生产线,顺利扩大了产能。该公司因此更进一步提高了销售收入,使企业发展迅速且势头良好。

第 5 年,虽然销售收入比第 4 年少了,但是依旧是很高的,并且该公司在第 5 年还进行了大规模的扩建,将租用的厂房买了下来,为第 6 年的经营做了很好的铺垫。值得一提的是,在资金充足的情况下,可尽量把租用的厂房买下来。因为这样就不必再交纳租金,减少了综合费用,增加了净利润,提高了所有者权益。

第 6 年,该公司又完成了一次大数量销售,净利润近 600K。第 6 年经营的成功,离不开前面每一年的发展,当然,最重要的是决策者的决策正确。

C8 公司的成功是有原因的。从一开始的产品与生产线的策略、广告投放的策略到最后的生产销售策略都是做得很好的。只有将每个经营环节都做好,才能获得最后的成功。

9.4.5 C14 公司

C14 公司的分数是 20 个公司中最高的，虽然该公司的潜能并不是最高的，但是他们凭借着最高的所有者权益在 20 个公司中脱颖而出，一举摘得桂冠。该公司从运营开始就在第一梯队，并且稳定发展，虽然在后几年的扩线方案上出现了一些小问题，但还是保证了自身所有者权益的领先，随后研发新产品，占领市场，稳扎稳打，最终获得高分。表 9－64、表 9－65 为 C14 公司各年的财务报表。

表 9－64　C14 公司各年利润表　　单位：K

年度 项目	第 1 年	第 2 年	第 3 年	第 4 年	第 5 年	第 6 年
销售收入	0	819	1 345	2 097	3 008	3 529
直接成本	0	350	560	865	1 270	1 515
毛利	0	469	785	1 232	1 738	2 014
综合费用	184	334	394	533	664	833
折旧前利润	－184	135	391	699	1 074	1 181
折旧	0	0	120	120	210	210
支付利息前利润	－184	135	271	579	864	971
财务费用	0	0	43	62	113	143
税前利润	－184	135	228	517	751	828
所得税	0	0	45	129	188	207
年度净利润	－184	135	183	388	563	621

表 9－65　C14 公司各年资产负债表　　单位：K

年度 项目	第 1 年	第 2 年	第 3 年	第 4 年	第 5 年	第 6 年
现金	196	181	251	8	635	14
应收款	0	576	467	1 130	1 156	1 514
在制品	0	140	140	275	275	0
产成品	0	70	70	170	0	0
原材料	0	0	0	0	0	0
流动资产合计	196	967	928	1 583	2 066	1 528
厂房	0	0	0	0	0	1 620

续表

项目 \ 年度	第 1 年	第 2 年	第 3 年	第 4 年	第 5 年	第 6 年
机器设备	0	600	480	810	600	1 190
在建工程	600	0	450	0	600	0
固定资产合计	600	600	930	810	1 200	2 810
资产总计	796	1 567	1 858	2 393	3 266	4 338
长期贷款	0	0	0	0	0	0
短期贷款	0	636	744	891	1 201	1 652
负债合计	0	636	744	891	1 201	1 652
股东资本	980	980	980	980	980	980
利润留存	0	-184	-49	134	522	1 085
年度净利润	-184	135	183	388	563	621
所有者权益合计	796	931	1 114	1 502	2 065	2 686
负债和所有者权益总计	796	1 567	1 858	2 393	3 266	4 338

从上面两表可以看出，该公司的年度净利润除了第 1 年之外都是正数，并且逐年上升，从第 4 年开始更是一发不可收，利润暴涨。该公司是如何使净利润大幅度提高的呢？首先从表 9－65 可以看出，该公司前 3 年剩余的产成品很少，高额的销售收入保证了该公司前 3 年充足的现金流，为第 3 年扩线打下了坚实的基础。接下来的几年，该公司只要有现金就会增加生产线、扩大产能。

从该公司每年年末所剩余的现金发现，该公司财务总监对于现金实施了精准的控制——在保证现金流不断的情况下最大限度地扩线增加产能。可以说，该公司的成功财务总监功不可没，从一开始就领先的销售量保证了现金流，最大化的扩线计划也实现了产能最大化，优势开局，稳住并扩大优势，使得其他公司无法超越。接下来继续分析该公司筹资和经营策略。

9.4.5.1 筹资策略

通过资产负债表可以分析出该公司的筹资情况，如表 9－66 所示。

表 9－66 C14 公司各年举债筹资表 单位：K

项目 \ 年度		第 1 年	第 2 年	第 3 年	第 4 年	第 5 年	第 6 年
长期贷款	借入	0	0	0	0	0	0
短期贷款	借入	0	636	744	891	1 201	1 652

从表 9 - 66 可以看出,该公司在 6 年中都没有长期贷款。全程使用短期贷款的利息远远少于长贷利息的优势为公司节省了大量的财务费用,且每个季度分摊的短贷,每年的还款压力不会多到难以承受。这样的筹资策略虽然可以节省大量的财务费用,但是缺点也显而易见,因为每一年的每个季度前都需要归还短贷,所以难免会产生一些多余的贴现贴息,且第 3 年该公司扩线也确实受到了归还短贷的影响,导致该公司在第 3 年只能增加 3 条自动线。这种全短贷方案还有一个弊端,就是一旦该公司当年的权益相比于前一年没有增加反而减少,就将在归还短贷之后无法借出同等的短贷,因而影响到这一季度甚至这一年的发展。C14 公司显然没有犯这种错误,在结合第 1 年间谍情况下得到了第 2 年的订单(见表 9 - 67),这些订单和第 3 年的订单为公司第 3 年的扩线提供了足够的现金。

表 9 - 67　C14 公司第 2 年订单列表

订单编号	市场类型	产品类型	数量(张)	总价(K)	状态	得单年份	ISO	交货期	账期	交货时间
D2029	本地	P2	2	166	已交单	第 2 年	—	3 季	2 季	第 2 年 3 季
D2038	本地	P2	5	410	已交单	第 2 年	—	4 季	1 季	第 2 年 4 季
D2044	区域	P2	3	243	已交单	第 2 年	—	2 季	1 季	第 2 年 2 季

9.4.5.2 经营策略

该公司无形资产的投资以及生产线数量统计如表 9 - 68、表 9 - 69 所示。

表 9 - 68　C14 公司各年无形资产投资表　　单位:K

项目 \ 年度		第 1 年	第 2 年	第 3 年	第 4 年	第 5 年	第 6 年
产品研发	P1						20
	P2	30					
	P3			30	10		
	P4					11	44
	P5					24	48
市场开拓	本地	10					
	区域	10					
	国内	10	10				
	亚洲	10	10	10			
	国际	10	10	10	10		

续表

年度 项目		第 1 年	第 2 年	第 3 年	第 4 年	第 5 年	第 6 年
ISO 认证	ISO9000	10	10				
	ISO140000	10	10	10			

表 9－69　C14 公司各年生产线数量统计表　　　　单位：条

年/季度 生产线类型	第 2 年				第 3 年				第 4 年				第 5 年				第 6 年			
	1	2	3	4	1	2	3	4	1	2	3	4	1	2	3	4	1	2	3	4
手工线																				
半自动线																				4
自动线	4	4	4	4	4	4	4	4	7	7	7	7	7	7	7	7	11	11	11	11
柔性线																				
合计	4	4	4	4	4	4	4	4	7	7	7	7	7	7	7	7	11	11	11	15

从该公司无形资产的投资和生产线数量两个表中可以看出，公司在第 1 年只研发了 P2 一种产品，投资开拓了所有的市场以及所有的 ISO 认证。在这个市场中，P3 产品的利润虽然高于 P1、P2 产品，但并没有高出很多，所以该公司选择了建造 4 条自动线，全部生产 P2 产品。并且，该公司第 2 年和第 3 年所生产的 P2 产品如果悉数卖出，足够支撑其第 3 年的扩线。

第 3 年，该公司的年度净利润虽然为正，不过不高，主要原因是第 3 年该公司又租用了一个中厂房，建造了 3 条自动线做 P3 产品。这里值得一提的是，虽然该公司第 3 年增加了 3 条自动线，但该公司的扩线策略仍出了一个小问题，为后面的发展埋下了隐患。该公司为了节省资金，这一年租用中厂房建造了 3 条自动线，导致到第 6 年 4 个厂房时，该公司最多也只能建造 15 条线，而不是满额的 16 条生产线。这就是该公司的潜力值甚至不如其他公司的原因。

第 4 年，该公司凭借 7 条自动线、高产能，虽然 P2 加 P3 产品的利润比不上 P4、P5 产品，但年度净利润还是达到了 388K，为第 5 年提供了更大的贷款空间，为第 5 年的扩线打下了坚实的基础。表 9－70 是 C 公司第 3、4 年订单列表。

表 9－70　C14 公司第 3、4 年订单列表

订单编号	市场类型	产品类型	数量（张）	总价（K）	状态	得单年份	ISO	交货期	账期	交货时间
D3107	本地	P2	1	83	已交单	第 3 年	—	2 季	2 季	第 3 年 1 季

续表

订单编号	市场类型	产品类型	数量（张）	总价（K）	状态	得单年份	ISO	交货期	账期	交货时间
D3116	本地	P2	5	415	已交单	第3年	—	3季	2季	第3年3季
D3126	区域	P2	5	425	已交单	第3年	ISO9000	3季	2季	第3年2季
D3130	国内	P2	2	170	已交单	第3年	—	1季	1季	第3年1季
D3134	国内	P2	3	252	已交单	第3年	ISO9000	4季	2季	第3年4季
D4232	本地	P2	3	267	已交单	第4年	ISO9000	2季	1季	第4年2季
D4244	国内	P2	4	360	已交单	第4年	ISO14000	1季	1季	第4年1季
D4247	国内	P2	5	435	已交单	第4年	ISO9000 ISO14000	4季	2季	第4年4季
D4256	亚洲	P2	5	425	已交单	第4年	ISO14000	3季	2季	第4年3季
D4259	本地	P3	1	100	已交单	第4年	ISO9000 ISO14000	2季	2季	第4年2季
D4287	国内	P3	5	510	已交单	第4年	ISO14000	3季	3季	第4年3季

由于第4年该公司没有扩线，第5年拥有足够的资金扩建了4条自动线，依旧生产P3产品，进一步扩大了产能，因此更进一步提高了销售收入，使得企业发展迅速且势头良好。值得一提的是，该公司第3年开始进入P3市场，由于其后几年P3市场利好，利润缓慢上升，虽然还是不及P4、P5产品，但不需投入大量的广告。在公司保持优势的情况下利用优势保护自身市场，进一步扩大主产品产能，该公司决策者的决定十分关键。

第6年，该公司发展很快，最终建造了15条生产线，并在第6年完成了一次大数量销售，净利润高达621K。在资金充足的情况下，该公司最后将所有的厂房都买了下来，将自身的潜力值提到了最高。公司第6年经营的成功，离不开前面每一年的发展，当然，最重要的是决策者的决策正确。

表9－71是C14公司第5、6年订单列表。

表9－71　C14公司第5、6年订单列表

订单编号	市场类型	产品类型	数量（张）	总价（K）	状态	得单年份	ISO	交货期	账期	交货时间
D5402	本地	P2	4	344	已交单	第5年	ISO9000	2季	2季	第5年2季
D5404	国内	P2	1	87	已交单	第5年	ISO9000 ISO14000	1季	1季	第5年1季

续表

订单编号	市场类型	产品类型	数量（张）	总价（K）	状态	得单年份	ISO	交货期	账期	交货时间
D5411	国内	P2	5	420	已交单	第5年	ISO9000 ISO14000	4季	2季	第5年4季
D5415	亚洲	P2	3	261	已交单	第5年	ISO9000 ISO14000	1季	3季	第5年1季
D5417	亚洲	P2	4	340	已交单	第5年	ISO9000	3季	1季	第5年3季
D5433	本地	P3	2	204	已交单	第5年	—	3季	3季	第5年3季
D5464	国内	P3	5	520	已交单	第5年	ISO14000	2季	3季	第5年1季
D5473	亚洲	P3	3	312	已交单	第5年	—	2季	3季	第5年2季
D5489	国际	P3	5	520	已交单	第5年	—	4季	2季	第5年4季
D6617	本地	P2	2	170	已交单	第6年	ISO9000 ISO14000	2季	2季	第6年2季
D6630	亚洲	P2	3	249	已交单	第6年	ISO14000	3季	1季	第6年3季
D6632	亚洲	P2	3	255	已交单	第6年	ISO9000	2季	1季	第6年1季
D6639	国际	P2	4	324	已交单	第6年	—	4季	2季	第6年4季
D6638	国际	P2	3	255	已交单	第6年	ISO9000	2季	1季	第6年2季
D6645	本地	P3	2	206	已交单	第6年	ISO9000 ISO14000	1季	3季	第6年1季
D6652	本地	P3	5	510	已交单	第6年	ISO9000	3季	2季	第6年3季
D6656	区域	P3	2	208	已交单	第6年	—	2季	3季	第6年2季
D6663	区域	P3	5	525	已交单	第6年	—	4季	1季	第6年4季
D6666	国内	P3	2	208	已交单	第6年	ISO14000	3季	1季	第6年3季
D6682	亚洲	P3	2	208	已交单	第6年	ISO14000	2季	3季	第6年2季
D6696	国际	P3	3	312	已交单	第6年	ISO9000	2季	2季	第6年2季
J6026	亚洲	P3	1	45	已交单	第6年	ISO9000	1季	4季	第6年1季

说明：订单编号J6026为竞单。

9.4.6 C16公司

C16公司是8个公司中经营得较好的公司之一。该公司合理预算资金，明确研发产品和大胆开拓市场，通过科学的营销策略，及时销售产品，增加收入，增加利润，取得了比较好的市场效果，最后取得了成功。

先看该公司的销售收入、毛利、净利润与资产负债的情况，如表 9－72、表 9－73 所示。

表 9－72　C16 公司各年利润表　　单位：K

项目＼年度	第 1 年	第 2 年	第 3 年	第 4 年	第 5 年	第 6 年
销售收入	0	1 000	1 939	2 329	2 682	4 046
直接成本	0	420	770	945	1 085	1 680
毛利	0	580	1 169	1 384	1 597	2 366
综合费用	288	366	586	758	647	1 063
折旧前利润	－288	214	583	626	950	1 303
折旧	0	120	120	140	220	130
支付利息前利润	－288	94	463	486	730	1 173
财务费用	0	13	103	147	159	315
税前利润	－288	81	360	339	571	858
所得税	0	0	38	85	143	215
年度净利润	－288	81	322	254	428	643

表 9－73　C16 公司各年资产负债表　　单位：K

项目＼年度	第 1 年	第 2 年	第 3 年	第 4 年	第 5 年	第 6 年
现金	230	529	1	14	9	86
应收款	0	0	590	901	850	155
在制品	140	140	140	420	420	0
产成品	0	140	0	0	0	0
原材料	0	0	0	0	0	0
流动资产合计	370	809	731	1 335	1 279	241
厂房	0	0	0	0	0	1 760
机器设备	600	480	430	790	670	1 840
在建工程	0	0	550	100	900	0
固定资产合计	600	480	980	890	1 570	3 600
资产总计	970	1 289	1 711	2 225	2 849	3 841
长期贷款	0	0	0	213	416	583

续表

年度 项目	第1年	第2年	第3年	第4年	第5年	第6年
短期贷款	278	516	616	663	656	838
特别贷款	0	0	0	0	0	0
负债合计	278	516	616	876	1 072	1 421
股东资本	980	980	980	980	980	980
利润留存	0	-288	-207	115	369	797
年度净利润	-288	81	322	254	428	643
所有者权益合计	692	773	1 095	1 349	1 777	2 420
负债和所有者权益总计	970	1 289	1 711	2 225	2 849	3 841

表9-74至表9-76是C16公司各年的订单情况。

表9-74 C16公司第2、3年订单列表

订单编号	市场类型	产品类型	数量（张）	总价（K）	状态	得单年份	ISO	交货期	账期	交货时间
J3005	本地	P2	2	70	已交单	第3年	ISO9000	1季	4季	第3年1季
J3006	区域	P2	3	105	已交单	第3年	ISO9000	1季	4季	第3年1季
D2032	本地	P2	3	255	已交单	第2年	—	4季	2季	第2年2季
D2048	区域	P2	5	405	已交单	第2年	—	4季	1季	第2年3季
D2046	区域	P2	4	340	已交单	第2年	—	1季	现金	第2年1季
D3111	本地	P2	3	261	已交单	第3年	—	2季	2季	第3年2季
D3117	本地	P2	5	415	已交单	第3年	ISO9000	4季	2季	第3年4季
D3119	区域	P2	1	87	已交单	第3年	ISO9000	3季	1季	第3年2季
D3123	区域	P2	3	252	已交单	第3年	—	2季	1季	第3年1季
D3127	区域	P2	5	415	已交单	第3年	—	4季	2季	第3年4季
D3133	国内	P2	3	252	违约	第3年	—	2季	2季	—

表9-75 C16公司第4年订单列表

订单编号	市场类型	产品类型	数量（张）	总价（K）	状态	得单年份	ISO	交货期	账期	交货时间
D4230	本地	P2	2	174	已交单	第4年	ISO9000	1季	2季	第4年1季
D4237	本地	P2	5	425	已交单	第4年	—	4季	2季	第4年4季

续表

订单编号	市场类型	产品类型	数量（张）	总价（K）	状态	得单年份	ISO	交货期	账期	交货时间
D4241	国内	P2	2	178	已交单	第 4 年	—	3 季	1 季	第 4 年 2 季
D4251	亚洲	P2	2	176	已交单	第 4 年	ISO9000 ISO14000	3 季	1 季	第 4 年 2 季
D4346	国内	P5	4	692	已交单	第 4 年	ISO14000	4 季	2 季	第 4 年 3 季
D4354	亚洲	P5	4	684	已交单	第 4 年	ISO9000 ISO14000	4 季	2 季	第 4 年 4 季

表 9－76　C16 公司第 5、6 年订单列表

订单编号	市场类型	产品类型	数量（张）	总价（K）	状态	得单年份	ISO	交货期	账期	交货时间
J6020	本地	P2	4	140	已交单	第 6 年	ISO9000 ISO14000	4 季	4 季	第 6 年 4 季
D5425	国际	P2	3	255	已交单	第 5 年	ISO14000	3 季	1 季	第 5 年 3 季
D5544	本地	P5	5	855	已交单	第 5 年	ISO9000 ISO14000	3 季	2 季	第 5 年 3 季
D5546	区域	P5	1	175	已交单	第 5 年	ISO9000	2 季	1 季	第 5 年 1 季
D5563	国内	P5	5	875	已交单	第 5 年	—	4 季	1 季	第 5 年 4 季
D5567	亚洲	P5	2	350	已交单	第 5 年	ISO14000	2 季	2 季	第 5 年 1 季
D5574	国际	P5	1	172	已交单	第 5 年	ISO9000 ISO14000	2 季	1 季	第 5 年 2 季
D6640	国际	P2	4	324	已交单	第 6 年	ISO9000	3 季	2 季	第 6 年 3 季
D6748	本地	P5	2	346	已交单	第 6 年	ISO9000	2 季	3 季	第 6 年 1 季
D6753	本地	P5	4	692	已交单	第 6 年	—	3 季	3 季	第 6 年 3 季
D6754	本地	P5	5	875	已交单	第 6 年	ISO14000	2 季	2 季	第 6 年 2 季
D6771	国内	P5	4	684	已交单	第 6 年	ISO14000	3 季	3 季	第 6 年 3 季
D6791	国际	P5	5	875	已交单	第 6 年	—	4 季	2 季	第 6 年 4 季

C16 公司后面几年的销售额都不错，下面分析该公司的投资情况。

从表 9－77 可以看出，该公司第 1 年全力研发 P2 产品，对 P5 产品的研发持续了两季度，对所有的市场进行了开拓。由此可以看出，该公司前期就以销售 P2 产品为主。该公司产品的研发与销售思路十分明确,目标市场全部开拓。

表 9-77 C16 公司各年无形资产投资表 单位:K

项目 \ 年度		第1年	第2年	第3年	第4年	第5年	第6年
产品研发	P1						20
	P2	30					
	P3						40
	P4					11	44
	P5	24		48			
市场开拓	本地	10					
	区域	10					
	国内	10	10				
	亚洲	10	10	10			
	国际	10	10	10	10		

表 9-78 C16 公司各年生产线数量统计表 单位:条

生产线类型 \ 年/季度	第1年		第2年				第3年				第4年				第5年				第6年			
	3	4	1	2	3	4	1	2	3	4	1	2	3	4	1	2	3	4	1	2	3	4
手工线							2	2	2	2	2	2	2	2	2	2						
半自动线																						
自动线		4	4	4	4	4	4	4	4	4	6	6	6	6	6	7	7	7	9	9	9	13
柔性线											1	1	1	1	1	1	1	1	3	3	3	3
合计		4	4	4	4	4	6	6	6	6	9	9	9	9	9	10	10	10	12	12	12	16

C16 公司贷款策略与其他公司有所不同。该公司短期贷款从第 1 年开始,长期贷款从第 4 年开始。值得一提的是,该公司第 1 年就建造了生产线,并且投入生产,因为生产线的原因,第 2 年净利润不是很高,所有者权益小幅度增加。长期贷款与短期贷款同时进行,有利于减小流动资金的压力,这是因为,短期贷款每年都要归还本息,若是流动资金不足,就要通过贴现来归还,这样一来就增加了费用。而长期贷款不需要归还本金,但利率要比短期贷款高,所以不能完全依赖长期贷款举债。可见,两者结合才是最好的筹资方法。当然,这还需根据实际情况进行决策。

C16 公司的经营策略又是怎样的呢? 下面分析该公司各年的经营策略。

第 1 年,该公司研发了 P2 产品,同时也研发了 2 个季度的 P5 产品,由此可以看出,该公司以经营 P2、P5 产品为主。生产 P5 产品需要有 P2 产品,因此 P2 产品是必须研发的。该公司制定的目标是,第 1 年建成自动线并且投入生产,计划在第 2 年交货 16 个 P2 产品。

第 2 年,该公司只出售了 12 个产品,导致净利润不是很高,而且从订单中看出,并不是抢不到产品订单,而是绰绰有余。该公司一开始在制定经营方案上就存在失误了,导致产品未完全销售还交纳了维修费。

第 3 年,该公司在选单时又失误了,没有计算好产能,多选了订单。为了不使两张订单都违约,建造了一个小厂房和两条手工线。恰恰因为第 1 年多生产的 4 个产品,导致违约不太严重,但这也只能是亡羊补牢。该公司唯一的经营亮点是预见到市场的不确定性,在第 2 年年末的时候材料是下得多的,这是很好的做法。虽然有这些小差错,但是 C16 公司出售了 22 个 P2 产品,销售收入也是极高的,不存在资金断流的情况。于是 C16 公司扩线建了 3 条自动线、1 条柔性线,开始生产 P5 产品。又是由于计算错误,公司资金只支持 3 条线的生产,导致产能稍稍降低了一些。

第 4 年,该公司有 5 个广告是 200K 以上的,只有该公司是生产 P2、P5 产品的,因此抢占了市场的大头。但因为生产线的原因,销售收入并没有增加很多,导致这一年的净利润不如之前一年,并且该公司没有在当年选择扩线,使公司的发展落后了一年,这正是该公司经营中的一个关键点,导致了最后的结果。费用高是在所难免的,净利润变低也很正常,前期的投资为后期带来效益才是最重要的,不能以某一年的净利润判断该年成败,要有长远的规划才能带来更大的效益。

第 5 年,由于第 4 年的应收款陆续到账,使公司第 5 年有足够的资金建造生产线,扩大了产能。该公司因此更进一步地提高了销售收入,使得企业发展迅速且势头良好。但是终究是棋差一招,生产总体上落后了一年。

第 6 年,该公司销售收入是很高的,还将租用的厂房购买了下来。值得一提的是,在资金充足的情况下,要尽量把租用的厂房在交纳利息之前买下来。因为这样就不再需要交纳租金,减少了综合费用,增加了净利润,提高了所有者权益,提高了计算分数的系数。C16 公司第 6 年的成功,源于前面每一年发展的积累,当然,最重要的是决策者的决策正确。

C16 公司的经营是比较成功的,从经营开始确定的产品与生产线的策略,到广告投放的策略,再到最后的生产销售策略都是比较好的。只是因为第 3 年的扩线问题,导致发展稍微延缓,对最后的结局产生了影响。

9.4.7 C20 公司

从总体来看,C20 公司的经营没有出现任何较大的失误,除了第 1 年没有销售收入、净利润为负以外，之后每年净利润都为正，且逐年增长。仅凭这一点，就能看出 C20 公司比 C7 公司做得好。我们根据前面利润表提供的数据，先分析该公司的销售、毛利和净利润的变化情况（见表 9－79、表 9－80），然后再分析该公司的经营策略。

表 9－79　C20 公司各年利润表　　单位：K

项目＼年度	第 1 年	第 2 年	第 3 年	第 4 年	第 5 年	第 6 年
销售收入	0	757	1 377	2 055	3 233	3 437
直接成本	0	300	560	885	1 380	1 520
毛利	0	457	817	1 170	1 853	1 917
综合费用	214	341	388	519	781	957
折旧前利润	－214	116	429	651	1 072	960
折旧	0	0	160	160	250	280
支付利息前利润	－214	116	269	491	822	680
财务费用	0	8	85	161	210	235
税前利润	－214	108	184	330	612	445
所得税	0	0	20	83	153	111
年度净利润	－214	108	164	247	459	334

表 9－80　C20 公司各年资产负债表　　单位：K

项目＼年度	第 1 年	第 2 年	第 3 年	第 4 年	第 5 年	第 6 年
现金	135	49	21	129	387	16
应收款	0	497	443	561	511	423
在制品	0	140	180	285	330	0
产成品	0	0	0	105	0	0
原材料	0	0	0	0	0	0
流动资产合计	135	686	644	1 080	1 228	439
厂房	0	0	0	0	0	1 320
生产线	0	800	640	930	830	1 750
在建工程	800	0	450	150	800	50
固定资产合计	800	800	1 090	1 080	1 630	3 120

续表

项目 \ 年度	第1年	第2年	第3年	第4年	第5年	第6年
资产总计	935	1 486	1 734	2 160	2 858	3 559
长期贷款	0	0	0	131	131	206
短期贷款	169	612	696	696	935	1 227
负债合计	169	612	696	827	1 066	1 433
股东资本	980	980	980	1 028	1 028	1 028
利润留存	0	-214	-106	58	305	764
年度净利润	-214	108	164	247	459	334
所有者权益合计	766	874	1 038	1 333	1 792	2 126
负债和所有者权益总计	935	1 486	1 734	2 160	2 858	3 559

从上述两表可以看出，该公司每年的销售收入都在增长且收入额较高，但是净利润却不高，而且前几年增长缓慢。那么，是什么原因导致该公司的销售收入、毛利和净利润没有同步增长呢？要弄清楚这个问题，必须结合 C20 公司的投资策略进行分析。

9.4.7.1 筹资策略

通过资产负债表可以分析出 C20 公司的筹资情况，如表 9-81 所示。

表 9-81 C20 公司各年举债筹资表 单位：K

贷款类型 \ 年度		第1年	第2年	第3年	第4年	第5年	第6年
长期贷款	借入				131	131	206
短期贷款	借入	169	612	696	696	935	1 227

从表 9-81 可以看出，C20 公司在第 1 年进行了短贷，并开始了短期贷款循环。从第 2 年开始，有较高额度的短期贷款，但是，资金仍然困难，还需要大量的贴现才能使流动资金保持正常。相对其他公司，该公司的短期贷款金额相当大，因此要支付的利息也很高。该公司的利润表显示：第 3 年至第 6 年，其财务费用分别为 85K、161K、210K、235K。较大的财务费用支出，不仅导致企业的所有者权益上升缓慢，而且还牵制了企业后期的发展。那么，是什么原因导致该公司大量举债呢？这就涉及企业的投资问题了。

9.4.7.2 无形资产投资策略

C20 公司的无形资产投资策略如表 9－82 所示。

表 9－82 C20 公司各年无形资产投资表 单位:K

项目	年度	第 1 年	第 2 年	第 3 年	第 4 年	第 5 年	第 6 年
产品研发	P1	20					
	P2		30				
	P3	40					
	P4					22	33
	P5					36	36k
市场开拓	本地	10					
	区域	10					
	国内	10	10				
	亚洲	10	10	10			
	国际	10	10	10	10		
ISO 认证	ISO9000	10	10				
	ISO140000	10	10	10			

从 C20 公司的无形资产投资策略可以看出，企业在第 1 年一举研发了 P1 和 P3 两种产品，投资开拓了所有的市场，仅这两项就投入资金 110K，而第 1 年企业没有销售收入，为此，第 2 年不得不通过大量贷款维持经营。由于研发费用和贴现损失直接作为当期的费用计入当期利润，使企业的所有者权益受到影响。

而且，该公司可能忽略了一个问题：企业将两种产品开发出来以后，要生产就需要购买原材料，购买原材料需要占用较多的资金，这对企业的资金也是一个非常大的影响。同时，该公司实施了一个策略转换：企业在第 2 年初投放广告时，选择避开 P3 产品市场的拥挤，只进行了 P1 产品的广告投放，从而使得这一年的年度净利润偏低，导致后续短期贷款压力增大。从第 2 年与第 3 年的订单列表（表 9－83、表 9－84）可以看出，该公司并没有拿到 P3 产品的订单。因为 P1 与 P3 产品的原材料重叠，该公司在开始订购原材料时预订了生产 P3 产品的原材料而第 2 年并没有生产 P3 产品，造成了原材料 R4 出现大量的库存，且第 3 年依然没有销售 P3 产品。也就是说，R4 产品有较多的库存，造成了不必要的资金浪费，使得贷款压力加剧。

表 9－83　C20 公司第 2 年订单列表

订单编号	市场类型	产品类型	数量（张）	总价（K）	状态	得单年份	ISO	交货期	账期	交货时间
D2010	本地	P1	4	260	已交单	第 2 年	—	2 季	1 季	第 2 年 2 季
D2021	区域	P1	3	192	已交单	第 2 年	—	4 季	3 季	第 2 年 3 季
D2014	本地	P1	5	305	已交单	第 2 年	—	4 季	1 季	第 2 年 4 季

表 9－84　C20 公司第 3 年订单列表

订单编号	市场类型	产品类型	数量（张）	总价（K）	状态	得单年份	ISO	交货期	账期	交货时间
D3106	本地	P2	1	87	已交单	第 3 年	—	1 季	1 季	第 3 年 1 季
D3128	国内	P2	1	87	已交单	第 3 年	ISO9000	1 季	1 季	第 3 年 1 季
D3132	国内	P2	2	172	已交单	第 3 年	—	2 季	3 季	第 3 年 1 季
D3125	区域	P2	4	348	已交单	第 3 年	ISO9000	4 季	2 季	第 3 年 2 季
D3112	本地	P2	3	258	已交单	第 3 年	—	4 季	2 季	第 3 年 3 季
D3139	国内	P2	5	425	已交单	第 3 年	—	4 季	2 季	第 3 年 4 季

从企业的无形资产投资可以看出，C20 公司希望提前研发多种产品，根据市场情况生产不同产品，避开其他公司的优势，提高企业的实力。但是，百密一疏，企业忽略了资金问题，没有预见到资金的不足，而且 P1 和 P2 作为低端产品的利润并不高，这是企业净利润不高的最根本原因。

9.4.7.3　固定资产投资策略

C20 公司在厂房与生产线的投资上处理得较好。该公司生产线的投资情况如表 9－85 所示。

表 9－85　C20 公司各年生产线数量统计表　　　　单位：条

年/季度	第 2 年				第 3 年				第 4 年				第 5 年				第 6 年			
生产线类型	1	2	3	4	1	2	3	4	1	2	3	4	1	2	3	4	1	2	3	4
手工线																				
半自动线																				
自动线									3	3	3	3	4	4	4	4	8	8	8	8
柔性线	4	4	4	4	4	4	4	4	4	4	4	4	4	4	4	4	4	4	4	7
合计	4	4	4	4	4	4	4	4	7	7	7	7	8	8	8	8	12	12	12	15

从表9－85可以看出，C20公司第2年由于销售收入低并没有进行扩线，而是选择在第3年一次性扩建了3条自动线并在第4年第1季建成使用，增加了产能。这样的选择是较为符合该公司运营状况的，使得第4年的产品增加了9个P2产品，增加了利润。该公司对于生产线的处理也有不妥之处，即在第5年第4季时由于预算失误新建了一条柔性线之后再没有后续的投资，浪费了资金。

9.4.7.4 市场营销策略

从C20公司第4年的订单列表（表9－86）可以看出，企业以销售P3产品为主，放弃了P2产品。在市场拥挤的情况下，只销售一种产品是很难达到产能要求的，若是该公司以销售P3产品为主，同时不放弃销售P2产品的话，就不会出现产品积压。

表9－86　C20公司第4年订单列表

订单编号	市场类型	产品类型	数量（张）	总价（K）	状态	得单年份	ISO	交货期	账期	交货时间
D4272	区域	P3	3	312	已交单	第4年	ISO9000	2季	3季	第4年1季
D4243	国内	P2	3	264	已交单	第4年	—	4季	2季	第4年2季
D4261	本地	P3	2	208	已交单	第4年	ISO9000	2季	2季	第4年2季
D4269	区域	P3	2	210	已交单	第4年	ISO9000 ISO14000	2季	2季	第4年2季
D4233	本地	P2	3	261	已交单	第4年	—	4季	2季	第4年3季
D4270	区域	P3	2	200	已交单	第4年	—	3季	3季	第4年3季
D4280	国内	P3	2	200	已交单	第4年	—	3季	3季	第4年3季

最终，C20公司由于资金的问题而导致经营失败。前面已做分析，该公司的销售收入和毛利从第3年开始每年都比较多，但是，巨大的费用支出吞噬了企业利润，导致净利润增长缓慢。除了资金问题，该公司还有一个致命的问题就是放弃了高端产品，在6年内都生产P1、P2、P3产品，尤其以P2产品居多，这样虽然竞争压力小了很多，并且在第2年就开始盈利，但是P1、P2产品的利润相对P4、P5产品低很多，这也是为什么该公司与第一、第二名会有较大差距的原因。所以，企业在进行决策时，应当综合全面分析，通盘考虑，一方面扩大收入，一方面努力控制和降低费用，使企业的利润与收入同步增长，另外也不能一味地回避竞争。

10 浙江省大学生企业经营沙盘模拟竞赛

ERP 企业沙盘模拟是一种新型的教学方式，它将创业设计与企业经营模拟紧密结合，既实现了实战演练，又具有竞争氛围，有助于当前高校教学改革，促进大学生就业、创业。浙江省大学生企业经营沙盘模拟竞赛旨在激发当代大学生的创意、创新灵感与对商业机会的把握，从而最终实现由创意到创业的过程。2016 年浙江省大学生企业经营沙盘模拟竞赛得到了广大高校师生的关注与支持，首届竞赛就有很多高校和优秀学生参与到比赛当中。

10.1 竞赛章程及方案

10.1.1 竞赛章程

10.1.1.1 竞赛宗旨

浙江省大学生企业经营沙盘模拟竞赛是参赛大学生以企业经营者的身份，与其他参赛队模拟的同质企业在变化的市场竞争条件下，展开企业经营竞争的大学生科技竞赛。竞赛融理论与实践于一体、集角色扮演与岗位体验于一身，旨在通过对企业经营管理和市场竞争过程的模拟实践，提高大学生创新精神和创业能力，推动浙江省企业管理人才培养模式和实践教学的改革。

10.1.1.2 组织机构

竞赛主办单位：浙江省大学生科技竞赛委员会。

秘书处单位：嘉兴学院。

竞赛委员会：浙江省大学生企业经营沙盘模拟竞赛设立竞赛委员会。竞赛委员会由嘉兴学院有关校领导、相关高校领导或教务部门领导组成，委员任期 3 年。设主任一名，副主任若干名、委员若干名。秘书处设在嘉兴学院，主任由秘书处所在单位推荐担任，副主任由主任推荐相关高校领导或教务部门领导担任，委员由主任及副主任推荐相关高校领导或教务部门领导担任。任职期满或职务调整后，由秘书处所在单位进行竞赛委员会人员调整。

竞赛委员会的工作职责是负责审定竞赛章程、年度竞赛方案；负责竞赛组织工作;协调专家委员会及仲裁委员会工作,并对组成人员进行聘任;对竞赛重大事项进行决策。

专家委员会:浙江省大学生企业经营沙盘模拟竞赛设立专家委员会。专家委员会由各参赛学校推荐与学科专业有关的专家和教授组成,并由竞赛委员会审定聘请,委员任期3年。设主任一名,副主任若干名、委员若干名。任职期满后,根据在职情况,由竞赛委员会负责人员调整。专家委员会会议由主任委员负责召集,主任委员可委托副主任委员召集会议。

竞赛专家委员会的工作职责是负责审定沙盘模拟软件及规则;审定答辩评审规则;审定答辩专家及比赛裁判人员;审定并抽取试题;认定评审结果。

仲裁委员会:浙江省大学生企业经营沙盘模拟竞赛设立仲裁委员会。仲裁委员会由秘书处所在单位组织高校有关专家组成,并由竞赛委员会审定聘请,委员任期3年。任职期满后,根据在职情况,由竞赛委员会负责人员调整。

仲裁委员会的工作职责是对有争议的事项进行仲裁;监督竞赛组织工作。

竞赛秘书处:竞赛秘书处设在嘉兴学院,在浙江省大学生科技竞赛委员会(教育厅)及竞赛委员会的领导下,具体承担竞赛的组织工作。设主任一名,副主任若干名,秘书若干名。

10.1.1.3 竞赛内容及形式

(1)参赛对象及名额

参赛对象为浙江省普通本科院校(包括独立学院)、高职高专在校大学生,各校选拔推荐代表队参赛(每支代表队由参赛队员及指导教师组成)。

(2)参赛要求

参赛选手采取团队比赛方式,参赛队选手不限年级,鼓励多专业背景结合,构造专业复合型队伍。

(3)竞赛形式

竞赛采取团队比赛方式。每支参赛队组成一家模拟企业,在规定的时间内,按企业经营年度展开企业经营竞争模拟。本科组由竞赛专家委员会组织裁判根据企业经营管理模拟沙盘软件系统统计得分及现场答辩进行评奖;高职高专组根据企业经营管理模拟沙盘软件系统统计得分进行评奖。

(4)竞赛试题

竞赛采用“企业经营沙盘竞赛软件系统”(以下简称“系统”)进行比赛,比赛试题主要是重要规则及市场信息。竞赛办公室委托第三方机构(签订保密协议)进行命题,制作若干套重要规则及市场信息并给予保密;竞赛试题在比赛当天现场抽取并公布。

10.1.2 竞赛方案

根据浙江省大学生企业经营沙盘模拟竞赛章程制订2016年浙江省大学生

企业经营沙盘模拟竞赛方案。

10.1.2.1 组织机构

竞赛主办单位:浙江省大学生科技竞赛委员会。

竞赛承办单位:嘉兴学院。

竞赛委员会:审定竞赛章程、年度竞赛方案;对竞赛组织工作进行指导;管理专家委员会及仲裁委员会,并对组成人员进行聘任;对竞赛重大事项进行决策(具体名单略)。

专家委员会:负责审定沙盘模拟软件及规则;审定答辩评审规则;审定答辩专家及比赛裁判人员;审定并抽取试题;认定评审结果(具体名单略)。

仲裁委员会:对有争议的事项进行仲裁;监督竞赛组织工作(具体名单略)。

竞赛秘书处:竞赛秘书处设在嘉兴学院,在浙江省大学生科技竞赛委员会(教育厅)及竞赛委员会的领导下,具体承担竞赛的组织工作(具体名单略)。

10.1.2.2 参赛对象及名额

参赛对象为浙江省普通本科院校(包括独立学院)、高职高专在校大学生,各校在校赛的基础上选拔推荐 1 ~2 支代表队参赛。

10.1.2.3 参赛要求

参赛选手采取团队方式报名,每支参赛队由 3 名选手及最多 2 名指导教师组成。参赛学生不限年级、不限专业。

10.1.2.4 竞赛内容与竞赛规则

(1)竞赛内容

本次竞赛分为本科组及高职高专组,每个竞赛组分为 A、B 赛区,相同高校赛队不允许出现在同一赛区,需在 A、B 不同赛区,根据参赛规模可以增加赛区。每组均采取团队比赛方式,每支参赛队组成一家模拟企业,基础背景设定为所有企业处于同一初始状态,参赛团队在规定的时间内,按经营年度模拟企业各项经营活动。经营伊始,模拟企业将提前获得相关市场资料,对每个市场、每个产品的总体需求量、单价、发展趋势做出预测。各家企业在市场预测的基础上讨论整体战略和业务策略,做出所有重要事项的经营决策,按一定流程开展模拟对抗运营,模拟竞争结果将在 6 年模拟经营期结束后直接呈现出来。

(2)竞赛规则

竞赛分为本科组及高职高专组,本科组分为现场赛及答辩两个部分,高职高专组仅参加现场赛。现场赛采用竞赛软件系统进行模拟对抗,以模拟企业盈利情况和企业的可持续发展能力作为评分标准,以第 6 年竞争结束关账后软件统计分数为现场赛成绩。如果本科或者专科再进行分组比赛,则按照组别进行计分及评奖。

本科组现场赛成绩排名前 23% 的队伍参加答辩,答辩时间 15 分钟,其中选手陈述环节不超过 8 分钟，问答环节约 7 分钟。

答辩环节竞赛评审标准见表 10－1。

表 10－1　竞赛评审标准

评审项目	内容	得分(总分 100)
公司总体战略及相关运营策略的制定	比赛前： 制定战略、策略的依据 制定什么样的公司战略 如何根据战略制定合理的经营策略及计划	15
比赛期间战略、策略的执行及风险控制	比赛期间： 如何贯彻执行经营策略及应对策略的变化 如何进行竞争对手分析 如何进行风险控制 如何应对市场变化	30
比赛期间具体操作及团队协同能力	资金是否短缺 产能是否合理 库存是否合理 团队如何协同	20
整体运营特色及比赛得失总结	竞赛经营过程中的成功、特别之处 竞赛经营过程中的失败之处	15
答辩整体逻辑及清晰程度	理论知识的合理运用 答辩整体逻辑性、回答问题的清晰程度	20

每个模拟企业最终得分＝现场模拟经营得分×70%＋答辩得分×30%

现场模拟经营及答辩环节均折算成百分制，规则如下：

现场模拟经营得分＝(该组现场赛得分/现场赛最高分)×100

计算每个团队中专家评分和该团队平均分的差值，差值与该团队的平均分比率为误差，如果误差小于 10%，则该评委的分数有效，否则该评委的分数无效，取所有有效分数的平均值为该团队的答辩成绩。

各参赛队的最终获奖等级将由竞赛委员会确定后公布。

(3)竞赛系统及组织

竞赛系统：采用“企业经营沙盘竞赛软件系统”(以下简称“系统”)，在竞赛前 2 个月提供给各参赛学校免费试用并在线支持各校校内赛。

竞赛题目抽取：在竞赛现场，由竞赛秘书处现场抽取一名竞赛委员会及专家委员会成员,被抽中的委员现场抽取竞赛试题,现场交由大赛裁判组录入系统。

答辩专家及竞赛裁判:答辩专家及竞赛裁判由专家委员会成员随机抽取担任。

(4)运行方式及监督

竞赛采用“企业经营沙盘竞赛软件系统”(以下简称“系统”)进行比赛,即所有的决策及计划执行的运行确认均在系统中确定,最终结果以系统为准。运行中的销售竞单在电子模拟运行系统中进行,各队在本队运行地参加市场订货会、交易活动,包括贷款、原材料入库、交货、应收账款贴现及回收,均在本地计算机上完成选单。

比赛期间带队教师不允许入场;所有参赛队员不得携带手机等通信工具入场,不得通过任何途径与外界联系,否则取消参赛资格;电脑仅限于作为系统运行平台。

比赛期间计时以本赛区所用服务器时间为准,赛前选手可以按照服务器时间调整自己所用电脑上的时间。

大赛设裁判组,负责大赛中所有比赛过程的监督和争议裁决。

10.1.2.5 竞赛时间安排与流程

竞赛时间与流程见表 10－2。

表 10－2 竞赛时间与流程

时间		事宜	地点
10 月 31 日 17:30		报名截止	嘉兴学院竞赛秘书处
11 月 25 日前		在线免费练习及在线支持各校校内赛	
11 月 25 日	16:00－18:00	现场报到、分组抽签	嘉兴学院体育馆
	19:00－21:00	现场网络和系统测试	嘉兴学院体育馆
11 月 26 日	8:00－8:30	试题抽签	嘉兴学院体育馆
	8:30－12:30	第一年、第二年运营	嘉兴学院体育馆
	12:30－13:30	中餐	嘉兴学院体育馆
	13:30－17:30	第三年、第四年运营	嘉兴学院体育馆
	17:30－18:30	晚餐	嘉兴学院体育馆
	18:30－22:30	第五年、第六年运营	嘉兴学院体育馆
11 月 27 日	8:00－10:00	答辩	嘉兴学院教室
	10:30－11:30	闭幕式、颁奖	嘉兴学院体育馆

注:比赛中具体时间以现场裁判公布为准。

10.1.2.6　参赛费用

竞赛参赛费用由参赛团队所在学校承担,各学校不得以任何理由向参赛学生收费。每支团队交参赛费 600 元,由参赛学校电汇或转账到竞赛指定账号(在电汇或转账单上务必注明×××学校企业经营沙盘模拟竞赛报名费)(账号信息略)。

各参赛人员参加竞赛的交通、住宿费由参赛学校自理。参赛期间,竞赛承办单位负责提供参赛人员的工作用餐。

10.1.2.7　奖项设置

每个赛区的获奖比例为:特等奖(可空缺)、一等奖 8%,二等奖 15%,三等奖 25%,同时设立组织奖,对积极组织学生参与竞赛的学校给予表彰。

10.2　竞赛规则

因竞赛规则变化较大,现以浙江省首届大学生企业经营沙盘模拟竞赛细则为例,现场赛采用竞赛专用系统进行模拟对抗,时间为 6 年。

10.2.1　初始状态

10.2.1.1　财务状态

公司初始时,股东资本 980K,其中 K 为资金单位。

10.2.1.2　业务状态

各类市场上所需求的产品为 P 系列产品,分别为 P1、P2、P3、P4、P5 产品(见表 10－3)。

表 10－3　产品系列

产品属性	低端产品	中端产品	高端产品
产品类型	P1、P2	P3	P4、P5

10.2.2　经营规则

10.2.2.1　融资

表 10－4 为融资规则:

表 10－4　融资规则

贷款类型	贷款时间	贷款额度	贷款最长年限（年）	年利率（%）	还款方式
长期贷款	每年年初	所有长贷和短贷之和不能超过上年末所有者权益的 80%	5	8	年末付息，到期还本付息
短期贷款	每季度初		1	5	到期一次性还本付息

规则说明：

(1)贷款额度

长期贷款和短期贷款的总额度(包括已借但未到还款期的贷款)为上年末所有者权益总计的 80%，取整规则采用向下取整；长期贷款和短期贷款的申请额必须为大于等于 10K 的整数。

(2)贷款规则

长期贷款每年年末必须支付利息，到期还本付息。长期贷款最长年限为 5 年。

最后一年运营结束时，不要求归还没有到期的各类贷款。

短期贷款年限为 1 年。

贷款利息取整规则采用四舍五入。

长期贷款利息是根据长期贷款的贷款总额乘以利率计算，取整规则采用四舍五入。

10.2.2.2　厂房

表 10－5 为厂房规则：

表 10－5　厂房规则

厂房类型	购买价(K)	租金(K/年)	生产线最大容量(条)
大厂房	440	44	4
中厂房	300	30	3
小厂房	180	18	2

规则说明：

(1)购买或租用厂房

购买或租用厂房可以在任何季度进行。购买厂房需要按购买价立即一次性全额支付，租用厂房需要立即支付租金，租金以年为单位交纳。

厂房使用可以任意组合，但总数不能超过 4 个。

(2)厂房处理

出售:厂房出售后,获得厂房购买价的应收款(4 个账期)。

买转租:厂房内有生产线的情况下出售厂房,要在获得厂房购买价的应收款(4 个账期)的同时,自动做租用厂房处理,租金立即支付。

退租:厂房退租必须是厂房中没有生产线。租约到期如果没有选择"租转买"或"退租",系统自动做续租处理,租金在当季结束时和行政管理费一并扣除。

租转买:购买原本租用的厂房,需要按购买价立即一次性全额支付。

厂房贴现:厂房贴现视同出售厂房并将 4 季应收款进行贴现。若厂房中有生产线,则会自动做租用厂房的处理,租金立即支付。

(3)新建生产线

厂房容量代表可容纳生产线的数量,生产线必须在厂房有空余容量的情况下新建。

10.2.2.3 生产线

表 10 - 6 为生产线规则:

表 10 - 6 生产线规则

生产线类型	购置费(K)	安装周期(Q)	生产周期(Q)	总转产费(K)	转产周期(Q)	维修费(K/年)	残值(K)
手工线	35	无	3	0	无	5	5
半自动线	50	1	2	20	1	10	10
自动线	150	3	1	20	1	20	30
柔性线	200	4	1	0	无	20	40

规则说明:

新建生产线,需选择厂房、生产线的类型、生产产品的类型;产品类型一经确定,本生产线所生产的产品便不能更换,如需更换,须在建成后进行转产处理。

手工线购买当季即可使用,半自动线、自动线和柔性线需要有安装周期,投资需要分期投入,待最后一期投资到位后,必须到下一季度开始才算安装完成,方允许投入使用。

无论生产线净值多少,出售生产线时都按生产线残值计价,净值与残值之差计入综合费用表中的"损失"。

只有已经建成且空闲的生产线方可转产、生产和出售。

当年建成的生产线年末需要交纳维修费;已出售的生产线和在建的生产线无须交纳维修费。

每条生产线一个生产周期只能生产一种产品。

表 10－7 为生产线折旧规则：

表 10－7　生产线折旧规则　　单位：K

生产线类型	购置费	残值	建成第 1 年	建成第 2 年	建成第 3 年	建成第 4 年	建成第 5 年
手工线	35	5	0	10	10	10	0
半自动线	50	10	0	10	10	10	10
自动线	150	30	0	30	30	30	30
柔性线	200	40	0	40	40	40	40

需要说明的是，建成的生产线第 2 年开始折旧，即购置费减去累计折旧等于净值。当净值等于残值时生产线不再计提折旧，但可以继续使用。

10.2.2.4　产品研发

只有完成产品研发后，才能获得产品生产资格，产品研发需要分期投入研发费用。产品研发规则如表 10－8 所示。

表 10－8　产品研发规则

产品类型	研发费用（K/季）	研发费用总额（K）	研发周期（季）	加工费（K/个）	直接成本（K/个）	产品组成
P1	10	20	2	5	25	R1 + R3
P2	10	30	3	5	35	R2 + R4
P3	10	40	4	5	45	R1 + R3 + R4
P4	11	55	5	10	60	P1 + R2 + R3
P5	12	72	6	10	70	P2 + R1 + R4

规则说明：

产品研发可以中断或终止，但不允许超前或一次性投入。已投资的研发费用不能收回。

产品研发没有完成，无法进行该产品生产。

紧急采购时，产品购买价格是直接成本的 3 倍，紧急采购价格与直接成本之差计入综合费用表中的“损失”。

产品折旧率为 100%，即出售产成品按产品的直接成本价计算。

10.2.2.5　资格认证

拥有资格认证的企业可在订货会或竞拍会中获取有资格认证要求的订单，认证规则如表 10－9 所示。

表 10－9 认证规则

认证类型	认证费用(K/年)	认证年限(年)	认证费用总额(K)
ISO9000	10	2	20
ISO14000	10	3	30

规则说明:

资格认证可以中断或终止,但不允许超前或一次性投入。已投资的认证费用不能收回。资格认证没有完成,不允许选择有该资格认证要求的订单。

10.2.2.6 市场开拓

表 10－10 为市场开拓规则:

表 10－10 市场开拓规则

市场类型	开拓费用(K/年)	开拓年限(年)	开拓费用总额(K)
本地	10	1	10
区域	10	1	10
国内	10	2	20
亚洲	10	3	30
国际	10	4	40

规则说明:

市场开拓只有在每年第 4 季度才可以操作,完成开拓后的市场永久有效。

市场开拓可以中断或终止,但不允许超前或一次性投入。已投资的开拓费用不能收回。市场开拓没有完成,不允许在该市场投放广告。

10.2.2.7 原材料采购

表 10－11 为原材料采购规则:

表 10－11 原材料采购规则

原材料类型	购买价格(K/个)	提前期(季)
R1	5	1
R2	10	1
R3	15	2
R4	20	2

规则说明:

原材料根据提前期的规定,需要提前下原材料订单。

所有预订的原材料到期必须全额支付订购款。

紧急采购时，原材料价格是正常购买价格的 2 倍，紧急采购价格与原材料价格之差计入综合费用表中的“损失”。

原材料折旧率为 80%，即出售原材料按正常购买价格的 80% 计算。

10.2.2.8 订货规则

(1)广告规则

广告投放后方可参加订货会，每个市场按产品类型再进行细分。当年在某个细分市场上投放 10K 广告费，理论上将获得该细分市场一次选单机会，此后每增加 20K 广告费，理论上增加一次选单机会，实际选单总次数则根据该细分市场订单总数及竞争情况确定。如果广告投放小于 10K 则无选单机会，但仍扣除广告费，对计算市场广告额有效。广告投放额须为正整数。

(2)选单规则

当所有模拟企业投放广告后，进入订货会进行选单，选单顺序如下：

选单时首先以当年本市场本产品广告额投放大小顺序依次选单。

如果两个模拟企业本市场本产品广告额相同，则根据本市场广告总额投放大小顺序依次选单。

如果本市场广告总额也相同，则根据上年本市场销售排名高低顺序依次选单。

如仍无法确定，则根据投放广告时间先后顺序依次选单。

需要注意的是：

- 第 1 年无订货会。
- 每个模拟企业选单需在系统规定时间(以倒计时秒的形式显示)内完成，否则视为放弃。
- 必须为选单留足时间，如在倒计时小于等于 5 秒再提交，可视为放弃。
- 在某细分市场(如本地 P1)有多次选单机会，只要放弃一次，则视同放弃该细分市场所有剩余的选单机会。

10.2.2.9 竞拍规则

在第 3 年和第 6 年订货会后召开竞拍会。系统一次性发放 3 张订单同时进行竞拍。订单标明订单编号、市场类型、产品类型、产品数量、ISO 认证要求等信息，而订单总价、交货期、应收账期三项为空。竞拍会相关要求说明如下：

(1)投标资质

参与投标的企业需要有相应市场、ISO 认证的资质，但无需有生产资格。

中标的企业须为该订单支付 10K 标书费(计入广告费)。

如果(已竞得单数 + 本次同时竞拍数) × 10 > 现金余额，则不能再参与竞拍，即必须有一定现金余额作为保证金。

为防止恶意竞拍，对竞得订单张数进行限制，如果[某个模拟企业已竞得订单张数 > ROUND(3 × 该年竞拍总张数 ÷ 经营中的模拟企业数)]，则不能继续竞拍。

需要注意的是：

- ROUND 表示四舍五入。
- 破产企业不得参加竞拍。
- 如果某一张订单所有的企业都参加竞拍，则无须等竞拍时间结束，直接给出结果。

(2)投标

参与投标的企业须根据所投标的订单，在系统规定时间（以倒计时秒的形式显示）填写订单总价、交货期、应收账期三项内容，确认后由系统按照下列公式计算得分：

得分 = 100 + (5 − 交货期) × 2 + 应收账期 − 8 × 订单总价/(该产品直接成本 × 数量)

得分最高者中标。如果计算分数相同，则提交投标时间先者中标。

需要注意的是：

- 总价不能低于成本价，也不能高于成本价的 3 倍。
- 必须为竞拍留足时间，如在倒计时小于等于 5 秒再提交，可能无效。
- 竞拍会竞得订单与订货会选中订单，完成交单后同样计入当年市场销售额。

10.2.2.10 交货规则

在订货会选单和竞拍会中获得订单后，需要在规定时间内完成订单交货。

规则说明：

订单交货可提前不可推后，否则记作订单违约。

提交订单后可获得对应账期的应收款。

若需提前收回应收款可进行应收款贴现，并支付贴息（取整规则采用向上取整），贴息计入财务费用，贴现规则如表 10 − 12 所示。

表 10 − 12 贴现规则

贴现用途	贴现时间	贴现金额	贴现率
获取现金	任何时间	不高于当季的应收款总额	5%（1 季，2 季） 10%（3 季，4 季）

10.2.2.11 违约规则

违约订单不计入当年销售额，并按违约订单总价的 20% 计算违约金，取整规则采用四舍五入，并在当年第 4 季度结束后扣除，违约金计入综合费用表中的“损失”(见图 10－1)。

违约金比例：	20.00 %	贷款额比例：	80 %
产品折价率：	100.00 %	原料折价率：	80.00 %
长贷利率：	8.00 %	短贷利率：	5.00 %
1，2季贴现率：	5.00 %	3，4季贴现率：	10.00 %
管理费：	10 K	报表填错扣分	50
信息费：	1 K	所得税率：	25.00 %
长贷年限：	5 年	最小得单广告费：	10 K
原料紧急采购倍数：	2 倍	产品紧急采购倍数：	3 倍
选单时间：	50 秒	首位选单补时：	20 秒
市场同开数量：	2	市场老大：	无
竞单时间：	90 秒	竞单同竞数：	3

图 10－1　违约规则

需要注意的是：

- 每年每季度运营结束时，需要扣除 10K 管理费。
- 所得税在年末结束时扣除。
- 每年报表只要有错误，无论错误个数多少一律扣 50 分。
- 每年运营中，信息费每队每次 1K，即交纳 1K 可以查看一个模拟企业的运营信息，交费企业以 EXCEL 表格形式获得某一企业的详细信息。竞拍会时无法使用情报功能。同一赛区所有模拟企业年末运营结束时，各模拟企业可以免费查看同一赛区模拟企业的运营情报。

10.2.2.12　取整规则

订单违约金——四舍五入。

库存出售所得现金——四舍五入。

贴现费用——向上取整。

所得税——四舍五入。

贷款总额度——向下取整。

长短贷利息——四舍五入。

10.2.2.13　破产处理

当权益为负(指当年结束系统生成资产负债表时的权益为负)或现金断流时(现金为负)，企业破产。破产的模拟企业不再继续参赛，须退出比赛场地。

10.2.3 系统评分

经营结束后，系统将直接给出各模拟企业的系统分数和排名。

$$系统分数 = 所有者权益 \times (1 + \sum 企业综合发展潜力/100)$$

企业综合发展潜力指标如表 10－13 所示。

表 10－13 企业综合发展潜力指标

项目	企业综合发展潜力	项目	企业综合发展潜力
小厂房	3(分/个)	国际市场开发	10 分
中厂房	5(分/个)	P1 产品开发	2 分
大厂房	7(分/个)	P2 产品开发	4 分
半自动线	2(分/条)	P3 产品开发	6 分
自动线	4(分/条)	P4 产品开发	8 分
柔性线	6(分/条)	P5 产品开发	10 分
国内市场开发	6 分	ISO9000 认证	5 分
亚洲市场开发	8 分	ISO14000 认证	8 分

需要注意的是：

• 如有若干模拟企业分数相同，则参照各模拟企业经营结束后的最终权益排序，权益高者排名在前；若权益仍相等，则按照经营结束时间，先结束经营的模拟企业排名在前。

• 生产线建成即加分（结束年交纳维修费的生产线才算建成），无须生产出产品，也无须有在制品。

10.2.4 罚分规则

超时：超过裁判公布的时间按照 20 分/分钟（不足 1 分钟按 1 分钟计算）计算罚分，最多不能超过 10 分钟。如果 10 分钟后还不能完成相应的运行，则取消其参赛资格（竞赛期间时间节点以裁判公布为准，计时的标准以本赛区所用服务器时间为准，赛前选手可以按照服务器时间调整自己所用电脑上的时间）。

在运营过程中下列三种情况属违规：

其一，对裁判正确的判罚不服从。

其二，其他严重影响竞赛正常进行的活动。

其三，恶意扰乱市场。

如有以上行为者，由主裁判视情节轻重，扣除该参赛队总得分 20～200 分。

所有罚分须由裁判做出书面说明，并由参赛队长签字确认。所有罚分在第6年经营结束后计算总成绩时一并扣除。

各参赛队现场赛得分 = 系统分数 - 罚分

各参赛队现场赛成绩 =（该参赛队现场赛得分/现场赛最高分）×100

10.2.5　竞赛注意事项

现场赛采用竞赛专用系统进行操作，竞赛过程中不能进行系统还原及股东注资。

录屏软件自备，由各参赛队在竞赛前安装完成，并提前学会使用。现场赛过程中，学生端必须启动录屏软件，用于全程录制经营过程，把每一年经营录制为一个独立的文件。竞赛过程中一旦因为系统或网络发生问题造成损失，现场裁判组将根据参赛队提供的录屏文件为依据进行裁决，裁判组根据裁决结果出示相关书面意见，并给予相应的经济补偿。如果擅自停止录屏，将以竞赛专用系统的实际运行状态为准。

现场赛期间，各参赛队自带笔记本电脑（建议安装 Windows7 以上系统），竞赛统一使用 Google 浏览器，同一时间只能允许一台笔记本电脑连入系统进行操作，允许使用自制的计算工具，参赛笔记本电脑均不允许连入外网；参赛队员不允许带手机入场，若利用手机及笔记本电脑等各种电子工具对外进行通讯，直接按违规处理，终止比赛。

各参赛队在比赛过程中如发生下列行为，被视为严重犯规，裁判组有权视其情节给予警告、罚分、终止比赛、取消成绩等处罚：①比赛中故意妨碍影响他人竞赛；②比赛过程中破坏赛场纪律，弄虚作假，不听从裁判组劝导，妨碍竞赛正常进行。

10.3　2016 年浙江省赛参赛心得①

10.3.1　赛前准备

比赛前，一定要做好充分的准备，各参赛队会获得比赛规则及市场预测信息。这些内容将决定在比赛中如何制定策略，选择一个最优的或是较为强势的方案对于后续的经营是至关重要的。

---

① 摘自 2016 年某校参加浙江省首届大学生企业经营沙盘模拟竞赛参赛队员的心得。

市场规则是比赛的基础,在研究市场规则时,首先要关注的是大赛规则和硬件要求,例如:局域网连接或者互联网连接、电脑系统要求、录屏软件的选择等;同时要关注的是比赛的时间安排,其中包括每一年的经营时间、广告投放时间、间谍时间、选单时间、选单前的观看广告时间,还有午休时间。时间决定了选手经营的速度,有限的时间也限制了选手思考的深度和广度,所以准确的时间和局势把握是至关重要的。

另外,还需要更深入了解比赛的具体参数。参数中一般不会改动的固定参数有长短贷利息以及长短贷限额、所得税税率、违约金、每季管理费用、贴现贴息费率、选单时间及补时、出售库存和原材料价格、紧急采购原材料和产品价格等。这些参数通常不会发生变化,但在比赛中仍然需要关注其是否不变。其他参数则一般会发生如下变化:

产品构成:原材料有 R1、R2、R3、R4,R1 和 R2 为一期到库,R3 和 R4 为二期到库。产品的构成将影响到原材料的提前采购及预囤,原材料越是接近的产品,在搭配生产的时候应变能力越强,可以在订单不如意或者有更优订单出现的时候灵活变动,从而提高收益或降低损失。一般在选择方案和执行上,可较为贴近这类产品的组合。

生产线的参数(建线费用、生产周期、折旧、残值、转产费用、转产周期、维护费):生产线主要分为柔性线、自动线、半自动线和手工线,这些生产线都需要建线费用及建线周期,并且在建成第 2 年开始折旧,当然,在一些规则中固定线是计入最终总分的(手工线无建线周期且没有分值)。柔性线与手工线都可以免费转产,而且不需要转产周期,自动线和半自动线需要转产费用,同时需要转产周期,在转产周期内是无法生产的。所以,显而易见,柔性线在应变能力上是要远超自动线的,手工线产出较慢,但是可以随意转产,也是略胜自动线一些,但是这并不代表自动线就没有可取之处。在每年的生产过程中,参赛队员会发现,每年出售的产品其实并不是都大相径庭,也就是说,在诸多的生产线中,总有那么几条线是始终不变的生产同一种产品。在这种情况下,自动线就发挥出了它的优势,在不转产的情况下,自动线的产出能力是手工线的两倍,而建线费用、建线周期以及折旧费用都小于柔性线。所以柔性线与自动线的搭配比例就决定了广告和市场拿单方向。手工线虽然生产周期长,但是不管是建线费用还是维护折旧,都远远低于其他生产线,可以降低资金压力与费用,提高利润。但是手工线的长生产周期会延后产品的交货期,给广告带来压力。

厂房参数:厂房一般分为大、中、小三种,有租用、购买两种方式。一般在前期常租用厂房,因为购买厂房需要花费大量的资金,会导致资金断流。而在最后常会将厂房买下,以保住最终权益,增加最终分数。厂房的选择一般以占满为原则，多则浪费，少则不足。厂房内有生产线时无法退租，所以一般都会选择大厂房，从而不再做调换。购买的厂房可以在任何时候买转租，比较适用于在一年保权益时使用，并在中期转租，可以将租用时间后推，以减轻年初的压力。租用的厂房能在任何季度末进行退租或租转卖等操作，因而租用厂房在厂房操作上比较灵活。

此外，需要关注的就是比赛的细则以及扣分规定，这在比赛中也是非常重要的。

10.3.2 赛中对抗

在赛前应该拟定和决策出 2 ~ 3 个较为满意的方案，在比赛中根据订单市场进行选择和调整。

第 1 年往往是没有什么故事的，因为基本上没有办法得到其他参赛队的任何信息，所以只需要保证操作的正确性。但是第 1 年年末的间谍就非常重要了，这次的间谍，决定了模拟企业将来要走的经营路线，以及下一年的广告情况。虽然有时产品资格的研发以及生产线的购置使得参赛队在广告上无法灵活变动，但是间谍信息对于广告的指向却至关重要，且每年都是如此。

在沙盘模拟经营中，长短贷只有最小额限制，并没有设立倍率限制，所以一般每个季度的短贷都会多贷出 9K(20 的倍数 +9)，这个时候，9K 是不需要利息的，一年下来会有 36K 是免息使用的，加上长贷可以多贷出 6K(长贷总额)，那么在企业经营开始时，就有 42K 是不需要支付利息的。这 42K 对企业会有很大影响，例如：多购买一些原材料，就可以增加产品生产的多变性；投放在广告上，就有可能提高抢订单的顺位，拿到更好的单子；有时还可以缓解资金压力，减少贴现，从而为企业带来额外收益。

企业经营中后期扩线时，现金流常常不够，因此会产生大量的贴现，加上扩线租用的厂房租金，所有者权益很有可能增长不多，直接影响来年的贷款。然而，在来年高产能的面前，入库费又会成为致命的威胁。所以，在扩线前一定要计算好资金是否够用，这是最为重要的。扩线要考虑的不仅仅是扩线当年所花费的资金，更重要的是还要计算好第 2 年初期的资金，以防出现资金断流的情况。在最后一年时，很多模拟企业会选择最大限度地贴现购买厂房、扩线，以此来增加自身的潜力值，提高得分。这时还需要考虑是否应该贴现购买厂房、建造生产线，大规模购买厂房、建造生产线会产生大量的贴现，对权益的损耗很大，但这样做可以得到高额的潜力值，这就需要做一个精确的计算和权衡，怎样贴现购买厂房、建造生产线能够使最终得分达到最高。

比赛最重要的还是细心，操作的失误会让一个完善的方案前功尽弃。

10.3.3 赛后心得

赛后最大的感触就是判断和选择的重要性。企业的每一项决策、每一次调整都会影响企业未来的发展,“该不该做”和“该怎么做”常常是很难抉择的。想要做出正确的判断和选择就要对数据进行深度的剖析,根据数据分析市场,进而做出判断和决策。经过比赛,我们了解了企业的经营运作过程,树立了全局意识,认识到了 ERP 系统在企业管理中的重要作用。我们还领悟到,每个人应做好自己的人生规划,不要走一步算一步,做好每一天,为以后的成功铺好路、奠定基础。

附 录

1. 现金预算表

项目	1	2	3	4
期初库存现金				
支付上年应交税				
市场广告投入				
贴现费用				
利息(短期贷款)				
支付到期短期贷款				
原材料采购支付现金				
转产费用				
生产线投资				
工人工资				
产品研发投资				
收到现金前的所有支出				
应收款到期				
支付管理费用				
利息(长期贷款)				
支付到期长期贷款				
设备维护费用				
租金				
购买新建筑				
市场开拓投资				
ISO 认证投资				
其他				
库存现金余额				

2. 订单登记表

订单号											合计
市场											
产品											
数量											
账期											
销售额											
成本											
毛利											
未售											

3. 产品核算统计表

产品	P1	P2	P3	P4	合计
数量					
销售额					
成本					
毛利					

4. 综合管理费用明细表

项　目	金　额	备　　注
管理费		
广告费		
保养费		
租金		
转产费		
市场准入开拓		□区域　□国内　□亚洲　□国际
ISO 资格认证		□ISO9000　□1SO14000
产品研发		P2(　　)　P3(　　)　P4(　　)
其他		
合计		

5. 利润表

项　　目	上 年 数	本 年 数
销售收入		
直接成本		
毛利		
综合费用		
折旧前利润		
折旧		
支付利息前利润		
财务收入/支出		
其他收入/支出		
税前利润		
所得税		
净利润		

6. 资产负债表

资　　产	期初数	期末数	负债和所有者权益	期初数	期末数
流动资产：			负债：		
现金			长期负债		
应收款			短期负债		
在制品			应付账款		
成品			应交税金		
原料			一年内到期的长期负债		
流动资产合计			负债合计		
固定资产：			所有者权益：		
土地和建筑			股东资本		
机器与设备			利润留存		
在建工程			年度净利润		
固定资产合计			所有者权益合计		
资产总计			负债和所有者权益总计		

7. 广告及订单统计表

（本地市场）						（区域市场）						（国内市场）					
产品	广告	单额	数量	9K	14K	产品	广告	单额	数量	9K	14K	产品	广告	单额	数量	9K	14K
P1						P1						P1					
P2						P2						P2					
P3						P3						P3					
P4						P4						P4					

（亚洲市场）						（国际市场）					
产品	广告	单额	数量	9K	14K	产品	广告	单额	数量	9K	14K
P1						P1					
P2						P2					
P3						P3					
P4						P4					

8. 公司采购登记表

1年	1季				2季				3季				4季			
原材料	R1	R2	R3	R4	R1	R2	R3	R4	R1	R2	R3	R4	R1	R2	R3	R4
订购数量																
采购入库																
2年	1季				2季				3季				4季			
原材料	R1	R2	R3	R4	R1	R2	R3	R4	R1	R2	R3	R4	R1	R2	R3	R4
订购数量																
采购入库																
3年	1季				2季				3季				4季			
原材料	R1	R2	R3	R4	R1	R2	R3	R4	R1	R2	R3	R4	R1	R2	R3	R4
订购数量																
采购入库																

续表

4 年	1 季				2 季				3 季				4 季			
原材料	R1	R2	R3	R4	R1	R2	R3	R4	R1	R2	R3	R4	R1	R2	R3	R4
订购数量																
采购入库																
5 年	1 季				2 季				3 季				4 季			
原材料	R1	R2	R3	R4	R1	R2	R3	R4	R1	R2	R3	R4	R1	R2	R3	R4
订购数量																
采购入库																
6 年	1 季				2 季				3 季				4 季			
原材料	R1	R2	R3	R4	R1	R2	R3	R4	R1	R2	R3	R4	R1	R2	R3	R4
订购数量																
采购入库																

9. 市场开发投入登记表

市场类型 年度	本地市场	区域市场	国内市场	亚洲市场	国际市场	完成
第 1 年						
第 2 年						
第 3 年						
第 4 年						
第 5 年						
第 6 年						
总计						

10. 产品开发登记表

产品类型 年度	P1	P2	P3	P4	总计	完成
第 1 年						
第 2 年						
第 3 年						
第 4 年						
第 5 年						
第 6 年						
总计						

11. ISO 认证投资

年度 认证	第 1 年	第 2 年	第 3 年	第 4 年	第 5 年	第 6 年
ISO9000						
ISO14000						
总计						

12. 产品(原材料)交易订单

购买单位		购买时间		年				季
销售单位		完工时间		年				季
	原材料				产品			
原材料/产品	R1	R2	R3	R4	P1	P2	P3	P4
成交数量								
成交金额								
付款方式								
购买人								
售货人								
审核人								

注:(1)完工时间必须小于购买时间,否则为无效交易。

(2)本协议可以事先签订,但必须交双方监督员审核签字后生效。

(3)如果没有双方监督人签字,本协议将被视为无效交易。

(4)无效交易按交易额扣除双方利润。

13. 公司贷款申请表

贷款类型 \ 年/季度		1年				2年				3年				4年				5年				6年			
		1	2	3	4	1	2	3	4	1	2	3	4	1	2	3	4	1	2	3	4	1	2	3	4
短贷	借																								
	还																								
融资	借																								
	还																								
短贷余额																									
长贷	借																								
	还																								
长贷余额																									
上年权益																									

14. 应收款及贴现登记表

公司	年/季度 款类		第1年				第2年				第3年			
			1	2	3	4	1	2	3	4	1	2	3	4
	应收期	1												
		2												
		3												
		4												
	到款													
	贴现													
	贴现费													

公司	年/季度 款类		第4年				第5年				第6年			
			1	2	3	4	1	2	3	4	1	2	3	4
	应收期	1												
		2												
		3												
		4												
	到款													
	贴现													
	贴现费													

15. 公司生产及设备状态记录表

生产线编号		1	2	3	4	5	6	产出合计			
产出情况		产出(P)	产出(P)	产出(P)	产出(P)	产出(P)	产出(P)	P1	P2	P3	P4
1 季度末	生产线	手/半/自/ 柔/空	手/半/自/ 柔/空	手/半/自/ 柔/空	手/半/自/ 柔/空	手/半/自/ 柔/空	手/半/自/ 柔/空				
		停产	停产	停产	停产	停产	停产				
		在产(P / Q)	在产(P / Q)	在产(P / Q)	在产(P / Q)	在产(P / Q)	在产(P / Q)				
		在建(Q)	在建(Q)	在建(Q)	在建(Q)	在建(Q)	在建(Q)				
		转产(Q)	转产(Q)	转产(Q)	转产(Q)	转产(Q)	转产(Q)				
产出情况		产出(P)	产出(P)	产出(P)	产出(P)	产出(P)	产出(P)	P1	P2	P3	P4
2 季度末	生产线	手/半/自/ 柔/空	手/半/自/ 柔/空	手/半/自/ 柔/空	手/半/自/ 柔/空	手/半/自/ 柔/空	手/半/自/ 柔/空				
		停产	停产	停产	停产	停产	停产				
		在产(P / Q)	在产(P / Q)	在产(P / Q)	在产(P / Q)	在产(P / Q)	在产(P / Q)				
		在建(Q)	在建(Q)	在建(Q)	在建(Q)	在建(Q)	在建(Q)				
		转产(Q)	转产(Q)	转产(Q)	转产(Q)	转产(Q)	转产(Q)				

续表

产出情况		产出(P)	产出(P)	产出(P)	产出(P)	产出(P)	产出(P)	P1	P2	P3	P4
3 季度末	生产线	手／半／自／ 柔／空	手／半／自／ 柔／空	手／半／自／ 柔／空	手／半／自／ 柔／空	手／半／自／ 柔／空	手／半／自／ 柔／空				
		停产	停产	停产	停产	停产	停产				
		在产(P ／ Q)	在产(P ／ Q)	在产(P ／ Q)	在产(P ／ Q)	在产(P ／ Q)	在产(P ／ Q)				
		在建(Q)	在建(Q)	在建(Q)	在建(Q)	在建(Q)	在建(Q)				
		转产(Q)	转产(Q)	转产(Q)	转产(Q)	转产(Q)	转产(Q)				
产出情况		产出(P)	产出(P)	产出(P)	产出(P)	产出(P)	产出(P)	P1	P2	P3	P4
4 季度末	生产线	手／半／自／ 柔／空	手／半／自／ 柔／空	手／半／自／ 柔／空	手／半／自／ 柔／空	手／半／自／ 柔／空	手／半／自／ 柔／空				
		停产	停产	停产	停产	停产	停产				
		在产(P ／ Q)	在产(P ／ Q)	在产(P ／ Q)	在产(P ／ Q)	在产(P ／ Q)	在产(P ／ Q)				
		在建(Q)	在建(Q)	在建(Q)	在建(Q)	在建(Q)	在建(Q)				
		转产(Q)	转产(Q)	转产(Q)	转产(Q)	转产(Q)	转产(Q)				

16. 应收账款监察表（裁判表）

公司	年/季度 款类		第1年				第2年				第3年				第4年				第5年				第6年			
			1	2	3	4	1	2	3	4	1	2	3	4	1	2	3	4	1	2	3	4	1	2	3	4
	应收	1																								
		2																								
		3																								
		4																								
	到款																									
	贴现																									
	应收	1																								
		2																								
		3																								
		4																								
	到款																									
	贴现																									
	应收	1																								
		2																								
		3																								
		4																								
	到款																									
	贴现																									

17. 贷款记录表(裁判表)

公司	贷款类型	年/季度	第1年				第2年				第3年				第4年				第5年				第6年			
			1	2	3	4	1	2	3	4	1	2	3	4	1	2	3	4	1	2	3	4	1	2	3	4
	短贷	借																								
		还																								
	长贷	借																								
		还																								
	高利贷	借																								
		还																								
	短贷	借																								
		还																								
	长贷	借																								
		还																								
	高利贷	借																								
		还																								
	短贷	借																								
		还																								
	长贷	借																								
		还																								
	高利贷	借																								
		还																								

18. 生产线买卖记录表(裁判表)

公司	年/季度 生产线类型		第1年				第2年				第3年				第4年				第5年				第6年			
			1	2	3	4	1	2	3	4	1	2	3	4	1	2	3	4	1	2	3	4	1	2	3	4
	手工	买																								
		卖																								
	半自动	买																								
		卖																								
	自动	买																								
		卖																								
	柔性	买																								
		卖																								
	手工	买																								
		卖																								
	半自动	买																								
		卖																								
	自动	买																								
		卖																								
	柔性	买																								
		卖																								

19. 产品开发记录表(裁判表)

市场/公司	P1 产品开发记录							P2 产品开发记录							P3 产品开发记录							P4 产品开发记录						
	1 年	2 年	3 年	4 年	5 年	6 年	完成	1 年	2 年	3 年	4 年	5 年	6 年	完成	1 年	2 年	3 年	4 年	5 年	6 年	完成	1 年	2 年	3 年	4 年	5 年	6 年	完成
G01																												
G02																												
G03																												
G04																												
G05																												
G06																												
G07																												
G08																												

20. 市场开发记录表(裁判表)

市场/公司	本地市场开发记录						区域市场开发记录						国内市场开发记录						亚洲市场开发记录						国际市场开发记录					
	1 年	2 年	3 年	4 年	5 年	6 年	1 年	2 年	3 年	4 年	5 年	6 年	1 年	2 年	3 年	4 年	5 年	6 年	1 年	2 年	3 年	4 年	5 年	6 年	1 年	2 年	3 年	4 年	5 年	6 年
G01																														
G02																														
G03																														
G04																														
G05																														
G06																														
G07																														
G08																														

21. 违约订单登记表(裁判表)

序号	违约公司	年度	市场	产品	数量	收入	账期	条件	编号	交单收入
1										
2										
3										
4										
5										
6										
7										
8										
9										
10										
11										
12										
13										
14										
15										
16										
17										

22. 采购订单登记表(裁判表)

第1年	1季				2季				3季				4季			
原材料	R1	R2	R3	R4	R1	R2	R3	R4	R1	R2	R3	R4	R1	R2	R3	R4
订购数量																
采购入库																
第2年	1季				2季				3季				4季			
原材料	R1	R2	R3	R4	R1	R2	R3	R4	R1	R2	R3	R4	R1	R2	R3	R4
订购数量																
采购入库																
第3年	1季				2季				3季				4季			
原材料	R1	R2	R3	R4	R1	R2	R3	R4	R1	R2	R3	R4	R1	R2	R3	R4
订购数量																
采购入库																
第4年	1季				2季				3季				4季			
原材料	R1	R2	R3	R4	R1	R2	R3	R4	R1	R2	R3	R4	R1	R2	R3	R4
订购数量																
采购入库																
第5年	1季				2季				3季				4季			
原材料	R1	R2	R3	R4	R1	R2	R3	R4	R1	R2	R3	R4	R1	R2	R3	R4
订购数量																
采购入库																
第6年	1季				2季				3季				4季			
原材料	R1	R2	R3	R4	R1	R2	R3	R4	R1	R2	R3	R4	R1	R2	R3	R4
订购数量																
采购入库																

23. 扣分登记表(裁判表)

年度	关账超时 (-1/分钟)	报表错误 (-5/次)	高利贷 (-3/次)	流程不规范 (-10)	其他错误
1					
2					
3					
4					
5					
6					
总计					

参考文献

[1]CIO 时代网．浅析 ERP 软件的三层定义[EB/OL].(2013 - 03 - 14) http://KKK. ciotimes. com/application /erp/69661. html,2013. 3. 19.

[2]佳工机电网．ERP 的定义[EB/OL]. http://KKK. neKmaker. com/art_34230. html.

[3]ChinaFM. org. ERP 与企业管理之管理需求推动 ERP 的发展[EB/OL].(2013 - 03 - 16)http://KKK. chinafm. org/Opinion/vieK_9_1382. html.

[4]新华网．ERP 的发展历程[EB/OL].(2013 - 03 - 14) http://neKs. xinhuanet. com/it/2001 - 11/27 /content_136116. htm.

[5]中国软件网．ERP 行业未来发展趋势及机遇分析[EB/OL].(2013 - 03 - 19) http://KKK. ccidconsulting. com/portal/hyzx/hydt/hyyj/rjyitfK/Kebinfo/2013/01/1359196449672108. htm.

[6]孙成志,刘明霞．企业生产管理[M]．大连:东北财经大学出版社,2009.

[7]王新玲,郑文昭,马雪文．ERP 沙盘模拟高级指导教程[M].北京:清华大学出版社,2014.

[8]何晓岚,钟小燕,刘兆军．ERP 沙盘模拟指导教程[M].北京:清华大学出版社, 2016.

[9]夏远强,叶剑明．企业管理 ERP 沙盘模拟教程[M].北京:电子工业出版社,2007.

[10]叶剑明．ERP 沙盘模拟实战[M]．北京:中国财政经济出版社,2011.

[11]周菁．ERP 沙盘模拟教程[M]．北京:北京大学出版社,2013.